DELIUS KLASING

W0059279

Jürgen Löhle

Patchwork

Ein Männerleben mit Rennrad

Delius Klasing Verlag

Außerdem ist von Jürgen Löhle
im Delius Klasing Verlag erschienen:
»Kurz und flach!«
»Normale Härte!«
»Nur zum Spaß!«

Bibliografische Information der Deutschen Nationalbibliothek
Die Deutsche Nationalbibliothek verzeichnet diese Publikation in der
Deutschen Nationalbibliografie; detaillierte bibliografische
Daten sind im Internet über http://dnb.d-nb.de abrufbar.

1. Auflage
ISBN 978-3-7688-5286-9
© Moby Dick Verlag, Postfach 3369, D-24032 Kiel

Umschlaggestaltung: Buchholz/Hinsch/Hensinger, Hamburg
Satz: Fotosatz Habeck, Hiddenhausen
Druck: Bercker Graphischer Betrieb, Kevelaer
Printed in Germany 2009

Delius Klasing Verlag, Siekerwall 21, D-33602 Bielefeld
Tel.: 0521/559-0, Fax: 0521/559-115
E-Mail: info@delius-klasing.de
www.delius-klasing.de

Inhalt

Prolog

Johannes Thesen blinzelte. Das Licht tat weh. Kalte, weiße Strahlen aus vielen einzelnen Lampen, jede für sich hell wie eine Sonne. Punkte aus gebündeltem Licht, direkt von oben. Thesen konnte seine Lider nur mühsam zusammenkneifen. Schließen ging nicht. Er bewegte die Zehen, es beruhigte ihn ein wenig, dass er sie spüren konnte, auch wenn ihm die Bewegung schwerfiel. Die Helligkeit am linken Rand der gleißenden Scheibe wurde ein wenig schwächer, etwas schob sich zwischen die äußeren Lichtpunkte und seine Augen.

»Thesen? Mein Gott, tatsächlich, Thesen, wie kommst du denn hierher?«

Thesen versuchte, sich zu konzentrieren. Wo, zum Teufel, war er? Er fühlte sich wie nach einem bösen Traum, allerdings wie nach einem, an den er sich nicht erinnern konnte. Sein rechter Oberschenkel brannte und fühlte sich feucht an. Mit zittriger Hand tastete er nach der schmerzenden Stelle. Er spürte zerfetzten Stoff, klebriges Blut, der Rest des Textils lag knalleng an. Du liegst hier im Raddress, dachte er. Plötzlich sprach der andere wieder.

»Mensch, ich bin's, Signori, Fabio Signori, wir haben in der Jugend zusammen Handball gespielt. Mensch, Alter, erinnerst du dich? Ich war der kleine Kreisläufer, der Wuselige mit den schwarzen Locken. Ich weiß noch genau: Dich hat der Trainer immer auf Linksaußen gestellt, weil da die Verrückten sind, die, die sich reinhauen, ohne an die Schmerzen in der Hüfte zu denken. Ich hätte mich das nie getraut, war eher der Sanfte damals. Aber es hat Spaß gemacht – und jetzt liegst du auf einmal hier, ist schon eine seltsame Welt. Der schräge Tschei-Tschei Thesen ...«

Das Gesicht hörte nicht auf zu reden. Thesen versuchte zu erkennen, wer da mit Wortsalven auf ihn schoss und die Reizflut des grellen Lichts mit seiner Stimme derart verstärkte, dass es in seinem Kopf dröhnte wie in einem Bergwerk. Für das Gesicht war es offenbar nicht besonders beunruhigend, dass er weder etwas sagen wollte noch konnte. Langsam erinnerte Thesen sich. Handball, mein Gott, das war über zwanzig Jahre her, eine Episode, angestiftet von seinem damaligen Lieblingslehrer Max Trost, ein kleines Kapitel, an das er seit Lichtjahren nicht mehr gedacht hatte. Ja doch, Fabio Signori war auch dabei gewesen, einer, der nach drei Sekunden aus seinem

Gedächtnis verschwunden war, nachdem er das letzte Mal die Umkleide der hässlichen, grauen Sporthalle verlassen hatte. Vielleicht waren sie sich seit damals irgendwo einmal begegnet. Im Supermarkt oder im Freibad. Möglich, aber wohl doch unwahrscheinlich. Signori hätte ihn sicher erkannt, wenn er sich selbst jetzt nach all den Jahren noch erinnern konnte. Für Thesen war sein früherer Handballkumpel schon vor Urzeiten gestorben. Er hätte ihn jetzt sicher nicht mehr erkannt. Wie auch, Signoris schwarze Locken waren grau geworden und er trug heute Bart. Wahrscheinlich ist der Kerl Arzt, dachte Thesen. Nein, sicher, er muss Arzt sein, seine kalten, trockenen Hände tasten schließlich dauernd an dir herum.

Langsam erkannte er das Gesicht ein wenig deutlicher. Es sprach weiter und es lächelte. Weiße Zähne hinter einem Vorhang grauer Haare. Beruhigend, dachte Thesen, wie Santa Claus in amerikanischen Weihnachts-filmen, gütig, mit rosigen Bäckchen. Der wird dich nicht umbringen, einer, der so aussieht und dann noch eine Stimme hat wie Elmar Gunsch sicher nicht. Thesen wunderte sich, dass er langsam wieder völlig klar denken konn-te, aber immer noch keinen einzigen Ton herausbrachte und nicht wusste, wie er dahin gekommen war wo er jetzt war.

Das Licht wirkte langsam weniger grell. Seine Augen gewöhnten sich und in ihm wuchs die Erkenntnis, dass er in einem dieser Räume lag, die man Notaufnahme nannte und die meist im direkten Anschluss an eine Garage gebaut wurden, in denen Krankenwagen Leute einlieferten. Menschen, die vor einer Sekunde noch völlig gesund waren und jetzt einen Arzt brauchten – und zwar sofort.

Hellgrüne Kacheln bis zur Decke, der Geruch nach Sagrotan und Alkohol, die Plastikschuber mit den eingeschweißten Einmalspritzen an der Wand, das mobile EKG-Gerät auf den schwarzen Gummirollen, an das Signori ihn gerade anschloss. Thesen spürte kühlen Nebel auf seiner Haut, sah, wie Sig-nori eine Sprühflasche auf den chromglänzenden Rollwagen stellte, spürte, wie andere, warme Hände ihm Saugnäpfe auf die Brust drückten. »Rauchst du?«, fragte der Graubart. Thesen nickte, zum Sprechen fehlte ihm immer noch die Kraft, außerdem war da noch dieser Kloß im Hals. »Schlecht, ganz schlecht«, sagte Signori. Thesen meinte zu erkennen, dass das haarige Gesicht für einen Augenblick nicht mehr ganz so heiter strahlte.

Signori beobachtete derweil die Kurven, die eine zuckende Metallnadel auf weißes Papier krakelte. Sanfte Welle, heftiger Ausschlag, sanfte Welle, heftiger Ausschlag. Gleichmäßig, kräftig, immer und immer wieder. Im Dis-play erschienen unspektakuläre Zahlen. Puls 84, Blutdruck 160 zu 100. Himmel hilf, wieder so ein Arschloch, dachte Signori. Der Blutdruck ist zwar zu hoch, aber ansonsten scheint der Kerl kerngesund zu sein, zumindest hat er mit Sicherheit keinen Infarkt. Signori überlegte, ob er noch einen Kardiologen hinzuziehen sollte. Eigentlich musste er das, aber er hatte wirklich keine Lust auf den genervten Blick des Kollegen. Nicht wegen eines vegetativen Schwächlings. Signori konnte solche Patienten leiden wie lauwarmes Bier an einem heißen Sommertag. Für ihn waren Typen wie Johannes Thesen eingebildete Kranke, obwohl er in seinen sechzehn Semestern gelernt hatte, dass die Psyche den Körper ungnädig foltern kann und dass es für den Patienten dabei ziemlich egal ist, ob er nun ernsthaft krank ist oder ob ihm seine Nerven eine perfekte Show vorspielen. Signori erinnerte sich an einen alten Lehrsatz: Wenn ein Arzt bei einem Patienten organisch nichts findet, heißt das im psychosomatischen Sinne nicht, dass der Patient nichts hat.

Fabio Signori wollte davon nichts wissen, er war mit einundvierzig Jahren immer noch normaler Stationsarzt in der Klinik, musste sechsunddreißig Stunden Schicht schieben für ein Monatsnetto, das seine ehemaligen Studienkollegen in ihren schicken Praxen in drei Tagen einstrichen – zumindest in Signoris Vorstellung. Sein Leben war anders: Er hatte sich erst vor ein paar Minuten nach neunzehn Stunden Dienst ohne größere Pause in der stickigen Ruhekammer aufs Ohr gelegt, als ihn das Telefon wieder hochriss. »Verdacht auf Infarkt, wir sind gleich in der Zwei«, raunte ihm die Nachtschwester ins Ohr, während er sich von seiner Pritsche hochquälte.

Zwei Minuten später stand er vor dem nüchternen Chromtisch, prüfte Thesens Puls und erkannte nach ein paar schnellen Vitaltests, dass hier einer lag, der in die Praxis eines Psychologen gehörte und nicht in ein überbelegtes Krankenhaus mit überarbeiteten Ärzten. Signoris Laune hellte sich auf, weil er den blonden Mann mit den blauen Augen – beides in der Welt des gebürtigen Sizilianers übrigens klare Hinweise auf schwächliche Nerven und eine hypochondrische Grundeinstellung – sofort erkannt hatte. Johannes Thesen, der große Thesen des Heinrich-Heine-Gymnasiums. Mit fünfzehn das erste Mofa, mit sechzehn einen schicken Roller, natürlich eine Vespa mit Dreigang, die jeder wollte, aber nur Blondi hatte. Thesen, der Kerl mit den mittelprächtigen Noten, die aber immer genau mit den Mädchen an seiner Seite, für die damals jeder geschwärmt hatte. Thesen war immer vorn, weil er reden konnte wie ein Wasserfall, weil er gut im Sport war, eben einer von diesen gottverdammten genetischen Günstlingen, denen alles im Leben leichtfiel, für das sich einer wie Signori mühen musste. Und das meistens auch noch ohne jede Chance auf Erfolg.

Jetzt lag Thesen in Raum zwei, starrte in die Lampe, bleich im Gesicht, aber nicht ernsthaft krank. Da schau her, dachte Signori vergnügt, der Star im Dreck. Klarer Fall von Stress, wahrscheinlich ist er Anwalt oder Börsenhändler. Vielleicht sogar beides, und jetzt – einen Deal versiebt, Geld verloren – und, puff, fliegt die Sicherung raus. Signori vertraute gerne seinen schnellen Einschätzungen. Manchmal stimmten sie sogar. So ist das eben, dachte er, manche kotzen, andere spielen die eigenen Nerven einen Infarkt vor, obwohl sie davon weiter entfernt sind als fünfundneunzig Prozent ihrer Altersgenossen, Thesens Herz ist wahrscheinlich sogar besser in Schuss als mein eigenes. Gut, er raucht, aber der Kerl ist sicher einer, bei dem wir nicht die geringste Spur einer typischen Raucherkrankheit finden werden. Seine Lunge scheint okay, die Bronchien sind frei, der Typ hat wahrscheinlich weder Ablagerungen in den Herzkranzgefäßen noch Probleme mit der Magenschleimhaut. Gut, sein Blutdruck ist eindeutig zu hoch, aber den hat er jetzt wohl akut, weil ihn seine Psyche beutelt. Typisches Arschloch eben.

Signori schaltete das EKG-Gerät ab und massierte sich die Stirn – ein gutes Mittel, um freundlich zu bleiben. Für den Stationsarzt waren Menschen dann krank, wenn sie mit Verbrühungen eingeliefert wurden, wenn sich in ihrem Blut Legionen von Erregern tummelten oder ein Knochen gebrochen war. Klare Diagnose, klare Therapie. Thesen war nicht krank, auch wenn er mit Blaulicht, Sirene und dem ganzen Tamtam kurz vor zweiundzwanzig Uhr hier abgeladen wurde. Auf Signori wirkte sein ehemaliger Handball-kumpel wie die Opfer aus einer der Arztserien im Fernsehen, die immer so aussahen, als ob sie gerade auf dem Weg zu einer Schönheitskonkurrenz wären und sich dabei eben mal kurz flachgelegt hätten. Nicht krank eben, wie Ex-Star Johannes Thesen. Nur dessen Augen erregten Signoris Interesse. Müde und trüb, dachte er, aber ich sehe sicher auch nicht besser aus.

»Hör zu«, sagte Signori, »ich kann nichts Dramatisches bei dir finden, deine Vitalfunktionen sind in Ordnung, nur der Blutdruck ist ein wenig zu hoch. Im Prinzip fehlt dir nichts Ernsthaftes, aber es ist besser, du bleibst heute Nacht hier und wir checken dich morgen noch mal gründlich durch. Sollen wir jemanden für dich anrufen?«

Thesen drehte den Kopf langsam nach rechts, dann nach links und ver-suchte ein Lächeln. Signori schickte die Schwester los, um nach einem Bett zu suchen. Wenn es nach ihm ginge, hätte er den Nervenschwächling heißen Tee und einen Schnaps trinken lassen und ihm ein Taxi gerufen. Aber es war ihm nicht entgangen, dass sein Kollege aus der Ambulanz demonstrativ Thesens Privatversicherungskarte auf den Rollwagen gelegt hatte. Und zwar eine gute. Thesen war ein »Fünfsternepatient«, wie der Chefarzt zu sagen pflegte. Im Gegensatz zu Signori liebte Professor Walter Rössel t Patienten, die nicht wirklich krank, aber gut versichert waren. Thesen würde morgen die ganzen Segnungen der modernen Apparatediagnostik der Maximilianklinik kennenlernen. Großes Blutbild, diverse Computertomografien, vielleicht eine Kernspin-Aufnahme von der Wirbelsäule, Ultraschall von Herz und Leber, vielleicht auch von den Nieren und noch ein paar Kleinigkeiten. Man könnte außerdem nach seinen Nebennieren schauen, dachte Signori, wenn dort ein Tumor sitzt, jubelt es ihm zu viel Adrenalin ins Blut. Das könnte den hohen Blutdruck erklären. Ärgerlich über sich selbst strich er sich seine widerborstige Mähne aus der Stirn. Quatsch, der Mann hat nichts. Außer fetten Rechnungen wird morgen nichts herauskommen. Aber das war auch schon was, zumindest für Professor Rösselt, der privat abrechnen konnte. Fabio Signori schlurfte zurück auf seine Pritsche, den Bericht würde er jetzt nicht mehr tippen. Seine gute Laune war weg. Mürrisch drehte er seinen Bart über den rechten Zeigefinger und schüttelte sich die Kliniklatschen von den Füßen. Bevor er das Licht löschte, rief er noch kurz bei der Nacht-schwester an. »Bitte die nächsten zwei Stunden nur noch Kranke. Keine blonden Hypochonder.« Er legte auf, ohne auf eine Antwort zu warten.

Thesen wurde auf einer Rollenliege in ein Einzelzimmer geschoben, eines von gerade mal fünf, die es in der Klinik gab. Normalerweise waren diese Zimmer auf Wochen im Voraus belegt, gestern hatte aber ein Privatpatient abgesagt, der sich nun doch nicht von Rösselt »einmal komplett auseinander-und wieder zusammenschrauben« lassen wollte, wie der Professor seinen Barzahlern beim Eingangsgespräch jovial und mit vertrauensvollem »Schwarzwaldklinik«-Lächeln versicherte. »Wir müssen den Patienten ja nicht sofort auf die Nase binden, dass sie bei uns Schläuche schlucken müssen und wir in ihren Körperöffnungen herumbohren«, erklärte der Chef den Stationsärzten seine Art von Kundenwerbung. »Die Leute sollen schließ-lich nicht ängstlich zu uns kommen.«

Eine Krankenschwester schob Thesen durch die leeren Gänge. Mitt-lerweile trug er ein OP-Hemd, die zerfetzte Radhose und sein verschwitztes Trikot baumelten in einer Plastiktüte am Bettgestell. Wieder musste er ins Licht blinzeln. Neonröhre, grau-grüne Decke, Neonröhre, grau-grüne Decke. Als sie an der Entbindungsstation vorbeirollten, stieg Thesen der Geruch von Fencheltee in die Nase. Er musste schlucken, spürte, dass sein Hals völlig ausgetrocknet war. »Kann ich bitte ein Glas Wasser haben?«, krächzte er. Es waren seine ersten Worte, seit er vor knapp zwei Stunden im Krankenwagen wieder zu sich gekommen war. »Sicher, wir sind gleich in ihrem Zimmer«, antwortete die Schwester, eine kleine, rundliche Frau. Wahr-scheinlich eine Inderin, dachte Thesen. Das Zimmer entpuppte sich als

Traum – gemessen am Standard einer ganz normalen deutschen Großstadtklinik. Viel Platz, ein Bett, das nicht nach Krankenverwahrung aussah und auch nicht so roch, obendrauf eine Decke, die nicht bretthart gestärkt war. Das Bett wurde noch nicht einmal von dem sonst unvermeidlichen Galgen überbaut, an dem sich schwache Patienten hochziehen können. Offenbar die Kliniksuite, dachte Thesen. Separates Bad, nicht die übliche Nasszelle mit Plastikvorhang. Es gab einen eleganten Schreibtisch, daneben eine Tür, die zu einem Balkon führte, einen ziemlich protzigen, schwarzen Fernseher auf einem Drehgestell an der Wand und einen Nachttisch mit einer Art Minibar, aus der die Schwester eine Flasche Mineralwasser holte und ein Glas einschenkte. »Schaffen Sie es alleine bis zum Bett oder soll ich Ihnen helfen?«, fragte Schwester Moya. Lesen geht schon wieder, dachte Thesen beim Blick auf das weiße Schildchen mit der schwarzen Schrift, das die Pflegerin an ihrer Brust trug. »Danke, ich komme klar«, antwortete er und setzte sich langsam auf. Er kam sich ungeheuer lang vor, seine Hände zitterten leicht, als er Schwester Moya das Wasserglas in die Hand drückte. Er begann wieder zu schwitzen. Trotzdem setzte er den linken Fuß langsam auf den Boden, dann den rechten, drückte die Knie gerade und stakste die zwei Schritte Richtung Bett. Es war ihm egal, dass dieses seltsame OP-Hemd hinten offen war und er Schwester Moya seinen nackten Hintern präsentierte. Die Matratze war genau richtig. Nicht zu hart und vor allem nicht zu weich.

»Brauchen Sie noch was zum Schlafen, ich meine, eine Tablette?«, fragte die Frau. Thesen schüttelte den Kopf. »Gut, ich lass' Sie dann jetzt in Frieden. Schlafen Sie gut, und wenn irgendetwas sein sollte, brauchen Sie nur hier draufzudrücken.« Die Pflegerin deutete auf einen roten Knopf an der Stirnseite des Nachttischchens. Daneben leuchteten vier weitere Knöpfe in anderen Farben. »Nobel, nobel«, dachte Thesen, während die Schwester die Tür hinter sich zuzog.

Typisch Krankenhaus, sie wissen zwar nicht genau, was dir fehlt, aber die Nachtschwester würde dir einfach so ein Schlafmittel geben. Ob du das in deinem Zustand verträgst, interessiert offenbar keinen. Thesen ärgerte sich – aber nur pro forma, er kannte den Alltag in einer deutschen Klinik nur zu gut, schließlich war er weder Anwalt noch Börsenhändler, wie Signori vermutet hatte, sondern Arzt, was bei ihm nicht gleich auffiel, weil er seinen Doktortitel weder in sein Türschild eingraviert hatte noch auf Versicherungskarten drucken ließ. Und sein Arztausweis lag irgendwo zu Hause. Thesen war Orthopäde, Knochenflicker und Kniefräser, wie er selbst über sich sagte, wenn er lustig sein wollte. Im Moment interessierte er sich aber weniger für den Alltagswahnsinn in einem ganz normalen deutschen

Krankenhaus. Thesen fragte sich, wie er in den Krankenwagen gekommen war und was sich davor ereignet hatte.

Langsam krochen Bilder der vergangenen Stunden zurück in seinen Kopf. Er musste sich konzentrieren, wie nach einem gewaltigen Rausch mit anschließendem Filmriss. Es war ein für Ende Oktober noch milder Nachmittag gewesen, ideales Wetter. Sechzig Kilometer wollte er fahren, zwei Stunden die Speichen an seinem Rennrad surren lassen – treten, atmen, treten, schwitzen, treten. Was für die meisten Menschen schlicht hirnrissig war, spülte Thesen Energie in den Körper. Er brauchte dieses Gefühl, den Puls im Hals, salzigen Schweiß in den Augen, diese fiebrige Gänsehaut, wenn er noch einmal den Druck erhöhte oder einen anderen Radler abhängen konnte.

Heute war aber kaum ein anderer unterwegs, es war die falsche Zeit. Am Freitagnachmittag saßen die meisten sportiven Rennradler noch im Büro. Thesen war es egal, auf dem Rad war er sich selbst genug. Er genoss die Anstrengung, seinen Atem – und vor allem die Einsamkeit.

Er bog links ab, die letzte Steigung, dann war es nicht mehr weit. Er spürte ein leichtes Rumpeln in der Brust, nur ganz kurz. Seltsam, aber es war gleich wieder weg. Plötzlich ein ungewohntes Kribbeln im Hals, als ob Ameisen durch die Seitenstränge wuselten. Danach glühten seine Ohren. Bleib ruhig, sagte er sich. Thesen kannte dieses Gefühl, diese seltsamen Attacken. Seit ein paar Wochen ging das schon so. »Geh doch mal wieder zu deinem Arzt«, hatte seine Freundin Theresa gesagt, als sie ihn neulich japsend im Bad erwischt hatte. »Ich bin Arzt«, hatte er geantwortet, weiter heimlich seine Beruhigungsmittel geschluckt und sich damit getröstet, dass diese lästigen Beklemmungen mit einer, maximal mit zwei Pillen einfach wieder verschwinden würden. Bis jetzt hatte das noch immer geklappt.

Heute fühlte es sich anders an, drängender, kälter. Thesen rollte rechts ran, klickte sich aus den Pedalen, stieg langsam ab. Er setzte sich auf die Leitplanke. Ein, zwei Minuten Pause, dann würde es weitergehen. Der Druck rechts und links von seinem Adamsapfel wurde aber beinahe unerträglich, das Atmen fiel ihm schwer, da war nichts mehr von der fast euphorischen Schwäche des Radelns. Das hier fühlte sich eisig an, schwarz, böse. Natürlich jetzt, dachte er, immer am Wochenende, wenn du mal ein paar Minuten Zeit hast. Thesen hatte das Gefühl, ständig schlucken zu müssen, obwohl nichts zum Schlucken da war. Plötzlich raste heißer Schmerz durch seine Brust, kroch in den linken Arm. Beide Hände wurden pelzig und feucht. Überall Schweiß, der sich aber kalt anfühlte, und eine elende Schwäche in seinen sehnigen Beinen, den Geschmack von fauligen Eiern im Mund. Thesen nestelte in seiner Trikottasche. Irgendwo mussten seine Pillen sein, er ging zurzeit nie ohne Psychopharmaka aus dem Haus. Ganz unten in der Mitteltasche fand er ein zerknautschtes Briefchen. Er brach zwei Tabletten aus der Plastikschale und würgte sie mit einem Schluck aus der Trinkflasche runter. In fünf Minuten würde es schon besser sein, sicher.

Er schloss die Augen, konzentrierte sich und versuchte, gleichmäßig zu atmen. Normal ein, tief aus, normal ein, tief aus. Ihm fiel auf, dass er sein Handy nicht dabeihatte. Jetzt nur keine Panik, dachte er, aber der Druck im Hals blieb, der Kloß saß bombenfest, nach fünf Minuten immer noch kein Hauch von Entspannung, es wurde schlimmer.

Thesen spürte, wie sein Puls schneller wurde, er fühlte sein Herz, das den richtigen Platz in der Brust nicht mehr finden konnte. Es bewegte sich nach links, nach rechts, nach oben in den Hals, nach unten ins Gedärm. Ruhig, befahl er sich, ruhig, es ist gleich vorbei. Er versuchte, seinen Puls zu messen, ertastete aber nur ein schwaches Flattern an seinem Handgelenk. Ausgerechnet heute war er alleine auf der Piste, und das auf einer so gut wie unbefahrenen Landstraße. Seit er hier saß, war noch kein einziges Auto vorbeigekommen und sein Handy hätte ihm auch nichts genützt, hier in der Senke gab es nicht mal ein Netz. Oben auf dem Hügel schon, aber er hatte keine Ahnung, wie er die zwei Kilometer schaffen sollte.

Thesen fühlte eine seltsame Angst und sehnte sich nach Theresa. Heute Morgen war er noch froh gewesen, als sein Sohn mit ihren beiden Kindern in Richtung Saarland abgerollt war. Endlich mal wieder Ruhe. Wenigstens ist es nicht so kalt, irgendeiner wird schon noch vorbeikommen, dachte er, was seine Angst aber nicht dämpfte. Nervöse Herzbeschwerden, versuchte er sich beruhigen, sind nichts Gefährliches. Eigentlich. Aber dein Puls rast doch verdammt schnell und flach und dann auch noch diese Stolperer. Er versuchte sich zu erinnern, was er während des Studiums über Phänomene wie das Vorhofflimmern gehört hatte. Viel war nicht mehr präsent, zu lange her, und als Orthopäde hatte er mit Herzattacken überhaupt nichts zu tun. Nur eines wusste er noch – massive Rhythmusstörungen konnten durchaus tödlich sein. Unsinn, beruhigte er sich, du kennst das doch, deine Nerven spielen wieder mal verrückt. Deine Pumpe ist völlig gesund, du warst doch erst neulich beim Kardiologen. Während er versuchte, langsam einen Schluck Wasser zu trinken, musste er sich eingestehen, dass der Besuch beim Herzspezialisten gut fünf Jahre zurücklag. Damals hatte ihm der Kollege lächelnd eine Pferdenatur bestätigt. Damals war ich auch gerade mal sechsunddreißig Jahre alt, dachte er. Da haben die meisten sowieso nichts am Herzen.

Thesen richtete sich auf, wartete, dass der Tranquilizer Yin und Yang wieder zusammenbringen würde, damit Körper und Seele in einem Rhythmus schwingen konnten – und endlich wieder Ruhe und Kraft in ihn zurückströmten. Aber der Puls raste weiter, sein Darm pumpte sich schmerzhaft auf, er bekam Bauchkrämpfe, musste furzen wie ein Bierkutscher und jetzt begannen auch noch seine Beine zu zittern. Sein Magen zuckte, ihm wurde speiübel. Du musst hier weg, dachte er und stand auf.

Jetzt lag er in Rössels schmuckem Privatzimmer auf dem Rücken, blinzelte schläfrig in das bläuliche Notlicht und musste erkennen, dass genau hier der Film endete. Glück gehabt, irgendeiner wird dich gefunden haben und jetzt bist du hier. Thesen hoffte, dass es auch seinem Rad gut ging und seine unbekannten Retter es einfach achtlos irgendwo abgestellt hatten. Gleich morgen wollte er sich darum kümmern. Blödmann, dachte er plötzlich, sei froh, dass es gut ausgegangen ist. Es war wohl doch nur wieder eine dieser lästigen Attacken, nichts, was dich umbringt. Er drehte sich auf die rechte Seite, klemmte sich wie jeden Abend ein Stück Bettdecke zwischen seine Knie, knautschte das Kissen unter seinem Nacken zusammen wie eine Wurst und schloss die Augen. Sein Puls schlug ruhig und gleichmäßig, der Druck im Hals und die Kopfschmerzen waren beinahe weg, schwangen nur noch ein wenig im Hintergrund. Jetzt wirkten seine Pillen.

Thesen hätte sich jetzt eigentlich wundern müssen, wie es so weit mit ihm hatte kommen können. Aber er wunderte sich nicht im Geringsten, er fragte auch nicht nach dem Warum, schon lange nicht mehr. Er schlief friedlich ein, wie ein kleines Kind. Die Uhr stand auf 23 Uhr 20, auf dem weißen Wandkalender umrandete ein kleiner roter Plastikrahmen den 21. Oktober 2002.

Und tschüss

Im Hochsommer 1994 waren Thesen vegetative Attacken nur aus seinen Pflichtvorlesungen im Hauptstudium bekannt. Der angehende Facharzt für Orthopädie war mit einer fast schon unverschämt stabilen körperlichen Konstitution gesegnet, was damit zusammenhing, dass er von einem Sport beeindruckt, ja beinahe besessen war, der zu den gesündesten überhaupt zählt, wenn man denn daran glaubt, was Sportwissenschaftler herausgefunden haben wollen. Thesen fuhr Rennrad, fast jede freie Minute, ungefähr fünftausend Kilometer pro Jahr, und über jeden einzelnen dieser Kilometer führte er akribisch Buch. Streckenlänge, momentanes Körpergewicht (gemessen vormittags nach dem Aufstehen), Außentemperatur, Durchschnittsgeschwindigkeit, Vergleich zum Vorjahr, kurze Schlussfolgerung. Am Nachmittag hatte er fünfundvierzig Kilometer mit einem Schnitt von exakt 31,4 Stundenkilometern heruntergespult, so schnell war er auf dieser Strecke, die über einige Hügel ging und insgesamt nach seinem Radcomputer sechshundertzweiundzwanzig Meter Höhendifferenz aufwies, noch nie gewesen. Und das, obwohl er mit achtundsiebzig Kilo gut zehn Pfund über seiner persönlichen Idealmarke lag. Thesen übertrug die Daten unter dem 4. Juli mit einem schwarzen Faserschreiber in eine abgegriffene Kladde, legte das »Tagebuch eines bekloppten Masochisten«, wie seine Frau das Ding nannte, auf das kleine Regal im Keller, auf dem sonst nur noch die Radschuhe standen, und war mit sich zufrieden. Ich bin dreiunddreißig und werde immer noch besser, dachte er.

Kurz darauf, Thesen stand gerade nackt im Bad und hatte sich seine Beine dick mit einer billigen Enthaarungscreme aus dem Supermarkt eingestrichen, endete sein gewohntes Leben.

Die chemische Beinenthaarung war ein Ritual, das Thesen im Sommer alle zwei Wochen wiederholte, weil er es für ein Verbrechen wider die Ästhetik hielt, wenn aus einer eng anliegenden, schwarzen – zur Not auch dunkelblauen – Radhose stachelbeerhaft behaarte Männerbeine lugten. Am Ende auch noch bleiche und die nicht mal richtig eingeölt. »Das«, so dozierte Thesen gerne, »sieht ungefähr so aus, wie eine Eiskunstläuferin mit Backenbart. Beim korrekten Radfahren musst du das Spiel deiner Muskeln beobachten können, es sieht einfach geil aus, wenn sich die einzelnen Stränge unter der geölten Haut spannen und wieder locker lassen.« Thesen konnte stundenlang über das Rennradfahren philosophieren, seine Freunde vermieden es deshalb schon lange, ihn auf seine glatten Beine oder die stattliche Kollektion von sieben Rennrädern anzusprechen. Die Velosammlung hatte er in seinem Keller mit ihren Vorderrädern in Fleischerhaken eingehängt. Sieben blitzblanke Räder hingen in akkurater Reihe von der Decke und strahlten in Lack und Chrom. Seine Kumpels schenkten ihm gerne grellbunte Trikots zum Geburtstag und vermieden das Thema Rad ansonsten, so gut es ging. Ganz besonders stolz war Thesen auf ein original Gelbes Trikot der Tour de France, ein winziges Stück dünnen, glänzenden Stoff, das der Baske Miguel Indurain 1991 bei der Tour der Leiden, die er in diesem Jahr erstmals gewann, angeblich einen Tag lang getragen hatte. Ins Trikot seines sportlichen Idols traute sich Thesen aber nur, wenn er sich besonders gut in Form fühlte und natürlich nur perfekt enthaart und mit gebräunten und geölten Beinen.

Thesen verteilte gerade den Rest der Tube mit der streng riechenden Enthaarungscreme um seine Brustwarzen, unter den Achseln, in der Nase und tupfte auch einen kleinen Klecks in jede Ohrmuschel, als es an der Badezimmertür klopfte.

»Ich bin's, Cedi, darf ich reinkommen?«

Cedi hieß eigentlich Mercedes, war seit drei Jahren Thesens Ehefrau und klopfte normalerweise zu Hause nicht an die Tür.

»Komm ruhig rein«, antwortete Thesen, »es ist offen. Aber erschrick bitte nicht, ich bin gerade beim Entlauben.«

Cedi öffnete die Tür und hielt sich kurz die Hand vor die Nase, bis sie sich an den stechenden Geruch des chemischen Haarkillers gewöhnt hatte. Der Dunst des Lösungsmittels wurde überdeckt von einem billigen Aromastoff. Aprikose, dachte sie, widerliche, künstliche Aprikose. Mercedes Thesen bedachte ihren Mann mit dem hämischen Blick, mit dem sie ihn in letzter Zeit öfter musterte, wenn er sich in ihren Augen wieder mal zum Affen machte. Früher hatte sie seine Macken amüsant gefunden, Thesen hatte sie mit seinem seltsamen Körperkult zum Lachen gebracht. Jetzt wirkte sein Anblick keine Spur mehr putzig. Sie konnte sich nicht mehr vorstellen, dass der weiß bekleisterte Mann mit den Adidas-Badelatschen an den Füßen der Johannes Thesen sein sollte, der sie vor fünf Jahren mit seinen unglaublich blauen Augen fasziniert hatte, der kluge Charmeur, der sogar Spanisch gelernt hatte, um sich mit ihr in ihrer Muttersprache unterhalten zu können. Ganz am Anfang hatte er ihr sogar ins Ohr geflüstert, dass er sofort und für den Rest seines Lebens mit ihr in dem kleinen galizischen Fischerdorf leben würde, in dem sie geboren wurde – wenn sie es nur wollte. Mercedes hatte kein Interesse, warum auch? Sie lebte gerne in Deutschland. Seit einigen Monaten war sie sich dessen allerdings nicht mehr so sicher.

Cedi betrachtete den Mann zwei Meter vor ihr, suchte das passende Wort für das, was sie sah. Thesens Hände steckten in grünen Gummihandschuhen, mit denen er die übel riechende Creme auf seinen Beinen verteilt hatte. Zum Schutz seiner Kopfbehaarung trug er eine Duschhaube für Damen, die er aus irgendeinem Hotel mitgebracht hatte, sein Geschlecht hatte er in einer Plastiktüte versenkt, die er, wie immer, mit Klebestreifen am Bauch fixiert hatte. Cedi ertrug den Anblick kaum noch. Jämmerlich, schoss es ihr durch den Kopf, ja genau, jämmerlich war das richtige Wort. Cedi spürte jedenfalls nichts mehr von der Faszination und von der Ruhe, die Thesen einst auf sie ausgestrahlt hatte.

Sie setzte sich auf den Rand der Badewanne, strich sich mit der Hand ihre schwarzen Haare hinter die Ohren und versuchte, ihren Blick auf einen Teil ihres Mannes zu richten, der nicht mit der weißen Paste beschmiert war.

»Hör zu, Johannes«, sagte sie, »ich weiß, dass ist jetzt nicht der passende Moment, aber es geht nicht mehr.«

Sie wartete kurz, bis ihr Mann den Spatel aus der Hand legte, mit dem er sich gerade eine Bahn mit Haaren vermischte Creme von der Wade gekratzt hatte. Ganz abgesehen von seinem peinlichen Gekleckse, nun sah Thesen auch noch dümmlich drein. Sie fixierte so gut es ging seine Augen.

»Ich muss hier raus, ich kann dich nicht mehr sehen. Claude lass ich erst einmal bei dir. Ich melde mich, wenn ich mit dir reden will. Du brauchst erst gar nicht nach mir suchen, du wirst mich nicht finden. Wenn mit dem Jungen was ist, ruf meine Freundin Sylvia an. Sie sagt mir dann Bescheid. Ich habe Claude gesagt, dass ich ein paar Tage alleine Urlaub mache.«

Mercedes Thesen stellte die Haarspülung, die sie während ihres kurzen Vortrags in den Händen geknetet hatte, zurück auf den Rand der Badewanne, senkte ihren Blick und verließ das Bad, bevor Thesen auch nur ein einziges Wort sagen konnte.

Der erste Gedanke, der Thesen durch den Kopf schoss, war, dass ihm seine Frau ohne jede Gefühlsregung den Boden unter den Füßen weggezogen hatte. Keine Träne, keine zittrige Stimme, nichts. Als ob sie beim Eismann tiefgefrorene Himbeeren bestellt hätte. Er hörte, wie unten, vor der Garage, Cedis Motorroller ansprang. Thesen hastete zum Fenster, was nicht so einfach war mit der Plastiktüte zwischen den Beinen. Er sah noch, wie die Vespa vom Mühlenweg links in die Tiefenbachstraße abbog. Claude stand im

Garten im Sandkasten und winkte seiner Mami hinterher. Typisch, dachte Thesen, abbiegen, ohne zu blinken, und natürlich fährt sie ohne Helm. »Und was ist mit dem Hund?«, brüllte Thesen an die geschlossene Scheibe. Was soll schon sein, dachte er, der bleibt natürlich auch bei dir.

Dass seine Frau ein kleines Sommertheater inszeniert haben könnte – daran dachte Thesen keine einzige Sekunde. Katholische Spanierinnen lassen ihre Kinder nicht einmal für einen Tag allein, wenn sie nicht müssen. Die Ehe ist da noch heilig, dachte er, also ist es ernst. Er drehte sich um, verschmierte dabei die Stoffjalousie mit Enthaarungscreme und brüllte, so laut er konnte: »Merde«. Thesen fluchte seit Claudes Geburt nur noch französisch oder englisch, weil er nicht wollte, dass sein kleiner Sohn »Scheiße« oder »Verdammt« sagen konnte. Zumindest nicht, solange er nicht einmal im Kindergarten war.

Am Abend saß Thesen auf seinem Rattan-Diwan. Er betrachtete Claude, der neben ihm zusammengekuschelt eingeschlafen war. Thesen versuchte zu weinen, was ihm aber nicht gelingen wollte. Also rauchte er seine erste Zigarette seit fast dreizehn Jahren, eine Camel aus einer Packung, die der Klempner gestern vergessen hatte. Ihm wurde ein bisschen flau im Magen und er spürte einen leichten Kloß im Hals. Der Hund schnüffelte den Rauch und sprang angewidert vom Diwan. Zum Saufen hatte Thesen keine Lust.

Exit Trondheim

Ächzend ruckte das Transportband an. Die Augen der mürrisch dreinblickenden Passagiere schnellten zu dem mit schwarzen Gummistreifen verhängten Schlund, der gerade damit begann, Koffer auszuspukken. Zum Glück hat Cedi damals den blauen Samsonite auch gleich mitgenommen, dachte Thesen, offenbar reist die halbe Welt mit so einem Ding herum. »Tschuldigung, hamse mal Feuer?« Thesen schaute den kleinen Mann in der speckigen Lederjacke unfreundlich an und deutete nur mit der Hand auf eines der vielen »Rauchen verboten«-Schilder. Oslos Flughafen Gardermoen war komplett nikotinfreie Zone, aber wie überall auf der Welt gab es auch hier Ignoranten, die völlig blind durch den Schilderwald schlurften und meinten, sie seien alleine auf der Welt.

Thesen war nervös, er wartete auf einen großen, hellbraunen Karton, in dem er sein Rennrad verpackt hatte. Fast sechstausend Mark war der azurblaue Traum aus Aluminium, Carbonfasern und italienischer Feinmechanik wert. Das Velo hatte er sich im vergangenen Sommer, drei Tage nach Cedis abruptem Auszug, direkt in Turin beim Hersteller bestellt. Sechs Wochen später war es geliefert worden, jedes Teil ein kleines Kunstwerk und vorne, am Lenkervorbau, waren sogar seine Initialen eingraviert. Seither stand das Velo auf einem filigranen Chromständer neben seinem Bett im Schlafzimmer – wie ein Freund. Stumm, aber sehr schön. Auf jeden Fall perfekt.

Direkt neben dem Kofferschlund öffnete sich eine Tür. Ein Mann im blauen Overall fuhr den Karton mit einem Sackkarren herein. Vernünftige Leute, diese Norweger, dachte Thesen und eilte auf den Arbeiter zu. »Thank you, you're very kind«, stammelte er, hievte den Karton vorsichtig auf einen Trolley und suchte den Ausgang. Vor der Ankunftshalle wartete bereits ein VW-Bus, der ihn und vier andere Passagiere nach Trondheim bringen würde. Ich bin der Letzte, dachte sich Thesen, als er die vier Kartons auf dem Dach des Vans sah. Manchmal ist es tatsächlich ein Vorteil, wenn man nicht von Frankfurt aus direkt fliegt. Die anderen haben jedenfalls auf mich warten müssen. Die Busfahrerin hieß Britta und begrüßte ihn auf Deutsch: »Willkommen in Norwegen, willkommen zur großen Kraftprobe, Johannes.« Es regnete aus einem gleichmäßig grauen Himmel, der Wind war empfindlich kühl für Ende Juni.

Im Bus schüttelte er Sven, Michael, Carsten und Ute die Hand. In dieser Szene gab es kein Sie. Thesen blickte in ernste, hagere Gesichter und stellte erleichtert fest, dass wohl alle deutlich älter waren als er. Im Bus roch es wie bei einer Kaffeefahrt für Rentner. Schwaden von Arnikaöl und Pfefferminztee waberten durch den Bus, dazu duftete es nach Salami und überreifen Bananen. Thesen verspürte einen gewaltigen Drang nach einer Zigarette, jetzt und sofort, die nächste würde er sich erst in vier Tagen gönnen, als Belohnung nach der großen Styrkeproven, wie das Rennen auf Norwegisch hieß. Britta lenkte den Bus auf die Hauptstraße und folgte den Schildern nach Lillehammer. »Wir fahren jetzt auf der gleichen Strecke wie ihr übermorgen«, sagte Britta, »macht's euch bequem, in ungefähr acht Stunden sind wir in Trondheim.«

Acht Stunden mit dem Auto, dachte Thesen, und in zwei Tagen fährst du mit zweitausend anderen Idioten die ganze Strecke auf dem Rad zurück. Fünfhundertvierzig Kilometer am Stück, Pause nur zum Pinkeln und zum Essen. Wenn es gut für dich läuft und aufhört zu regnen, bist du in vielleicht zwanzig oder zweiundzwanzig Stunden im Ziel. Aber nur, wenn es wirklich gut läuft. Er schaute durch die beschlagene Scheibe in die graue Gischt und sehnte sich nach einer Camel. Seine Zuversicht verschwand irgendwo in der Regenwand da draußen. »Das schaffst du nie«, dachte er.

Sechs Monate vorher, im Dezember 1994, hatte Thesen sich das Abenteuer in der norwegischen Mittsommernacht noch als gewaltiges, heroisches Spektakel ausgemalt. Er lag zu Hause auf seinem Diwan, im Kopfhörer brüllte Steven Tyler »Livin' On The Edge«. Für ihn war der kleine Sänger von Aerosmith der göttlichste Schreihals der Popgeschichte. Die meisten Leute machte Tylers Stimme nervös, Thesen dagegen konnte sich bei Aerosmith entspannen. Er nahm einen tiefen, langen Zug aus seiner Zigarette und blies glücklich den Rauch in Richtung Decke.

Am Vormittag dieses Tages hatte er einem Mittfünfziger mit gewaltigen Oberschenkeln den Innenmeniskus im linken Knie geglättet und eine kleine Schleimbeutelfalte entfernt. Der Patient, ein gewisser Rudolf Schiefer, hatte ihm bei der Vorbesprechung den Floh mit dem härtesten Radrennen für Hobbyfahrer ins Ohr gesetzt. »Bringen Sie mich wieder auf die Beine, Doktor, ich will noch einmal bei Trondheim–Oslo mitmischen.«

Medizinisch betrachtet war das kein Problem. Schiefers Knorpel im Knie war für sein Alter beinahe noch jungfräulich. Starkes, glattes Gewebe, die

Bänder unverletzt und die Beschwerden beim Durchstrecken des Beins würden ein paar Wochen nach der OP verschwunden sein. Sie verabredeten sich, nach Schiefers Rehabilitation gemeinsam auf das Rennen hinzutrainieren.

Seit Anfang Oktober war Thesen in der ambulanten Operationspraxis von Professor Ulf Nidernbühl angestellt. Ein paar Wochen nach Cedis Abgang war er als frisch gebackener Facharzt für Orthopädie und Chirurgie aus der Uniklinik entlassen worden und hatte sofort den Job bei Nidernbühl angenommen. Dort war er für den »Kleinkram« zuständig, wie Nidernbühl immer sagte, wenn kein Patient in der Nähe war. Thesen hatte ein Händchen für die Arthroskopie. Er war der Mann für die Kniespiegelungen, für die kleinen, aber wichtigen Korrekturen an einem noch fast intakten Gelenk, manchmal durfte er auch bei einer Bänderstraffung ran.

Die Praxis lag im Industriegebiet am Stadtrand, eine kleine Orthopädiefabrik mit Ausblick auf einen Baumarkt und eine Großhandlung für Farben und Lacke. Nidernbühl hatte zu Beginn der Neunziger mit seinen Partnern gewaltig in die Rehafit-Klinik investiert. Bis auf die stahlblauen Türen und die Tischplatten am Empfang und im Wartezimmer erstrahlte die Praxis in hellem Weiß. Indirekte Beleuchtung aus unzähligen kleinen Neonschirmchen in der Decke, Lamellenvorhänge an den langen Fensterfronten, die Wände waren derart zugehängt mit schreienden Bildern von Elvira Bach, dass einem fast die Augen schmerzten. Im Wartezimmer lagen Zeitschriften wie »Ambiente« oder »Gala«, aber auch »Focus« und »Der Spiegel«. Im Rehafit ließ sich der gut versicherte Mittelstand die Knochen richten, Leute, die genug Geld, aber wenig Zeit hatten und für die jede Nacht in einem Krankenhaus eine zu viel war. Im Rehafit wurden sogar die Kreuzbänder im Knie ambulant geflickt – wenn der Eingriff ohne Komplikationen ablief.

Neben Nidernbühl, einem Spezialisten für das Einsetzen von künstlichen Kniegelenken, arbeiteten noch drei andere Fachärzte in der Klinik, unterstützt von zwei Anästhesisten, eine davon war Nidernbühls Frau Sarita. Operiert wurde an Werktagen von acht bis dreizehn Uhr, nachmittags dann Untersuchungen und Besprechungen. Nidernbühl vertrat die Meinung, dass auch bei kleineren Verletzungen fast jeder Patient einen »Benefit« durch einen chirurgischen Eingriff habe. Thesen sah das ähnlich. Leute wie Schiefer, dachte er, hätte man früher mit Salben, Eisbeuteln und Voltaren behandelt, den Schmerz betäubt, die Entzündung kontrolliert, aber das Problem nicht gelöst. Irgendwann hätte sich Schiefer mit seinem eingeschränkt beweglichen Knie arrangiert, unbewusst eine Schonhaltung eingenommen, falsch belastet und sich damit langsam und unbemerkt das Knie, vielleicht sogar noch die Hüfte und das Sprunggelenk ruiniert. Nicht richtig auskurierte Verletzungen führten immer wieder zu minimalen Blutungen im Gelenk, entzündeten die Kapsel und das Gewebe, ätzten letztlich kleine Löcher in den Knorpel, ohne dass der Patient davon etwas spürte. Wenn es dann nach zehn oder zwanzig Jahren richtig wehtat, half oft nur noch Nidernbühl mit seinen Implantaten.

Dann lieber früher einschneiden, zumal durch die Technik der Arthroskopie die Verletzung von Haut und Nerven durch die kleinen Schnitte kaum mehr der Rede wert war. Kein Vergleich jedenfalls zu dem Gemetzel, wenn Nidernbühl eine Prothese implantierte. Das Rehafit verlangte von jedem Patienten, der ein künstliches Gelenk bekommen sollte, acht Wochen vor dem Eingriff eine Eigenblutspende. Rudolf Schiefer dagegen hatte so gut wie kein Blut verloren, und er würde, wenn er wollte, in sieben Monaten die 540 Kilometer auf dem Rad in Angriff nehmen.

Thesen war gerne Arzt, die Bezeichnung »mit Leib und Seele« lehnte er aber ab. Er war zufrieden, manchmal auch euphorisch, wenn er mit minimalem Aufwand einem Patienten ein Stück Lebensqualität zurückgeben konnte. Wenn Thesen operierte, konzentrierte er sich fast bis zur totalen Erschöpfung, er machte das Anliegen des Patienten zu seinem eigenen, was ihm schon an der Uniklinik den Ruf eines Gutmenschen eingebracht hatte. Unter Orthopäden, die gerne als raue Gesellen gelten, eine zweifelhafte Ehre.

Wenn Thesen an den OP-Tisch trat, ging eine kleine Verwandlung in ihm vor. Er wurde gelassener, die fahrigen Hände und Arme, mit denen er dem ängstlichen Patienten vor einer Stunde noch einmal den Eingriff erklärt hatte, wurden ruhig. »Wenn ich mir meinen Meniskus flicken lassen müsste, würde ich das den Thesen machen lassen«, hatte Nidernbühl seiner Frau auf die Frage geantwortet, wie sich denn der junge Kollege so entwickle. Ihm selbst würde der Professor nie so ein Kompliment schenken – das entspräche nicht seiner Art der Menschenführung. Nidernbühl war am Rand der Schwäbischen Alb aufgewachsen, dort, wo der schwäbische Pietismus seine Heimat hat und wo Menschen gelobt werden, indem man sie nicht zusammenstaucht.

Thesen war nicht scharf auf ein Lob des Chefs. Er war zufrieden, wenn er Erfolg sah, wenn ein Patient zwei Monate nach dem Eingriff eine Dankeskarte schickte. An der Wand hinter seinem Schreibtisch hing ein gerahmtes Foto eines Balletttänzers, den er noch an der Uniklinik am Sprunggelenk operiert hatte. »Ohne Sie könnte ich nicht mehr tanzen – Danke«, hatte der erste Solist des Staatstheaters mit schwarzem Filzstift unter das Foto geschrieben. Dieses Lob erfüllte Thesen mit Stolz, auch weil sich

Jorge-Maria Valdos damals unbedingt von ihm, dem kleinen Assistenzarzt, hatte operieren lassen wollen. Die Sache hatte für ziemlichen Wirbel an der Uni gesorgt, weil Thesen den Privatpatienten Valdos erst operieren konnte, als der Chefarzt im Urlaub war. Der beruhigte sich auch erst dann wieder, als Valdos sich bereit erklärte, wenigstens die Nachsorge bei ihm machen zu lassen. So konnte Professor Renchler wenigstens noch ein paar saftige Rechnungen schreiben, was er auch tat.

Der VW-Bus rollte über knirschenden Kies, der Motor erstarb. »Exit Trondheim – wir sind da«, sagte Britta. Thesen rieb sich die Augen, hinter Lillehammer war er eingeschlafen. Ein Blick auf die Uhr, es war kurz vor Mitternacht. Mit steifen Gliedern quälte er sich durch die Schiebetür. Das Motel war hässlich, eine dunkelbraune Bretterbude mit rostigem Blechdach, das im bläulichen Dämmerlicht trostlos wirkte. Aber wenigstens regnete es nicht mehr, keine Wolke am Himmel zwischen Tag und Nacht. In weniger als zwei Stunden würde im Osten schon wieder die Sonne aufgehen. Thesen wollte nur noch ins Bett, er brauchte seine Kraft für das Rennen übermorgen. Sven und Michael gingen Spaghetti essen, die ihnen ein schlecht gelaunter Kellner auf die Teller klatschte. Sven hatte darauf bestanden, weil das Essen im Pauschalpreis inbegriffen war. »Wir können doch nichts dafür, dass wir am Flughafen so lange auf Johannes warten mussten«, erklärte Sven Britta. Carsten und Ute gingen direkt auf ihr Zimmer.

Thesen hatte keinen Hunger mehr, aber er konnte auch nicht schlafen, obwohl er die dicken roten Vorhänge, die nach kaltem Rauch und billigem Weichspüler rochen, komplett zugezogen hatte. Die Matratze war viel zu weich. Er zog sich den Kopfhörer über die Ohren, legte sich die Filmmusik von »Local Hero« in seinen Discman und wälzte sich auf die andere Seite. Passt gut hierher, dachte er sich.

Diese kleine Freiheiten – der Trip nach Norwegen für ein paar Tage Abenteuer –, diese für ihn neue Art zu leben, genoss Thesen immer mehr. Als Ehemann und Vater war selbst ein Ausklinken für vier Tage problematisch gewesen. Mercedes, die mit zwei Freundinnen ein Reisebüro betrieb, bestand auf seinem Beitrag bei der Kinderbetreuung, und zwar immer. Das Leben, das er jetzt führte, war klarer, einfacher zu planen und auch spannender.

Cedi hatte nicht mehr mit ihm reden wollen, zumindest nicht über ihre Ehe. Vier Wochen nach ihrem Auszug kam sie ihre Sachen abholen, die meisten wenigstens. Die Fotoalben waren immer noch da, auch ihre Jugendbilder und die alten Schulhefte. Sonst waren sie und ihre Duftmarken aus dem Haus verschwunden und mit ihnen auch seine geliebte LC4-Liege von

Le Corbusier. Cedi wusste schon, wo es richtig wehtat. Thesen war mit Claude für ein Wochenende zu Freunden an den Bodensee gefahren. Mit seinem Sohn an der Hand stand er am Sonntagabend im halb leeren Wohnzimmer und war froh, dass der Fernseher noch da war. »Mama weg?«, fragte Claude. »Ja, aber sie kommt wieder.« Claude liefen die Tränen übers Gesicht, Thesen ärgerte sich über seine Lüge, aber die Trauer des Kleinen schnürte ihm den Hals zu. Seine Ohren wurden heiß, sein Magen drückte Richtung Hals. Mercedes Thesen, du bist nichts anderes als ein großes Stück Scheiße. Thesen spürte einen bösen Zorn in sich, eine kalte Wut. Er nahm Claude hoch und drückte ihn fest an sich. »Mami ist nur im Urlaub«, sagt er.

Mercedes war nicht im Urlaub, sie war weg, definitiv. Und zu Recht, das wusste Thesen schon drei Tage, nachdem Cedi mit ihrer Vespa aus seinem Leben geknattert war. Sie hatten nicht zueinandergepasst. Mercedes war eine Frau, die um ihrer Ausstrahlung willen geliebt werden wollte, die permanente und uneingeschränkte Aufmerksamkeit brauchte, mehr als jede andere Frau, zumindest mehr als jede, die Thesen kannte. Cedi war viel zu stolz und feinnervig für einen Typen wie ihn, einen, der sich nicht den ganzen Tag darauf konzentrieren konnte und wollte, dass auch immer frische Blumen auf dem Tisch standen oder dass er ihr jedes Mal die Autotür aufmachte. Thesen konnte einen Espresso auch aus einer Kaffeetasse trinken, Cedi wäre an so etwas gestorben. Sie fehlte ihm, aber er genoss es regelrecht, nicht mehr Ansprüchen genügen zu müssen, die er sowieso nie hatte richtig erfüllen können.

Thesen schätzte sich selbst als einen verlässlichen und fairen Partner ein, er hielt sich für halbwegs gebildet und glaubte, charmant sein zu können, wenn er denn wollte – nicht mehr, aber auch nicht weniger. Und auf eines war er stolz. Er war eine treue Seele, immer schon gewesen. Wenn die Kollegen nach Klinikfeten mit den OP-Schwestern abschwirrten, fuhr er nach Hause, ohne irgendetwas zu vermissen. Eine seltene Eigenschaft in seinem Bekanntenkreis. Wenn er Mercedes betrog, dann mit seinem Rennrad. Er nahm sich die Zeit, wann er wollte, egal, was Cedi gerade mit ihm vorhatte. Darauf nahm er keine Rücksicht. Radfahren war seine einsame Insel, sein Exil vom Alltag. Im Sattel musste er nur für sich funktionieren.

Für Mercedes war Sport mit Thesen dagegen nichts weiter als ein Albtraum gewesen. Sie zog mit einem Zwischenstopp von fünf Tagen bei ihrer Freundin Sylvia direkt von ihm zu einem Gymnasiallehrer (Deutsch und Geschichte), der Witwer war und gut fünfundzwanzig Jahre älter als sie. Schon zwei Monate nach der Trennung wurde die Ehe geschieden. Thesen hatte Cedis Drängen zugestimmt, die Trennung von Tisch und Bett einfach um elf Monate zurückzudatieren, damit das vorgeschriebene Trennungsjahr juristisch korrekt erfüllt war. Die Scheidung war unkompliziert und in knapp einer halben Stunde erledigt gewesen. Das Haus, in dem sie beide gelebt hatten, war schon vor der Ehe in Thesens Besitz gewesen. Er hatte es von einem reichen, kinderlosen Vetter seines Vaters geerbt, der Hund Hrubesch blieb die meiste Zeit bei Thesen, weil Cedis neuer Galan gegen Hundehaare allergisch war. Viel Zugewinn war in den drei Jahren Ehe nicht entstanden, der Hausrat wurde geteilt, das gemeinsame Sorgerecht für Claude vereinbart.

Das Umgangsrecht fixierten sie auch noch außergerichtlich mit einem separaten Vertrag. Claude wurde sauber und exakt geteilt, ohne selbst gefragt zu werden. Die halbe Woche bei Mama, die andere Hälfte bei Thesen. Urlaube nur nach Absprache, das Recht der Erstbestimmung in Ferienfragen wechselt jährlich. Wer den Vertrag verletzt, riskiert das Umgangsrecht. Mercedes hatte sich in den Kontrakt gefügt, weil sie spürte, dass Thesen bei aller Trennungsharmonie in diesem Punkt kämpfen würde. Er wollte kein normaler Scheidungspapa sein, der alle drei Wochen für zwei Tage den Besuchsonkel spielte. Wenigstens das konnte Thesen seiner ehemaligen Ehefrau eindeutig vermitteln.

Ein paar Wochen war Thesen ziemlich am Ende gewesen. Es schmerzte ihn, dass sein Modell einer intakten Kleinfamilie ohne große Gegenwehr gescheitert war. Dass Cedi mit einem uralten Sack vögelte, beleidigte sein Ego. Anfangs zog er abends durch die alten Studentenkneipen, trank zu viel Weizenbier, Averna und schlechten Rotwein und rauchte dazu mindestens eine Packung Camel. Am nächsten Morgen musste er sich dreimal die Zähne putzen, ehe er in die Klinik ging. Nur wenn Claude kam, von Sonntag bis Mittwoch, hielt er sich zurück. Seine Schwester Marga und eine Tagesmutter halfen ihm, die Betreuung zu organisieren. Thesen tauschte an der Uniklinik seine Bereitschaftszeiten, arbeitete von Donnerstag bis Sonntag beinahe durch. Er hatte nur noch ein paar Wochen im Krankenhaus vor sich und den Job bei Nidernbühl von Oktober an sicher.

Wenn Claude nicht da war, besuchte Thesen manchmal alte Freunde, aber die konnten mit seinen Sorgen nichts anfangen. Alle wollten nur wissen, was um alles in der Welt Cedi in die Arme eines Paukers mit Schmerbauch getrieben hatte. Michael Zettmann, Thesens ältester Freund, der zwar ein guter Kerl war, aber ein ruppiges Gemüt vor sich hertrug, traute sich dann zu sagen, was die anderen dachten: »Entweder hattest du zu viel Sex mit ihr und sie überfordert, oder zu wenig.« Thesen schüttelte nur den Kopf. »Damit hat das nichts zu tun«, sagte er. »Das denkst aber auch nur du«, antwortete Zettmann mit einem dreckigen Grinsen. Thesen spürte, dass er etwas tun musste.

Zum Schutz seines Rufs legte sich Thesen nach Ablauf eines Scham-Vierteljahrs eine Freundin zu. Anja war dreiundzwanzig, Fitnesstrainerin mit Abitur und einer Knorpelmaus im linken Sprunggelenk. Thesen hatte sie an seinem zweiten Arbeitstag bei Professor Nidernbühl kennengelernt. Als er vor dem Eingriff mit ihr den Fragebogen durchging, wurde sie plötzlich rot, als Thesen nach früheren Operationen fragte. »Ich habe mir die Brust vergrößern lassen«, flüsterte sie. »Wissen Sie, in meinem Job ...« Thesen ließ sie nicht ausreden. »Silikonimplantate stören uns bei der Arthroskopie nicht«, sagte er und spürte sofort, dass dies doch wohl etwas zu geschäftsmäßig war. »Nun ja, steht Ihnen ganz ausgezeichnet«, stammelte er. Auch nicht besser, dachte er. Anja fing an zu lachen, warm, herzlich, nicht dieses stolze galizische Gehuste. Thesen verliebte sich ein ganz kleines bisschen. Er fühlte, wie seine Ohren wieder heiß wurden, aber diesmal war es angenehm.

Sie waren jetzt seit fast neun Monaten zusammen, nach ganz klaren Regeln. Anja durfte Claude nicht sehen, sie konnte an Thesens Leben teilhaben, aber nur zu seinen Bedingungen – und nur, wenn er Lust dazu hatte. Sonst nicht. Thesen sagte ihr das gleich in der ersten Nacht. Offen und nüchtern, obwohl er ziemlich viel Rosso di Montalcino im Blut hatte. Thesen hatte Anja zum Nobelitaliener eingeladen. Er dachte, das sei ein gutes Entree und lag damit völlig richtig.

Thesen war stolz, eine zehn Jahre jüngere Freundin zu haben. Über eine Zukunft mit ihr dachte er jedoch keine Sekunde lang nach. Sex mit Anja war nett, mehr aber auch nicht. Sie turnte mit ihm, wobei Thesen manchmal ein fast wissenschaftliches Interesse an dieser Art Step-Aerobic in der Waagerechten entwickelte. Manchmal beobachtete er nur ihre Brust, die sich kaum bewegte, auch wenn Anja ihr »eins und zwei und eins und zwei« turnte. Als ob sie eine Feder unter der Haut hätte, dachte er. Anja bestand zudem auf Kondome und peinliche Hygiene und verschwand danach immer sofort unter der Dusche. Thesen fühlte sich im Bett immer irgendwie schmutzig. Wenn er so alleine dalag und sein Puls langsam in die Brust zurücksank, vermisste er Cedi, ihren Geruch, ihre natürliche und selbstverständliche Hingabe beim Sex. Anja duschte, mindestens zehn Minuten, manchmal auch länger. Danach duftete sie nach Sebamed, was Thesen ans Krankenhaus erinnerte.

Thesen erwachte, weil ihm beim Umdrehen der Kopfhörer ins Gesicht gerutscht war. Hinter dem roten Vorhang brannte die norwegische Sommersonne. Acht Uhr. Morgen um diese Zeit bin ich schon eine Stunde auf der Strecke, dachte er und drehte sich noch einmal um.

Das Rennen

Über dem Platz vor dem Nidarosdom in Trondheim schwebte eine Duft-
wolke aus Arnikaöl und Franzbranntwein. Möwen saßen wie betäubt
vom Dunst aus Tausenden von Waden auf den Säulenheiligen und
Fenstersimsen und beobachteten mit seltsam langsamen Kopfbewegungen
das Treiben unter sich. Die Vögel schienen sich zu amüsieren. Thesen füllte
aus einem Fünfhundertliterkanister die letzte seiner vier Trinkflaschen mit
einem wässrigen, nach künstlicher Zitrone schmeckenden Mineraldrink. Die
nächsten vierundzwanzig Stunden würde er nichts anderes trinken als etwa
zwölf bis fünfzehn Liter von dieser Brühe.

Der Gedanke daran fühlte sich an wie die Kühle auf der Haut, wenn sich
eine kleine Wolke am überwiegend blauen Himmel kurz vor die Sonne
schob. Aber für dunkle Gedanken war es jetzt zu spät. In dreißig Minuten
würde der Starter knapp zweitausend Rennradfahrer auf die Reise nach Oslo
schicken. Fünfhundertvierzig Kilometer aus eigener Kraft. Thesen schaute
sich um, suchte Trost in den Gesichtern seiner Schicksalsgenossen, fand aber
nur einen etwa fünfundsiebzig Jahre alten Norweger, der die Strecke mit
einem normalen Tourenrad mit Dreigangschaltung meistern wollte. Gut,
dachte Thesen, wenn der das schafft, packst du das locker. Er bezweifelte aber,
dass der Opa jemals Oslo erreichen würde – zumindest nicht im Sattel seines
Fahrrads.

Thesen hatte sich gestern Abend noch mit Carsten und Ute, mit denen er
zusammen im Bus hierhergebracht worden war, zu einer Gruppe
zusammengetan. Carsten war achtundvierzig und Ingenieur bei einer großen
Baufirma in Köln. Er hatte sich drei Monate unbezahlten Urlaub für das
Training geben lassen. Seit Januar war er gut zehntausend Kilometer
gefahren, seine vier Jahre jüngere Frau Ute sogar elftausend. Die beiden
hatten keine Kinder und als einzige Passion das Ziel, möglichst gesund
hundert Jahre alt zu werden. So lebten sie wenigstens. Gestern Abend hatten
sie im Motel ihre eigenen Nudeln aus biologisch angebautem Hartweizen
gekocht, waren dann nach etlichen Kannen übel riechenden Tees früh zu
Bett gegangen und schon um vier Uhr wieder aufgestanden. Als letzte Vor-
bereitung auf die große Kraftprobe verpassten sie sich gegenseitig einen Ein-

lauf mit lauwarmem Kamillentee, weil sie fest daran glaubten, dass nur ein gereinigter Darm dazu in der Lage sei, die lange Belastung klaglos zu ertragen und Nährstoffe und Mineralien perfekt aufzunehmen.

Thesen schüttelte es innerlich bei dem Gedanken, sich mitten in der Nacht lauwarmes Wasser in den Darm zu drücken, ließ den beiden aber ihren Glauben, zumal der noch nicht einmal völlig abwegig war. Für eine genaue Einschätzung verstand er davon jedoch zu wenig. Auch Thesen hatte gestern Abend Spaghetti gegessen, allerdings bei einem ganz normalen Italiener am Hafen. Dazu hatte er zwei Glas schlechten Chianti und einen sehr guten Espresso getrunken, auf eine Zigarette aber schweren Herzens verzichtet. Thesen hatte immerhin viertausendfünfhundert Kilometer trainiert, war zweimal seit der Silvesternacht, als er feierlich seinen Radcomputer auf Null gestellt hatte, dreihundert Kilometer am Stück gefahren und hatte sich dabei nie richtig schlecht gefühlt. Probleme machten ihm immer nur seine Muskeln im Nacken, die sich spätestens nach sechs Stunden im Sattel schmerzhaft verspannten. Danach schliefen ihm die Hände ein und sein Kopf schmerzte. Nicht gefährlich, aber lästig.

Ich bin gut vorbereitet, dachte er, und mit den beiden werde ich schon mithalten können. Schließlich bin ich erst vierunddreißig, gut vierzehn Jahre jünger als Carsten. Ute schob ihr Rad durch die Menge und blieb neben Thesen stehen. Sie trug eine knallgelbe Radhose, knapp bis über die Knie, die nur ihre Waden frei ließ, ein rotes Trikot, rote Schuhe und eine verspiegelte Sonnenbrille, wie sie Thesen sonst nur an Tiroler Skilehrern gesehen hatte. Ihre braunen Haare hatte sie zu einem Zopf geflochten, der hinten aus ihrem hellblauen Radlerhelm herausragte. Barbie in Norwegen, dachte Thesen. Er schätzte seine Partnerin auf einen Meter fünfundsechzig und vielleicht fünfzig Kilo, eher weniger. Utes Gesicht war gebräunt, das harte Training und das nahezu fettfreie Essen, mit dem sie ein langes Leben anstrebte, hatten ihre Haut aber schon faltig werden lassen. Typisch gelangweilte Sportstudio-Hausfrau, nichts zu tun, außer ihren Körper zu pflegen. Thesen hatte schon erlebt, dass sich Frauen wie Ute manchmal in einem regelrechten Fitnesswahn verirrten, dass sie so lange ihren Körper malträtierten, bis sie fast überhaupt kein Fettgewebe mehr unter der Haut hatten. So sahen sie dann auch aus. Magere Hutzelweibchen. Völlig unerotisch, aber gesund.

Als Thesen Utes sehnige Waden betrachtete, die er leicht mit einer normalen Taschenlampe hätte röntgen können, stiegen in ihm doch Zweifel auf, ob er sich die richtigen Partner gesucht hatte. Carsten schlug einen Schnitt von 22,5 Kilometern pro Stunde vor. Wenn sie den schaffen würden, wären sie genau nach vierundzwanzig Stunden im Ziel in Oslo. Da aber kein

Mensch ohne eine einzige Pause einen Tag und eine dämmrige Nacht lang radeln kann, müssten sie ungefähr vierundzwanzig Kilometer pro Stunde im Sattel schaffen, dann blieben ihnen noch etwa neunzig Minuten zum Essen, zum Ausstrecken, zum Lockern der steinharten Halsmuskulatur und zum Pinkeln. Ein Nickerchen war nicht vorgesehen.

Die stärksten Radler, in der Regel ehemalige Profis oder engagierte junge Amateure, würden Oslo nach etwa vierzehn Stunden erreichen, die meisten anderen brauchten erfahrungsgemäß einen Tag und eine Nacht, manche wären aber auch nach sechsunddreißig Stunden noch nicht da, wenn das Ziel geschlossen werden würde. Thesen griff in seine mittlere Trikottasche und tastete nach der fertig aufgezogenen, aber noch eingeschweißten Zehnmilliliterspritze. Seine Lebensversicherung, ein Mix aus Cortison gegen jede Art von Schmerzen und Amphetaminen für die Stimmung, falls er Blei in die Schuhe bekäme, wie Radler eine finale Schwäche nennen. Er wollte die Droge aber nur im Notfall benutzen. Den Cocktail hatte er sich bei seinem ehemaligen Studienkollegen Rainer Bensen besorgt, der nach dem Examen als Mannschaftsarzt bei einem Profi-Radteam in Belgien angeheuert hatte. Skrupel plagten Thesen keine, er wusste, dass die meisten so genannten Hobbyfahrer um ihn herum sich chemisch aufpeppten. Von Koffein bis hin zu synthetischen Hormonen, die den Sauerstofftransport des Blutes verbesserten, wurde alles geschluckt und gespritzt, was der Schwarzmarkt hergab. Auch bei den Hobbyfahrern, die sich gerne im Winter in einer ganz bestimmten Apotheke nahe dem Jachthafen von Palma de Mallorca rezeptfrei eindeckten – wenn sie sich eine dreiwöchige Kur mit Erythropoietin für etwa viertausend Mark leisten konnten. Der neueste Renner auf dem Markt der chemischen Schnellmacher war Mitte der Neunziger ein künstliches Hämoglobin, das nur in den USA im Handel war und mit dem man dort blutarme Hunde behandelte. Das Mittel sollte kurze Zeit später jeder im Internet bestellen können, der über eine Kreditkarte verfügte. Thesen fragte sich, ob Ute und Carsten sauber seien, konnte sich aber kaum etwas anderes vorstellen, weil Doping alles war, nur nicht gesund.

Sein Handy klingelte, was 1995 noch für ein gewisses Aufsehen sorgte. Es war Anja. »Morgen Doc, ich wünsch' Dir viel Glück und denk' dran – nicht zu schnell anfahren.« Thesen mochte es nicht besonders, wenn ihn Anja »Doc« nannte, aber er war auch froh, dass sie extra für ihn kurz vor sieben aufgestanden war. Sie würde also die nächsten Stunden an ihn denken, das konnte manchmal helfen. »Danke«, antwortete er, ich werd's schon schaffen. Du, äh, ich muss jetzt aufhören, es geht gleich los.« Thesen küsste auf die Sprechmuschel, was er auch nicht besonders gerne machte, drückte auf den roten Knopf, stopfte das Handy in die linke Trikottasche und dachte an Rudolf Schiefer, wegen dem er jetzt hier stand. Da hatte er dem Kerl tatsächlich das Knie perfekt gerichtet, aber schon im März hatte Schiefer das Training eingestellt und das gemeinsame Projekt Trondheim–Oslo abgeblasen. Schiefers Frau hatte sich beschwert, ihr Mann habe keine Zeit mehr für sie und seine Familie. Thesen musste alleine weitertrainieren und jetzt stand er da und suchte nach dem Notausgang. Aber es gab keinen.

Widerwillig stülpte sich Thesen seinen nagelneuen Helm auf den Kopf. Normalerweise fuhr er immer ohne, er konnte die Enge des Kinnbandes nicht leiden, wollte den Fahrtwind spüren, auch wenn es unvernünftig war und er sich zu Hause dauernd dafür rechtfertigen musste – vor allem vor Anja. Außerdem, fand er, sahen alle Helme zum Kotzen aus, alle, auch der, den er gestern Abend noch in Trondheim gekauft hatte. Aber es würde ihm nichts anderes übrig bleiben, als so einen umgedrehten Nachttopf zu tragen. Ohne Kopfschutz würden ihn die Kontrolleure nicht mal über die Startlinie rollen lassen. Irgendwo in der Ferne knallte ein Schuss. Thesen klickte seinen linken Schuh ins Pedal, griff mit beiden Händen an den Lenker und sog tief die angenehm würzige Meeresluft durch die Nase. Das Rennen hatte begonnen, exakt um sieben Uhr am 22. Juni 1995, dem längsten Tag des Jahres.

Zehn Minuten später rollten auch Thesen, Ute und Carsten an. Vor ihnen ein langer Wurm aus runden Rücken und drehenden Beinen, der sich langsam aus Trondheim hinaus den Berg hinaufschlängelte. Am Straßenrand blickten sie auf ein Schild: »Oslo 540 Kilometer«. Auf dem Gehweg standen immer wieder Gruppen von Kindern, die norwegische Fähnchen schwenkten und »Heja, Heja« riefen. Thesen rutschte auf dem Sattel hin und her, zog sich immer wieder am Lenker hoch, fuhr stehend im Wiegetritt und schaute nach vorn. Es ging ihm gut, verdammt gut, er spürte, dass seine Beine leicht und locker kreisten, er wollte gern schneller fahren, aber an Überholen war nicht zu denken. Viel zu viele Radler vor ihm, die Straße war dicht.

Thesen liebte das Gefühl, gleichmäßig zu rollen, immer mit der inneren Gewissheit, jederzeit schneller fahren zu können. Sein Atem ging ruhig, auf der Stirn bildeten sich kleine Schweißtropfen, wie Perlen, die aber nicht zerliefen, weil der Wind sie sofort wieder trocknete. Seine Beine waren angenehm warm durchblutet, perfekt enthaart und mit einem dünnen Film Massageöl überzogen, das wie die alten Hubble-Bubble-Kaugummis roch und der Haut diesen sanften Glanz verlieh, bei dessen Anblick er immer ein wenig in sich selbst verliebt war. »Ich bin so froh, dass ich hier bin«, rief er Carsten zu. Er richtete sich auf, fuhr freihändig, nestelte sein Handy aus der

Trikottasche und rief Anja an. »Schade, dass du nicht hier bist, es ist einfach der Wahnsinn.« Wenn Thesen den Begriff Glück beschreiben sollte, würde er einen Moment wie diesen schildern. Alles im Fluss, der runde Tritt auf schwarzem Asphalt, direkt auf der Erde, aber dem Himmel ganz nah.

Mercedes hatte sich immer gelangweilt, wenn Thesen über das Radfahren philosophierte. Einmal hatte sie sich mit ihm zusammen in den Sattel geschwungen, er hatte extra ein Rad für sie organisiert und es exakt auf ihre Maße eingestellt. Das Ding fuhr tatsächlich beinahe von allein, aber als es den ersten Hügel hinaufging, strengte es Cedi doch mehr an, als sie gedacht hatte. Sie war gut in Form, als Kind war sie von Frühjahr bis Herbst fast jeden Tag im Atlantik geschwommen, mit ihrem Onkel im Sommer in den Pyrenäen geklettert und im Winter Ski in Andorra gefahren. Sport war ihr nicht fremd, trotzdem verspürte sie keinen inneren Gewinn, wenn ihr Puls nach der Anstrengung wieder langsamer wurde, sie fand nicht die innere Zone, von der Thesen so schwärmte, in der Körper und Geist angeblich im Fluss sein sollen. Das Einzige, was sie ganz deutlich spürte, war ihr Hintern. Und der tat weh. Sie einigten sich darauf, dass Thesen auch weiter alleine seine Runden drehen dürfe, Cedi wollte dafür als Ausgleich die Urlaubsplanung übernehmen, was ihr Thesen gerne einräumte. Er hatte noch nie ein Problem damit gehabt, jemandem zu vertrauen, den er für kompetent hielt.

Damals, gut ein Jahr vor ihrer Hochzeit, hätte er ihr sowieso alles zugestanden. Für ihn war Mercedes die Frau des Universums. Er wusste es, seit er nach ihrer ersten Nacht am Morgen in ihrem Bad gestanden hatte. Er fühlte sich sofort zu Hause, er konnte diese Selbstverständlichkeit nicht erklären, sie war einfach da. Vor ein paar Minuten war er aufgewacht, seine Nase in ihren Haaren. Er lag ganz still und wunderte sich über sich selbst. Kurze Zeit später standen sie nackt nebeneinander im Badezimmer und er schrubbte sich mit ihrer Bürste die Zähne, als wäre es noch nie anders gewesen. Thesen war in so einer Situationen eher ein scheuer Typ, der sich normalerweise ein Handtuch um die Hüften gewickelt und die Tür geschlossen hätte. »Hej, meine«, gluckste Cedi und klatschte ihm mit der flachen Hand auf den Hintern. Sie lachte, fixierte ihn mit ihren grünen Augen und leckte sich ganz langsam ihre Lippen. Sie liebten sich im Stehen und Cedi flüsterte ihm ins Ohr, dass es sie scharf mache, wenn sie beim Sex alles sehen könne, am liebsten hatte sie es in einem weißen Raum bei grellem Neonlicht.

Thesen hatte sich oft gefragt, wann diese Gier, dieses blinde Vertrauen, diese große, geile Zufriedenheit zu bröckeln begannen. Er fand nie eine Antwort, wahrscheinlich weil er einfach über diesen Moment hinweggelebt hatte.

Sonne in den Speichen, genau so musste es sein. Thesen blickte auf das Blitzen des Lichts in seinem Vorderrad und war rundum zufrieden. So wollte er Leben spüren, genau so. Die meiste Zeit setzte er sich an die Spitze ihrer kleinen Dreiergruppe, teilte den Fahrtwind und zog die beiden anderen in seinem Windschatten mit. Das riesige Feld hatte sich längst auseinandergezogen, manchmal waren die drei alleine auf der Straße, zumindest so weit sie sehen konnten. Sie drehten ruhig die Pedale, rollten mit wenig Kraft durch den strahlenden Morgen, ohne zu reden. Thesen legte immer wieder mal ein paar Minuten im Stehen ein, er wusste gut, dass es noch weit war bis ins Ziel und der Hintern in den letzten Stunden oft mehr Probleme machte als die Muskulatur. Nach gut drei Stunden rollten sie an der ersten Verpflegungsstation in Garli aus. Siebzig Kilometer mit zwei leichten Anstiegen lagen hinter ihnen. Thesen hatte keinen Hunger, zwang sich aber, wenigstens eine Banane zu essen. Ute und Carsten lösten Magnesiumtabletten auf und aßen Energieriegel aus der Apotheke.

Kurz vor halb elf rollten sie weiter, um die Sonne hatte sich ein Hof gebildet, leichter Wind kam auf, schräg von vorn. Immer wieder wurden sie von ganzen Pulks überholt. Meist junge Männer im Trikot irgendeines Vereins, geduckt über dem Lenker, mit ernsten Gesichtern und hartem Tritt. Die Cracks, die die Kraftprobe tatsächlich als Rennen fuhren, waren erst um neun Uhr vor der gewaltigen Trondheimer Kathedrale gestartet und holten sie jetzt schon, nach knapp viereinhalb Stunden, wieder ein. Thesen rechnete im Kopf, dass die verbissenen Kämpfer mit einem Schnitt von knapp über vierzig Stundenkilometern unterwegs waren. Wahnsinn, dachte er, mit denen fährst du vielleicht eine halbe Stunde mit. Maximal.

Thesen war während des Studiums zum Radler geworden. An einem heißen Sommertag hatte er sich auf dem Weg zum Baggersee mit seiner alten 125er-Honda auf die Straße gelegt und sich dabei das Schienbein gebrochen. Sein Arzt verschrieb ihm nach vier Wochen Gips Muskelaufbautraining, am besten durch Radfahren. Thesen wollte aber nicht in eines dieser neumodischen Sportstudios, das war für ihn als Mitglied des Sozialistischen Hochschulbundes 1983 schlicht undenkbar. In diesen Tempeln der Bankkaufleute und Börsenfuzzis würde er nur dumpfe Burschenschaftler treffen, die bei den Medizinstudenten eh in der Überzahl waren. Nein, er hatte nicht Timothy Leary, Brecht und Marx gelesen, jahrelang Gras geraucht und Jasmintee getrunken, seine langen Haare, seine Nickelbrille, den grünen Parka und die Schlagjeans mit dem Woodstock-Aufnäher gepflegt, um jetzt ins bürgerliche Lager abzurutschen.

Thesen lieh sich von Hans Waber, mit dem er zweimal in der Woche im linken Kulturklub »Bettelstab« Bier zapfte, ein altes dunkelblaues Peugeot-Rennrad. Am Anfang hatte er Probleme mit der Schaltung und den dünnen Reifen. Auch fuhr er viel zu schnell, zu ungeduldig, trat zu schwere Gänge, aber schon bald spürte er die beruhigende Wirkung des gleichmäßigen, leichten Tretens, er fühlte, dass er sich beim Rollen über einsame Nebenstraßen südlich der Stadt am besten entspannen konnte. Am 20. Oktober startete er zu einem Trip über zweihundert Kilometer nach Stuttgart. Er saß in Jeans und Parka im Sattel, sein Gepäck hatte er in einem uralten Bergsteigerrucksack verstaut, auch eine Leihgabe Wabers. Nach zwei Tagen kam er in Vaihingen an, rollte von dort hinunter in den Stuttgarter Talkessel, reihte sich in Kaltental in die Reihe von Leuten ein – einer von über dreihunderttausend –, die an diesem 22. Oktober gegen die Stationierung amerikanischer Atomraketen in Süddeutschland mit einer Menschenkette bis Ulm protestierten. Thesen stand zwischen einer gebückten, alten grauhaarigen Frau, die sich einen Anti-Atomkraft-Button an die Strickjacke gepinnt hatte, und einem schmuddeligen, bärtigen Kettenraucher, der seine Hand im ergreifendsten Moment aus der Thesens wand, um sich eine Roth-Händle anzuzünden. Aus einem grauen Lautsprecher auf einem mobilen Ständer krächzte eine Stimme: Die Kette steht, dicht, ohne eine Lücke, von Vaihingen bis Ulm. Thesen sang laut »We shall overcome«, bekam eine Gänsehaut und fühlte sich als Revolutionär.

Am Abend fragte er sich zum »Lehen« durch, einer Kneipe der linken Szene im Süden der Stadt. Nach dem zweiten Bier hatte er eine Bleibe für die Nacht gefunden, eine Studenten-WG in der Olgastraße nahm ihn auf. Am nächsten Morgen strampelte er zurück. 196,5 Kilometer am Stück. An diesem Abend fiel er als Rennradler ins Bett.

Rad fahren tat ihm gut, Thesen stand schließlich ständig unter Strom, war immer auf dem Sprung. Als Kind konnte er nicht still sitzen, als Erwachsener nicht ausspannen. Nach zwei Minuten auf der Couch wurde er nervös, seine Hände suchten Beschäftigung, die Gedanken wirbelten Wochen voraus. Nach außen wirkte er ruhig, fast cool, seine langsame Art zu sprechen, seine weiche, tiefe Stimme passten nicht zu seinen fahrigen Händen, mit denen er sich unentwegt durch seine blonde, dichte Mähne fuhr oder an den Unterarmen kratzte. Thesen spürte seine Spannung kaum, konnte sie aber an seinen unteren Schneidezähnen sehen, die er jede Nacht im Schlaf malträtierte, dass es knirschte. »Wenn Sie so weitermachen, schleifen Sie in zehn Jahren auf dem blanken Kieferknochen herum«, hatte ihm sein Zahnarzt gesagt und eine Plastikschiene als Schutz angefertigt. Thesen war damals zweiundzwanzig gewesen. Die Schiene trug er brav drei Nächte, dann vergaß er, dass es sie jemals gegeben hatte. Zähne hatte er immer noch.

Ausgefranste Fetzen einer Zirruswolke schoben sich vor die hoch stehende Sonne. Fast im selben Augenblick wurde es kühl, über Thesens gute Laune legte sich ein Schatten. Hundertsechzig Kilometer hatten sie geschafft, nicht ganz ein Drittel. Seine Beine fühlten sich noch gut an, keine Probleme mit dem Hintern, nur der Nacken schmerzte. Erwartungsgemäß, aber leider zu früh. Jetzt schon, das kann heiter werden, dachte Thesen. Sie lagen sehr gut in der Zeit, sieben Stunden waren sie nun unterwegs, seit einiger Zeit wechselten sie sich in der Führung ab. Mal fuhr Carsten gegen den Wind und Thesen duckte sich hinter ihm, den Blick immer auf Carstens Hinterrad, dann wieder umgekehrt. Ute durfte immer als Dritte fahren, musste sich nicht einreihen. Die Frau war derart zierlich, dass sie eh keinen Windschatten abgegeben hätte. Sie waren jetzt auf tausendeinhundert Metern über dem Meer bei Hjerkinn, dem höchsten Punkt der Strecke, rollten durch das graue Hochtal und ahnten, dass die Zeit der Euphorie langsam zu Ende ging, obwohl es aus der Schotterwüste heraus lange ganz leicht bergab rollen würde – hatte man ihnen wenigstens erzählt.

Der Wind kam immer stärker von vorn, schob dicke Wolken in ihre Richtung. Es begann zu regnen, Thesen nestelte seine Pelerine unter dem Sattel hervor, die anderen taten es ihm nach. Sie schlüpften in die Umhänge, ohne anzuhalten, der Regen war verdammt kühl. Thesen beobachtete schon einige Zeit eine Fünfergruppe, die sich langsam von hinten näherte. Jedes Mal, wenn er seinen Oberkörper drehte, um die Rückenmuskulatur zu entspannen, sah er, dass sie näher kamen. »Wenn die da hinten aufgeschlossen haben«, rief er Carsten zu, »frage ich, ob wir uns zusammenspannen sollen. In einer Achtergruppe rollt es sich viel leichter.« Ute und Carsten nickten, zusammen nahmen sie ein wenig das Tempo heraus, damit die anderen aufschließen konnten. Die fünf hatten nichts dagegen. Sie waren auch aus Deutschland, bereits zum zweiten Mal bei der Styrkeproven. Zwei Frauen, drei Männer. Thesens Laune besserte sich, die Gruppe lief gut, die Neuen hatten ihre Räder sicher im Griff, wussten, wie man Windschatten fährt. Aufgereiht wie an einer Perlenschnur rollten sie über den vom Regen dampfenden Asphalt, der Wind hatte nachgelassen, es tröpfelte nur noch ganz leicht, das Grau über ihnen zeigte kleine, weiß strahlende Risse. Im Süden brach die

Wolkendecke auf, ein Streifen blauer Himmel lockte und sie jagten mit Tempo fünfundvierzig das Gudbranstal hinunter auf die Sonne zu. In der nächsten Stunde schafften sie sechsunddreißig Kilometer, in der danach noch mal einunddreißig, dann ging es wieder langsamer. Um kurz vor sechs Uhr am Nachmittag rollte die Gruppe durch Kvam, zweihundertsiebzig Kilometer lagen hinter ihnen, die Hälfte war geschafft, sie hatten sogar, verglichen mit ihren Erwartungen, einen Zeitpuffer von einer Stunde herausgeholt.

Carsten war schon einige Zeit ziemlich still, fuhr meist hinten. Kurz hinter Kvam rollte er neben Thesen und tippte ihm auf die Schulter. »Mist, ich hab' Schmerzen im linken Knie.« Thesen radelte an die Spitze der Gruppe, bat um eine Pinkelpause. Sie hielten an einem LKW-Parkplatz. Carstens Knie war leicht geschwollen und warm in der Kniekehle. Thesen gab ihm eine Voltaren-Kapsel und stellte zur Entlastung Carstens Sattel zwei Zentimeter höher. »Meinst du, es wird besser?« Thesen dachte nein und sagte vielleicht.

Die neunzig Kilometer bis Lillehammer waren für alle eine Qual. Carsten kämpfte zwar verbissen, wurde aber immer langsamer. Das Knie schwoll weiter an, was er trotz des starken Schmerzmittels spüren konnte. Immer wieder mussten sie anhalten, aber keiner sagte zu Carsten: »Hör auf, es hat doch keinen Sinn mehr.« Sie waren eine Gruppe, zusammengeschweißt auf Zeit, und den Austritt bestimmte jeder für sich, das war eben so, darüber brauchte man nicht lange zu reden. Radfahrerehre. Die neunzig Kilometer nach Lillehammer dauerten zähe viereinhalb Stunden, der Zeitpuffer verflüchtigte sich im Laufe der Dämmerung, aber schließlich kamen sie doch an. Dreihundertsechzig Kilometer geschafft, hundertachtzig warteten noch. Neben der Verpflegungsstelle hatten die Organisatoren ein Zelt aufbauen lassen, mit Feldbetten und spanischen Wänden. Lager für alle, die eine Pause brauchten oder aussteigen wollten. Carsten konnte sein Bein nicht mehr richtig strecken. Er hatte das Gefühl, Pudding hinter der Kniescheibe zu haben, der bei jeder Bewegung hin und her schwappte. Er saß mit Ute unter einem Baum, die beiden unterhielten sich. Kurz darauf gab er Thesen und die anderen frei. »Passt auf, Ute und ich bleiben hier. Ich besorge mir einen Eisbeutel, schlafe sechs Stunden und wenn es dann besser ist, schaffe ich es noch unter sechsunddreißig Stunden ins Ziel. Wenn nicht – dann eben nächstes Jahr. Die Straße läuft ja nicht weg.« Er versuchte zu lächeln, aber im gleichen Moment liefen ihm die Tränen übers Gesicht.

Thesen umarmte die beiden und gab Carsten noch zwei Voltaren und den Tipp, morgen früh auf keinen Fall mit einer Schwellung weiterzufahren. Sie tauschten noch ihre Adressen aus, dann suchte Thesen sein Rad und blickte hinauf zu den Sprungschanzen am Hang, von denen sich im vergangenen

Jahr die besten Skispringer der Welt gestürzt hatten, auf der Jagd nach olympischem Gold. Die beiden Schanzen ragten wie mahnende Zeigefinger in die blauschwarze Dämmerung. In deinem ganzen Leben, dachte Thesen, bist du noch keine dreihundertsechzig Kilometer auf einer Arschbacke gefahren. Jetzt schaffst du den Rest auch noch, Alter. Komm, Dabeisein ist alles, das sagen sie doch auch bei Olympia.

Noch hundertachtzig Kilometer bis Oslo.

Es wurde ziemlich dunkel für eine Mittsommernacht, der Himmel hatte sich wieder bewölkt. Zehn Minuten vor Mitternacht rollten sie aus Lillehammer hinaus, knipsten ihre Batterielichter an und versuchten, wieder einen Rhythmus zu finden. Thesen spürte die Müdigkeit zuerst in den Beinen. Wenn die Straße nur ein kleines bisschen anstieg, begannen seine Oberschenkel zu brennen, selbst wenn sie nur über eine Brücke fuhren, musste er die fünfzig Meter bergauf die Zähne zusammenbeißen, um nicht den Kontakt zu den anderen zu verlieren. Kurz nach zwei stieg im Osten die Sonne langsam wieder über die Wipfel der Eichen. Auf der schattigen Straße blieb es weiterhin kühl, das erste Licht, das hin und wieder aus einer Lichtung auf den Asphalt blitzte, ließ nur ahnen, dass es bald warm werden würde. Thesen fror jämmerlich, trotz Windjacke und der Anstrengung. Er musste sich zwingen, alle zwanzig Minuten seine Elektrolytbrühe zu trinken und ein, zwei Bissen von den pappsüßen Energieriegeln abzubeißen, die er sich an den Verpflegungsstationen in die Trikottaschen gestopft hatte. Er träumte von einem normalen Salamibrot mit ein paar sauren, französischen Cornichons dazu, aber er wusste auch, dass er davon erbärmlich würde kotzen müssen.

Immer wieder wurden sie von einer anderen Gruppe überholt. Wenn sich die anderen langsam vorbeischoben, meldete sich bei Thesen der innere Schweinehund. Komm, mach Pause, ein, zwei Stunden Schlaf, die Zeit dazu hast du, also was soll's. Aber er fuhr weiter, stoisch, müde und immer noch ein kleines bisschen entschlossen. Sie hatten bereits vierhundertzwanzig Kilometer geschafft, als sie von zwei Typen überholt wurden, die Bäuche vor sich hertrugen, als hätten sie halbe Fußbälle unterm Trikot. Die sind voll, gedopt, dachte Thesen, und es fiel ihm ein, dass er auch noch eine Spritze dabeihatte. Aber noch war er nicht so weit, noch ging es, doch das Tempo der anderen machte ihm mit jedem Kilometer mehr Probleme. Wenn seine Begleiter nur ein kleines bisschen mehr Druck aufs Pedal gaben, musste Thesen sich schinden wie bei einem elend langen Sprint. Vorne im Wind fuhr er nur noch ganz kurz, ein paar Sekunden, vielleicht einmal fünfzig Meter, dann reihte er sich wieder hinten ein, um sich zu erholen. Aber es gelang ihm kaum noch. Thesen war dabei aufzugeben, die anderen ziehen zu lassen, als plötzlich eine der Frauen neben ihm rollte.

»Hör zu«, rief sie in den Wind, »dir geht es nicht so gut, das sieht man, und ich bin auch ziemlich leer. Lassen wir die anderen ziehen und fahren den Rest zu zweit. Okay?« Thesen nickte sofort und dankte Gott oder wem auch immer für dieses vernünftige Wesen. »Ich heiße Theresa«, hörte er. Wahrscheinlich Mutter Theresa, dachte Thesen und krächzte ein »Johannes« heraus.

Theresa fuhr wieder nach vorne, wechselte ein paar Worte mit der anderen Frau aus der Gruppe, ließ sich schließlich wieder zu Thesen ans Ende der Gruppe zurückfallen. »Alles klar – mach' dein Tempo, wir wechseln alle zwei Minuten.« Thesen suchte einen flüssigen, schmerzfreien Tritt, die anderen vier zogen Meter um Meter davon, ohne sich noch einmal umzusehen. See you in Oslo, dachte er, ohne noch daran zu glauben. Sie wechselten sich ab, wie Theresa vorgeschlagen hatte. Thesen zitterte immer heftiger, seine Finger waren fast gefühllos, er hatte Probleme, eine gerade Linie zu fahren, aber auch Theresa ging es nicht gut. Ständig wechselte sie den Griff am Lenker. Mal krallte sie sich ganz oben fest, drückte das Kreuz durch, so gut es ging, dann machte sie sich wieder ganz klein, um dem Wind keine Angriffsfläche zu bieten. Um fünf Uhr fühlte sich Thesen langsam wieder ein bisschen besser. Die Sonne hatte sich weiter nach oben geschoben, minütlich wurde es wärmer, die Schmerzen in seinen Beinen ließen nach, nein, sie flogen einfach weg, nur sein Nacken blieb steif. Jetzt bekam Theresa Probleme. Immer wenn Thesen vorne fuhr, fiel sie zurück, konnte nicht mehr an seinem Hinterrad bleiben.

»Sollen wir noch eine Pause machen?«, fragte Thesen.

»Nein, wenn ich jetzt anhalte, steige ich wahrscheinlich nicht mehr auf.« Theresa versuchte zu lächeln, aber Thesen sah, dass es ihr verdammt schlecht ging. Ihre Augen blickten stumpf, ihre Lippen waren rissig.

»Hör mal, wenn du willst, ich hätte was für dich.« Thesen nestelte die Spritze aus seiner Trikottasche und hielt sie Theresa unter die Nase. »Ein paar Amphetamine für die Stimmung und ein bisschen Cortison gegen die Schmerzen. Meine Lebensversicherung.«

»Idiot«, zischte sie, »ich bin hier, weil ich ganz allein der Strecke meinen Willen aufzwingen will. Verstehst du, ich, Theresa Küpper, nicht ein aufgepeppter Chemiezombie.« Während Theresa giftete, kam Leben in ihre Augen zurück, ihr ganzer Körper schien sich wieder zu spannen. »Pass auf, du Blödmann, schmeiß' den Dreck sofort weg, sonst kannst du alleine weiterfahren.« Zu seiner Überraschung pfefferte Thesen die Spritze in den Straßengraben. Warum auch nicht, er fühlte sich gut, und es waren ja auch nur noch fünfundsechzig Kilometer. Die, verdammt noch mal, schaffst du jetzt auch noch, dachte er.

Theresa lächelte zufrieden und Thesen fand, dass sie wenig mit den typischen Ausdauerfrauen wie Ute gemein hatte. Zumindest optisch. Theresa war austrainiert, sonst würde sie jetzt ganz sicher nicht mehr im Sattel sitzen, aber sie sah nicht so spindeldürr aus wie die meisten Frauen, die jahrelang Ausdauersport trieben. Wenn ihre Arme bergauf kräftig am Lenker zerrten, drückten keine Adern mit Macht durch ihre Haut. Theresa war groß – mindestens einen Meter fünfundsiebzig. Ihre lange, rotblonde Mähne hatte sie einfach mit einem schwarzen Haargummi zu einem Pferdeschwanz gebändigt. Und sie trug einen Dress, der nicht jeden Elch erschreckte. Schwarze Hose, weißes Trikot und schwarze Handschuhe.

In Kløfta, der letzten Kontrollstelle vierzig Kilometer vor dem Ziel, wurde Thesen euphorisch. Gut, die vierundzwanzig Stunden würden sie nicht mehr schaffen, es war immerhin schon sechs Uhr, aber fünfundzwanzig Stunden waren drin, und vor allem – es würde bald vorbei sein, sehr bald. »Komm, du musst noch was essen«, mahnte Theresa und reichte ihm einen Energieriegel.

»Geh weg mit dem Zeug, ich kann es nicht mehr sehen. Ich sehne mich nach ordinären Spaghetti Bolognese oder einem großen Steak, aber nichts mehr von dem.« Theresa zuckte mit den Schultern, schälte sich freihändig fahrend eine Banane und stopfte sie mit drei Bissen hinunter.

Die Sonne brannte jetzt, um halb acht, aus einem wolkenlosen Himmel. Seit vierundzwanzig Stunden und neunundzwanzig Minuten waren Thesen und Theresa unterwegs, seit fünf Stunden ein Team auf Zeit. Egal, was jetzt noch kommt, ich schaff' es, dachte Thesen. Sein Tacho zeigte 529,6 Kilometer seit Trondheim. Gleich war es geschafft, die beiden rollten auf der Nationalstraße E6, am Rand standen immer mehr Leute, die ihnen zuwinkten und klatschten. »Heja, Heja!« Thesen verstand nicht, was sie riefen, aber es war auch egal. Er fühlte sich plötzlich wieder müde – und es ging noch einmal bergauf.

»Der letzte Anstieg«, ruft Theresa. Thesen hebt mühsam den Kopf, richtet den Blick nach vorn. Was er sieht, lässt wieder Leben in ihn zurückströmen.

»Schau, da vorne, sind das da nicht die anderen?«

»Doch«, antwortet Theresa, »aber lass' sie, wir fahren unser Ding zu Ende.«

»Das sind doch nur ein paar lumpige Meter«, quengelt Thesen, »komm, Finale.«

Er wartet nicht auf eine Antwort und tritt an. Genau hundert Meter, dann senkt sich flüssiges Blei in seine Schuhe, seine Wadenmuskeln verkrampfen zu steinharten Strängen, ihm wird flau im Magen vor Schmerz. Vierzehn, zwölf, plötzlich nur noch sieben Stundenkilometer, zeigt der Tachometer. Theresa ist wieder neben ihm. »Na, Superman, geht wohl doch nur mit Spritze.«

Thesen hört ihre Worte kaum, aber er weiß, dass er jetzt nicht absteigen darf. Nicht einmal mehr zehn Kilometer, du hast alle Zeit der Welt und auch wenn der Scheißhügel sich bis ins Ziel zieht, du bleibst im Sattel, befiehlt er sich. Er kettet den kleinsten Gang, fährt im Stehen und drückt abwechselnd seine Fersen ganz nach unten, um die Krämpfe zu lösen. Er saugt sich mit seinen Augen an der nächsten Kurve fest. Gleich wird es flach, bitte, fleht er. Hinter der Kurve steigt die Straße weiter, sechsmal das gleiche Spiel, dann ist er erlöst. Es rollt wieder, fünf Kilometer vor dem Ziel biegen sie auf die für Autos gesperrte Zieleinfahrt. Die anderen sind nicht mehr zu sehen.

Nach fünfundzwanzig Stunden und sieben Minuten rollt Thesen hinter Theresa durch eine dunkelblaue, zu einem Bogen aufgeblasene Gummiwurst, das Ziel. Eine junge Frau hängt ihnen bronzene Plaketten um die Hälse und entfernt die Zeitmesschips an den Rädern. Ein paar Zuschauer hinter den Absperrgittern klatschen Applaus. Thesen weint, er weiß nicht, warum, ihm rinnen die Tränen übers Gesicht. Er umarmt Theresa und schluchzt, hält sie einfach fest. Geschafft.

»Ich danke dir, ohne dich hätte ich das nicht geschafft«, stammelt Thesen.

»Ich weiß«, antwortet Theresa, »aber ich auch nicht ohne dich.« Sie bückt sich, hebt mühsam ihr Rad auf. »Wenn du wieder zurück in Deutschland bist, kannst du dich ja mal bei mir melden.« Theresa dreht sich um, stakst mit schweren Beinen in Richtung der Sporthalle neben dem Ziel, wo sie die Duschen vermutet.

»Wie melden?«, ruft Thesen ihr nach, »ich weiß nicht mal, wo du wohnst!«

»In deiner Stadt« antwortet sie, ohne sich umzudrehen, »wir sind uns vor zwei Jahren schon einmal an der Uniklinik begegnet, aber das hast du wohl vergessen. Ich stehe im Telefonbuch unter Küpper.«

Thesen ist derart perplex und körperlich im Eimer, dass er Theresa einfach hinterhertrottet und erst von einer großen, strengen Norwegerin am Betreten der Frauendusche gehindert wird. »This ist not für you, man«, bellt sie, »take the other side.«

Zurück

Thesen nestelte nach der Spucktüte in dem Netz des Vordersitzes. Er fühlte sich elend, das Flugzeug, eine Boeing 757 mit fast zweihundertfünfzig Plätzen, wurde von heftigen Turbulenzen geschüttelt. Er nahm den Papierbeutel in die linke Hand, lehnte sich zurück, schloss die Augen und versuchte sich zu entspannen. Wenn alles gut ging, würden sie in fünfzig Minuten landen. Warum sollte es auch nicht gut gehen? Mein Gott, dachte er, du hast das härteste Radrennen der Welt geschafft, jetzt mach' dir wegen ein paar Wolkenhopsern nicht gleich ins Hemd.

Neben ihm las ein weißhaariger Mann in einem Tausend-Mark-Anzug seit einer Stunde unbeeindruckt die »Financial Times«. Er musterte Thesen über den Rand seiner Lesebrille hinweg, entdeckte die Tüte in dessen Hand und drehte sich so weit wie möglich nach links Richtung Fenster. Thesen sah über seine Schulter nach draußen in die vorbeiwabernden Wolkenfetzen.

Am Abend zuvor war er noch wie aufgedreht gewesen. Nach dem Rennen hatte er eine halbe Stunde lang geduscht und sich danach eine Vollmassage gegönnt, die nicht im Preis inbegriffen war, ihn aber wunderbar entspannte. Seine Müdigkeit wich unter den Händen des stämmigen Masseurs einer tiefen, warmen und ruhigen Zufriedenheit. Im Hotel traf er Ute und Carsten wieder. Ute war nach fünf Stunden Pause doch noch in einer Neunergruppe mit dem Rad nach Oslo gefahren. Sie hatten es zusammen geschafft, das Rennen in einunddreißig Stunden zu beenden. Carsten humpelte, sein Knie war jetzt so geschwollen, dass beinahe keine Konturen mehr zu erkennen waren. Er musste in Lillehammer ein Taxi chartern, bekam aber vom Chauffeur einen Sondertarif, weil er seine Startnummer vorzeigen konnte.

Thesen stützte seinen einstigen Weggefährten und humpelte mit ihm auf dessen Zimmer. Das Knie sah nicht gut aus, Carsten musste es immer hoch legen, weil es sonst schmerzhaft von innen gegen die gerötete Haut klopfte. Thesen bugsierte Carstens Bein vorsichtig auf ein steriles Tuch aus seinem Notfallkoffer, suchte nach seinen Punktionsnadeln und zog eine Cortisonspritze auf.

»Hör zu, ich zieh' dir den Erguss raus, das wird dir Erleichterung bringen, wenn das Knie aber wieder anschwillt, gehst du zu Hause noch einmal zum Arzt. Das musst du mir versprechen. Normalerweise punktiere ich nur im OP.« Carsten nickte. Thesen zog sich Gummihandschuhe an, sprühte das Knie lange mit Alkoholspray ein und tastete nach dem Gelenkspalt. »Das wird jetzt kurz richtig wehtun«, sagte er und drückte die Nadel ins entzündete Gewebe. Carsten zog hörbar die Luft durch die Nase, ließ sein Bein aber ruhig liegen. Fast hundertfünfzig Milliliter Flüssigkeit zog Thesen aus dem gereizten Knie. Nachdem kein Sekret mehr in den Kolben lief, spritzte er Cortison ins Gelenk. Er zog die Nadel aus dem Fleisch, klebte ein Pflaster über die Einstichstelle, wickelte das Tuch um Carstens Bein, packte noch einmal drei Eisbeutel um das Knie und fixierte sie mit einer elastischen Binde. »Bleib' noch zwei Stunden liegen, danach treffen wir uns im Restaurant. Du wirst sehen, es geht dir dann schon viel besser.«

Carsten nickte gequält. »Sag mal«, fragte er, »meinst du, ich schaff' nächstes Jahr die fünfhundertvierzig Kilometer?«

Thesen dachte kurz nach. »Wenn das Knie angeschwollen ist, weil dein Sattel zu tief eingestellt war, dann sehe ich kein Problem. Ich weiß aber nicht, wie es in deinem Knie aussieht. Dazu müsstest du schon mal zu einem Kollegen von mir gehen.«

Am Abend im Restaurant schmiedeten Ute und Carsten schon wieder Pläne für 1996. Noch mehr Training, noch bewusstere Ernährung und eine Optimierung der Sitzposition. Carsten hatte sich rasiert und dazu gezwungen, einen Anzug anzuziehen. Natürlich mit perfekt gebundener Krawatte. Das Knie war schlank geblieben, das Cortison beruhigte das entzündete Gewebe, die dritte Voltaren-Kapsel seit gestern tat ihr Übriges. Ute trug ein schwarzes, halblanges Abendkleid mit Spaghettiträgern, das ihre sehnigen Arme und die knochigen Schultern noch deutlicher hervorhob. Am linken Arm klingelten drei schlichte Goldreifen, die ihr ständig über ihre dürren Handgelenke zu rutschen drohten. Zur Feier des Tages tranken die beiden eine Flasche Champagner. Thesen fragte sich, ob das noble Paar nachher noch vögeln würde. Wahrscheinlich nicht, dachte er, heute ist schließlich nicht Mittwoch und Madame außerdem mit neunundneunzigprozentiger Wahrscheinlichkeit genauso wund wie ich.

Thesen war zu müde für Normen. Er kam in Jeans, Sneakers und einem schwarzen T-Shirt. Damit er nicht zu sehr auffiel, hatte er sich in sein schwarzes Jackett gezwungen. Seine braunen Bartstoppeln ließ er stehen. Ihm war flau im Magen, er hatte Hunger. Wenn die Waage in seinem Zimmer stimmte, hatte er fast fünf Kilo auf der Styrkeproven gelassen. Er ignorierte die Fischkarte und bestellte sich ein Zweihundertfünfzig-Gramm-Steak mit viel Pommes und wenig Salat. Dazu trank er eine Flasche Chianti, der gar nicht mal so schlecht war, obwohl der Kellner den Wein aus einem viel zu kalten Keller geholt hatte. Thesen blickte sich im Speisesaal um. Überall Radler mit von der Sonne und vom Alkohol geröteten Gesichtern. Im ganzen Saal wurde bilanziert und gelacht. Einige kamen Thesen bekannt vor, aber die, die er gerne sehen gesehen hätte, war nicht dabei.

Seltsam, dachte er, da kämpfst du dich eine Nacht lang mit einer Frau durch die härteste körperliche Anstrengung deines Lebens, wir helfen uns gegenseitig und dann dreht sie sich um und lässt dich einfach stehen.

»Bist du nächstes Jahr wieder dabei?« Carstens Stimme riss Thesen aus seinen Gedanken.

»Sicher nicht«, antwortete er, »einmal ein halbes Jahr nach Trainingsplänen leben reicht mir. Von der faden Ernährung mit wenig Fett und Fleisch und nur ganz wenig Rotwein ganz zu schweigen. Nein, ich habe es geschafft, das nimmt mir keiner mehr. Und das reicht auch.«

Thesen lehnte sich zurück und griff voller Vorfreude in die Innentasche seines Jacketts. Er holte eine zerknautschte Packung Camel hervor, zog sich eine heraus, drehte sie ein paar Augenblicke zwischen seinen Fingern, zündete sie, ohne auf die Etikette zu achten, an der Tischkerze an und inhalierte den Rauch bis in den letzten Winkel seiner Lungenflügel. Carsten und Ute starrten ihn mit offen Mündern an. »Schade«, sagte Ute und bestellte sich einen Früchtetee.

Thesen verabschiedete sich nach einer weiteren Zigarette, weil Carsten immer demonstrativ mit der Serviette in seine Richtung wedelte. Beim Aufstehen brannte jeder Muskel in seinen Beinen, die Knie waren beinahe steif. Er stakste zur Bar, trank noch ein Bier gegen den Durst und nahm dann den Lift in den zweiten Stock. Keine Stufen mehr, nicht eine einzige. Im Bett fiel ihm ein, dass er vergessen hatte, Anja anzurufen. Er wollte aufstehen und sein Handy suchen, schlief aber sofort ein.

Die Maschine landete pünktlich. Thesen stopfte erleichtert die ungebrauchte Tüte in das Netz. Weißhaar lächelte ihn spöttisch an. »Sie müssen sich ein bisschen bewegen, ein wenig Sport – dann wird einem beim Fliegen auch nicht so leicht schlecht.«

»Danke für den Tipp«, antwortete Thesen und schaltete sein Handy an. Er fand eine SMS von Anja. »Nett, dass du mich heute morgen angerufen hast. Ich hole dich am Flughafen ab.« Er wollte aufstehen, als sein Handy zum zweiten Mal piepte. »Schon zurück, Doper? Grüße Theresa.« Erst spürte Thesen einen Stich, dann hatte er plötzlich gute Laune.

Anja empfing ihn mit einem Gutschein. »Für dich – heute Abend ein garantiert ungesundes Essen beim Thailänder und danach eine garantiert nicht medizinische Massage von mir.« Sie fuhren zu ihm nach Hause. Thesen rief Claude bei seiner Mutter an und erzählte ihm, dass er ihn morgen holen würde.

»Ich habe noch vier Tage Urlaub, Großer«, sagte er.

»Papa, Hrubesch auch mit?«, fragte Claude.

»Sicher«, antwortete Thesen und fragte sich, ob sein Sohn mit dreieinhalb nicht schon etwas deutlicher sprechen können müsste. Beim Thailänder trank Thesen so viel Bier, dass er auf die versprochene Massage verzichten musste. Anja brachte ihn in den Mühlenweg und fuhr zornig nach Hause.

Thesen war froh, allein zu sein, aber er schlief schlecht. Immer wieder schreckte er hoch, spürte, dass der sinkende Alkoholpegel seinen Kopf mit einem pochenden Schmerz und seinen Mund mit einem eklig süßen Geschmack füllte. Er starrte zur Decke, wollte aufstehen und sich zwei Aspirin holen, schlief jedoch wieder ein. So ging es ein paar Mal, bis ihn seine volle Blase doch zum Aufstehen zwang, Mühsam schleppte er sich ins Bad, seine Beine fühlten sich an wie mit flüssigem Blei gefüllt, jeder Schritt tat weh. Es war schon hell, aber erst kurz nach fünf Uhr.

Thesens Knie streikten. Er schleppte sich rückwärts die Treppe hinunter in die Küche und suchte nach Filterpapier für die Kaffeemaschine. Er trank lieber Tee, heute morgen brauchte er aber etwas Starkes. Die Sonne strahlte erst knapp über den Horizont, sie schien durch die Blätter der gewaltigen Eiche in seinem Garten und zauberte ein fächerartiges Strahlenmuster auf seinen wurmstichigen Küchentisch. Es würde ein schöner Tag werden. Thesen schaute im Briefkasten nach der Zeitung, aber so früh am Morgen war sie noch nicht da. Müde schlurfte er zurück in die Küche, goss den Kaffee ein, einen Spritzer normale Milch dazu, keinen Zucker. Die Milch hatte er vor seinem Abflug nach Norwegen gekauft. Jetzt war sie schlecht, klumpte zusammen und schwamm wie Grieß in seinem Kaffee. Dann eben schwarz mit Zucker, dachte er. Am Ende nur schwarz, weil er keinen Zucker finden konnte. Missmutig saß er am Küchentisch, rührte grundlos mit dem Löffel im Kaffee und gab sich seinem dröhnenden Schädel hin. Vor ihm lagen sein Geldbeutel, der Autoschlüssel und das Handy. Es war noch an. Thesen nahm es in die Hand und öffnete den SMS-Eingang.

»Schon zurück, Doper? Grüße Theresa.« Die alte Nachricht war noch gespeichert, Thesen drückte auf »Antworten«, biss sich auf die Zunge, was er immer tat, wenn er ein paar Worte in sein Handy tippen wollte, und schrieb: »Ja, schon gestern. Was machst du heute? Grüße Johannes«. Er drückte auf

»Senden«, legte das Handy vor sich auf den Tisch und starrte minutenlang auf das kleine schwarze Ding, als könne er es zu einer Antwort hypnotisieren. Blödmann, dachte er, es ist noch nicht einmal halb sechs, da antwortet kein Mensch. Er hörte, wie vor der Haustür der Briefkasten klapperte. Endlich, die Zeitung. Thesen quälte sich zur Tür, öffnete sie einen Spalt, nestelte das gefaltete Blatt aus dem Briefkastenschlitz und humpelte zurück in die Küche. Wie immer, warf er als Erstes die eingelegten Prospekte weg und schlug dann den Wetterbericht auf. Dort las er, was er eh schon wusste. Es würde ein sonniger und heißer Junitag werden. Thesen schaffte dann noch die erste lokale Polizeimeldung, dann schlief er ein.

Als er wieder aufwachte, schmeckte es in seinem Mund nach drei Tage totem Vogel. Sein T-Shirt war schweißnass, dafür pochte es nicht mehr so sehr in seinem Kopf. Thesen trank mit tiefen Schlucken Mineralwasser aus der Flasche, danach suchte er etwas Essbares im Kühlschrank und fand eine Dose Schinkenwurst, eine Tube Senf und einen vor vierzehn Tagen abgelaufenen Vanillejoghurt. Immerhin, die Wurst war besser als jeder Müsliriegel. Thesen kaute vergnügt und las die Überschriften im Sportteil, als sein Blick auf das Handy fiel. Das SMS-Symbol blinkte. »Ich habe heute frei, du kannst mich anrufen – wenn du willst. Theresa.«

Thesen blickte lange aus dem Fenster. Warum, dachte er, soll ich sie jetzt anrufen? In zwei Stunden kommen Claude und Hrubesch, dann habe ich sowieso keine Zeit, und wenn Sohnemännchen schläft, wird wohl Anja einlaufen – wenn sie nicht noch sauer ist wegen gestern. Und überhaupt – warum willst du dich mit Theresa treffen? Er fand keine Antwort. Gut, sie ist nett, wir haben für ein paar Stunden unsere Energien gebündelt, uns gegenseitig aufgerichtet, wenn Müdigkeit und Schmerzen übermächtig zu werden schienen. Aber dann hat sie sich umgedreht und ist einfach gegangen. Tschüss und weg. Du hast wirklich genug an der Backe, du musst dir jetzt nicht noch ein Problem aufbuckeln. Lass es einfach.

Thesen schleppte sich zum Telefontischchen neben der Haustür, schlug im Buch unter Küpper, Theresa nach und wählte ihre Nummer. Es war für ihn der erste Schritt in ein Abenteuer, gegen das fünfhundertvierzig Kilometer Radfahren nicht mehr als eine kleine unbedeutende Randnotiz in seinem Leben werden würden.

»Küpper«, bellte eine männliche Stimme resolut in den Hörer.

»Entschuldigung, äh, Thesen hier, Johannes Thesen, ich würde gerne mit Theresa sprechen.«

»Moment.« Der Mann legte den Hörer zur Seite und brüllte: »Tesa.« Thesen wollte schon wieder auflegen.

»Hallo, hier Küpper.«

»Ich bin's, Johannes, hallo. Du, wenn ich störe …«

»Nein, das ist nur mein Bruder, der ist wieder mal für ein paar Stunden bei mir, weil er meint, ich käme sonst nicht klar. Außerdem putzt keiner besser Fahrräder als er. Wie geht es dir?«

»Bis auf meine Beine, meinen Hintern und meinen Kopf ausgezeichnet.«

Theresa lachte, Thesen fühlte sich plötzlich wohl, sie plauderten wie alte Bekannte, er hatte das Gefühl, als würde er die Stimme an seinem Ohr schon ewig kennen. Während er mit ihr sprach, drehte er wie ein Tiger im Zoo Runden um den Küchentisch, ohne seine verkaterte Beinmuskulatur zu spüren. Sie verabredeten sich für den Nachmittag am Baggersee. Thesen erfuhr, dass Theresa Kinder hatte, die zweijährige Tine und Paul, der schon fast sechs Jahre alt war. Nach dem Vater fragte Thesen nicht. Theresa hatte sich auch mit keiner Silbe nach der Mutter von Claude erkundigt.

»Tschüss, bis später, ich freu' mich.« Thesen legte auf und hatte in dem Moment seine Grundregel Nummer eins über Bord geworfen. Seit Cedi ausgezogen war, hatte ihn Claude nie mit einer anderen Frau gesehen, ganz bewusst nicht. Papas hatten als Frauen schließlich nur Mamas zu haben, zumindest in der Welt des Johannes Thesen, der schon fast panisch vor Angst wurde bei der Vorstellung, dass Claude ihm die Schuld an der Trennung von Cedi geben würde, wenn er ihn mit einer anderen Frau sähe. Theresa ist allerdings nicht meine Partnerin, und eine gute Freundin kann man Claude nach fast einem Jahr schon mal vorstellen, dachte Thesen. Und Theresa hat Kinder, das tut Claude sicher auch gut. Er nahm noch einmal das Telefon, rief Anja an und entschuldigte sich für gestern Abend.

»Kommst du heute Nacht?«, fragte er.

»Wenn du willst.« Anja klang sehr geschäftig.

»Klar«, log Thesen, »aber nicht vor zehn, Claude ist bei mir.«

»Okay«, sagte Anja, »und tu mir einen Gefallen – sperr' den Köter weg.«

Thesen legte auf. Eigentlich wäre es an der Zeit, etwas zu essen, dachte er. Aber er spürte keinen Hunger, er war ein wenig unruhig, nervös, wie aufgedreht. Er ging hinaus in den Garten, steckte sich eine Zigarette an, blies den Rauch in den blauen Himmel und fragte sich, was er jetzt tun sollte.

Nach dem Scheitern seiner Ehe war Thesen schnell klar geworden, dass er sich als halb alleinerziehender dreiunddreißigjähriger Mann mit angesehenem Job und eigener Hütte keine Sorgen machen brauchte, die nächsten zehn Jahre abends allein vor dem Fernseher sitzen zu müssen. Manchmal, wenn er an seinen freien Abenden noch auf ein paar Bier ausging, spürte er deutlich, dass er noch nicht in die Rubrik »Unvermittelbar« fiel.

Thesen fuhr gerne ins »Göttlich«, eine Kneipe, die Anfang der Achtziger-
jahre von ein paar geschäftstüchtigen Twens, die sich als Punker kos-
tümierten, gegründet worden war. Jetzt fuhren die ehemaligen Sicherheits-
nadel-Freaks in silbernen Mercedes-Kombis ihre Kinder spazieren und
betrieben insgesamt fünf In-Kneipen. Das »Göttlich« gehörte auch noch
dazu, nur trafen sich dort jetzt vor der Glasbausteintheke Studenten, Jung-
akademiker, Journalisten, Musiker. Das Publikum gab sich intellektuell, war
tendenziell grün und jederzeit bereit, für ein Glas biologisch angebauten
Rosé aus der Provence sieben Mark fünfzig zu bezahlen. Thesen fühlte sich
wohl in der rauchigen Kneipe mit ihren großen, schweren Holztischen und
den zerfledderten »Titanic«-Magazinen auf dem Tisch für die Flugblätter
und Kinoprogramme. Wohler jedenfalls als in den gängigen Mediziner-
Treffs, diesen stahlglänzenden Neonschuppen, in denen sich seine Kollegen
ihre Praxen zusammenträumten, viel französisches Mineralwasser und ein
Achtel toskanischen Rotwein tranken und jeden Raucher anblickten wie ein
ekliges, schleimiges Insekt.

Thesen kam im »Göttlich« leicht ins Gespräch, er quetschte sich einfach
an irgendeinen Tisch, bestellte ein Weizenbier und war spätestens nach ein
paar Schlucken drin in der Runde. Besonders auf junge Frauen machte er
Eindruck. Er hatte keine Pickel mehr, war aber auch kein alter Sack, er hatte
einen Job und trotzdem keine Wampe. Er konnte durchaus interessant
erzählen, war manchmal witzig, ohne wirklich plump zu werden. Außerdem
kümmerte er sich die halbe Woche um sein Kind (was er sehr geschickt in
ein Gespräch einfließen lassen konnte). Das brachte ihm zuverlässig den
Stempel »netter Kerl« ein, ergänzt durch den Zusatz: trotzdem kein Tee
trinkender Betroffenheits-Müsli mit Birkenstock-Sandalen, den man zwar
im »Göttlich« vermuten konnte, den es dort aber nicht gab.

Es war eben eine herrlich normale Kneipe, wenn man nicht unbedingt
etwas essen wollte und nicht in Panik geriet, wenn der Wirt nach Mitternacht
in einem Nostalgieanfall die Dead Kennedys auflegte. Wenn Thesen sich gut
fühlte, hatte er fast jeden Abend die Chance, nicht alleine nach Hause zu
müssen. Aber er hielt sich aus der Gehen-wir-noch-ein-bisschen-zu-mir-
Geschichte völlig raus, er war sich sicher, dass die meisten Jüngeren ihn mit
Claude auf Dauer nur dann akzeptieren würden, wenn er noch einmal Vater
werden und heiraten würde – und das wollte Thesen auf keinen Fall. Deshalb war er froh, dass er Anja getroffen hatte. Sie gab ihm das Gefühl, als
Mann noch am Leben zu sein, sie tat ihm gut und akzeptierte seine Kon-
taktsperre zu Claude, was Thesen als Zeichen wertete, dass sie kein Interesse
an Kindern hatte.

Vor Solo-Frauen in seinem Alter hatte Thesen beinahe Angst. Die, die mit Mitte dreißig noch keinen Kinderwagen vor sich hergeschoben hatten, wollten entweder ganz bewusst keinen Nachwuchs haben, also auch sicher nicht wegen Claude auf irgendetwas verzichten, oder sie rannten mit dem Ziel »ich muss jetzt sofort schwanger werden« durchs Leben. So eine Lady würde sich sicher auch auf einen Mann mit Sohn einlassen, aber nur unter der Bedingung, dass Zuwachs geplant würde.

Thesen war sich deshalb sicher, dass er, wenn überhaupt, nur dann noch einmal mit einer Frau sein Leben teilen wollte, wenn sie schon ein Kind hatte.

»Das nennt man übrigens Patchwork-Family«, hatte ihm Ines Gründler neulich erklärt, als Thesen im »Göttlich« nach drei Weizen ins Philosophieren verfallen war. Ines war eine alte Schulfreundin, die jetzt als Psychologin bei Pro Familia arbeitete.

»Egal, wie man dazu sagt«, antwortete Thesen, »ich bin mir sicher, dass dies der einzig wirklich richtige Weg für mich ist.«

»Warum?«, fragte Ines.

»Weil dann die beiden Erwachsenen und die Kinder ein Team bilden können, eben so etwas wie eine Familie. Verstehst du.«

»Ich höre, was du sagst«, antwortete Ines, »aber ich glaube, du verstehst ein paar Dinge auf dieser Welt völlig falsch. Mag sein, dass du ganz fit bist, wenn es darum geht, Leuten ihre Knochen zu richten. Aber vom Leben der Patchworks hast du keine Ahnung, nicht einmal die geringste.«

Es klingelte hektisch an der Tür, aufgeregt. Cedi brachte Claude und Hrubesch. Der Hund sprang an Thesen hoch, gleichzeitig klammerte sich Claude an sein Bein, rief mit seiner Piepsstimme »Papa, Papa« und versuchte, ihn umzuwerfen. Immer das gleiche Ritual. Thesen war froh darüber, weil er so um ein Gespräch mit Cedi herumkam, sie eigentlich nicht mal richtig wahrnahm, zumal sie sowieso meistens nur aus dem Auto winkte und mit jaulendem Motor wegfuhr. Heute jedoch stand sie vor der Tür.

»Hast du nächste Woche einmal Zeit für mich.«

Es war keine Frage, es war eine Aufforderung.

»Klar«, antwortete Thesen, der sofort erkannte, dass Widerspruch zwecklos sein würde, »nur am Dienstag muss ich abends in der Klinik sein. Besprechung.«

»Ich melde mich«, sagte Cedi knapp und verschwand. Thesen zog die Tür zu. Zwei Dinge waren ihm aufgefallen. Cedi hatte schlecht ausgesehen, schmal, im Gesicht blass. Und Claude hatte tatsächlich die nagelneuen Nike-Turnschuhe an, die ihm Thesen vor seinem Abflug nach Norwegen geschenkt hatte. Normalerweise verschwanden neue Klamotten, die Thesen ausgesucht und bezahlt hatte und die trotzdem vor Cedis strengen Augen Gnade fanden, im Bermudadreieck ihrer Wohnung. Die Turnschuhe kamen zurück, die Lage musste verdammt ernst sein.

»Hör mal, Claude«, sagte Thesen, »wir fahren heute Nachmittag noch an den Baggersee.«

»Au ja, au ja, au ja – Baggersee, Baggersee«, juchzte Claude, rannte dabei um den Küchentisch und begann damit, die Stühle umzuwerfen.

»Langsam, langsam«, rief Thesen, »und übrigens: Es kommt noch eine Bekannte von mir mit und zwei Kinder, mit denen du spielen kannst.

»Baggersee, Baggersee«, jubelte Claude. Für alles andere schien er sich nicht zu interessieren.

Thesen ging in den Keller, montierte den Kindersitz ans Rad, dann nahm er sich zwei Flaschen Weizenbier mit nach oben und legte sie in den Kühlschrank. Für heute Abend, dachte er. Auf einmal konnte er es nicht erwarten, loszufahren.

Am See

Der Kies knirschte unter den Rädern. Hrubesch wackelte brav neben dem Rad her, einen Meter Seitenabstand. Thesen war stolz, dass er dem Hund in endlosen Sitzungen dieses fast schon devote Begleiten beigebracht hatte. Normalerweise bleiben Rüden an jedem Busch oder Hauseck stehen, schnüffeln, heben das Bein. Auf jeden Fall laufen sie nicht acht Kilometer ohne Pause neben einem Fahrrad her. Hrubesch schon. Claude saß hippelig in seinem Sitz, konnte es kaum erwarten, endlich in den brackig grünen See zu springen.

Es war nicht viel los, obwohl die Sonne aus einem blauen Himmel brannte. Hoffentlich ist die Brühe nicht zu warm, dachte Thesen. Eigentlich konnte er den Baggersee nicht leiden, den Geruch nach billiger Sonnencreme, die öligen Fritten am Imbissstand, das undurchsichtige Wasser, in dem oft ein Fisch mit dem Bauch nach oben trieb, die Wiese, die zwar herrlich grün, aber selbst bei größter Hitze immer feucht war, und die vielen glücklichen Mamis mit ihren perfekt angezogenen Kindern und ihren perfekt gepackten Kühlkoffern, aus denen sie ihren Nachwuchs stundenlang mit gesunden Broten, frischem Obst und gekühltem Früchtetee versorgen konnten. Thesen hatte immer nur die Badesachen, einen Volleyball, etwas zum Lesen und seinen Geldbeutel dabei. Und Zigaretten.

Er befreite Claude aus seinem Sitz, kettete sein Rad an einen Baum, nahm Hrubesch an die Leine, weil ein Schild es befahl, und suchte mit den Augen die Liegewiese ab. Theresa war schon da. Sie saß mit ihren Kleinen auf einem riesigen blauen Strandtuch und blies gerade Schwimmflügel auf. Kein Kühlkoffer, dachte Thesen. Er fuhr sich nervös mit der Hand durch die Haare.

»Schau mal, Claude«, sagte er, »wir gehen zu den anderen Kindern.«

»Mag nicht«, antwortete Claude und versteckte sich hinter Thesens Beinen.

»Komm, das wird sicher lustig.« Thesen zerrte Claude Richtung blaues Strandtuch. »Hallo, hier sind wir.«

Die kleine Tine sprang Theresa auf den Schoß, deutete ängstlich auf Hrubesch und begann zu weinen, Paul schenkte Claude einen Blick, als begegne er gerade einem Alien, und der zog mit seiner ganzen Kraft an Thesens Arm.

»Will nicht hier sitzen, blöde Kinder. Papa weg.«

Fünf Minuten später saß Hrubesch lammfromm vor Tine, gab Pfötchen und ließ sich von ihr zur Belohnung mit Buchstabenkeksen füttern. Tine jauchzte glücklich. Paul und Claude waren auf dem Spielplatz verschwunden und wechselten sich auf einer Schaukel ab. Theresa hatte das alles gemanagt, ruhig, freundlich, bestimmt, mit einer ungeheuren Selbstverständlichkeit. Thesen war die ganze Zeit stehen geblieben und hatte seinen Volleyball an sich gedrückt.

»Setz dich doch«, sagte Theresa. Thesen fühlte sich unwohl. Das letzte Mal hatte er Theresa im Ziel in Oslo gesehen, ihr gemeinsamer Job war erfüllt gewesen, sie hatte sich umgedreht und war weg.

»Sag mal, warum hast du mich im Ziel eigentlich so abrupt stehen lassen?« Kein guter erster Satz, dachte Thesen, aber immerhin.

»Kann ich dir sagen: Ich war so fertig und gleichzeitig so glücklich, dass ich durchgehalten hatte. Und als du mich dann noch in den Arm genommen hast, habe ich in die Hose gepinkelt. Ich konnte es einfach nicht mehr halten und dann dachte ich, es ist besser, wenn ich sofort dusche.«

Thesen lachte, schubste sie an der Schulter. »Red keinen Mist.«

»Das ist kein Mist, Herr Doktor, das ist die Wahrheit.«

Thesen fragte sich, wann er Theresa als Patientin gehabt hatte. Er kam aber nicht drauf und suchte lieber nach einem anderen Thema.

»Hör mal«, sagte er, »wo waren eigentlich die Kinder, während wir uns die Seele aus dem Leib geradelt haben? Hat dein Mann die ganze Zeit aufgepasst?«

Theresa sah ihn lange an. »Sag mal, ist das der bei euch Ärzten übliche Smalltalk oder willst du es wirklich wissen?« Plötzlich lächelte sie. »Ist ja auch egal«, sagte sie und begann, zu erzählen. Ruhig, ohne Emotion, als wenn sie aus einer Bedienungsanleitung für Bügeleisen vorlesen würde.

Pauls Vater hatte sie während ihres Studiums in München kennengelernt. Sie war für Theaterwissenschaften und Germanistik eingeschrieben und schrieb nebenher als Freie für die Münchner Lokalseiten der »Süddeutschen Zeitung«.

»Einmal hat mich mein Chef Anfang Mai losgeschickt, um für die Samstagsausgabe eine Reportage über den Saisonstart in den Biergärten zu schreiben. Dabei habe ich Richard kennengelernt, der mit drei anderen eine Kneipe mit Biergarten in Ramersdorf hatte. Ein wilder Vogel, klapperdürr, mit pechschwarzen Augen, aber immer gut drauf, ein Typ, der keinen Schlaf brauchte, der jeden Tag so lebte, als sei es sein letzter.«

Theresa umschlang ihre Beine, drückte ihr Kinn auf die Knie und schaute über den See.

»Für Ritchie gab es keine Probleme, nur Spaß, verstehst du? Ich hatte damals einen Freund, der mir schon am Montag das Programm fürs kommende Wochenende diktierte. Freitag Kino, dann zum ewig gleichen Italiener, die ewig gleichen Rigatoni al forno mit einem kleinen gemischten Salat vorweg. Samstag dann Tennishalle, Sonntag Bergtour, bei Regen drei Stunden Sportstudio. Was ich machen wollte, war Martin wurscht. Ach ja, donnerstags stand Vögeln auf dem Plan, weil er am Freitag Vormittag keine Vorlesungen hatte.«

»Klingt nach einem bebrillten Studenten der Verwaltungswissenschaften«, sagte Thesen.

»Nein, Martin studierte Medizin. Wenn ich es richtig gehört habe, ist er heute Zahnarzt in Grünwald und plombiert wohlhabende Profis des FC Bayern.«

Thesen schluckte, er wusste nicht recht, ob sie ihn aufziehen wollte, aber sie redete gleich weiter.

»Dagegen war Ritchie ein Outlaw. Aber er war nicht dumm und er brachte mich zum Lachen. Kurz – nach der ersten Nacht bin ich zu ihm gezogen in den ersten Stock über der Kneipe. Wir waren ein halbes Jahr fast ununterbrochen im Bett, Ritchie wusste wahrscheinlich nicht mal, was ein Kondom ist, und ich war so scharf auf ihn, dass mir alles egal war. Ich glaube, ich war schon nach zwei Wochen schwanger. Ritchie fand das natürlich supertoll, alles kein Problem. Als Paul auf die Welt kam, hat er uns sogar eine ruhige Wohnung besorgt, er blieb über der Kneipe wohnen, weil er sonst jeden Abend hätte Auto fahren müssen. Es kam dann, wie ich es hätte ahnen können, wenn ich beim Vögeln nicht mein Gehirn ausgeschaltet hätte. Ritchie war wie ein Schwamm, der dauernd Leben aufsaugen muss. Paul fand er nett, er verstand aber nicht, dass ich mit einem Säugling nicht abends in die Kneipe kommen wollte, er lachte nur, wenn ich ihn bat, nicht neben dem Kind zu rauchen, irgendwie war Paul für ihn ein Spielzeug, aber eines, das rasch langweilig wurde.«

»Und dann ist er gegangen?«, fragte Thesen.

»Ja, aber unkonventionell, Ritchie-like, eben. Er hatte heimlich seine Anteile an der Kneipe verkauft. Eines Morgens, Paul war noch nicht einmal ein Jahr alt, lag ein Kuvert mit fünfundzwanzigtausend Mark und ein paar dürren Worten im Briefkasten: ›Ich liebe Dich, aber ich kann so nicht leben.‹« Theresa schaute immer noch auf den See.

»Und jetzt?« Thesen wollte eigentlich nicht, fragte dann aber doch.

»Ich habe ihn seit fast sechs Jahren nicht mehr gesehen. Irgendjemand hat mal erzählt, er arbeite als Animateur im Club Med. Im Winter in St. Moritz und im Sommer auf irgendeiner griechischen Insel. In der ganzen Zeit hat er drei Karten geschrieben. Immer ohne eine Hinweis, wo man sich bei ihm melden kann. Und er hat nie nach Paul gefragt, nicht ein einziges Mal.«

Thesen wusste nicht, was er sagen sollte. Er spürte, dass Theresa keine Betroffenheit erwartete, und er war auch nicht betroffen. Die klassische Familie war heute in Deutschland offenbar ein Auslaufmodell, er selbst dafür das beste Beispiel. Halb Alleinerziehender mit Hund – fast schon normal, nur sein Geschlecht stimmte nicht. Thesens Blick fiel auf Tine, die gerade Hrubesch mit flüssigem Dreck aus einem Sandförmchen füttern wollte. Hrubesch litt stumm, drehte immer wieder den Kopf weg. Aber er knurrte nicht. Wie immer, wenn Thesen über etwas nachdachte, war das für jeden leicht zu erkennen.

»Du kannst ruhig fragen«, sagte Theresa und erzählte von alleine. »Tine hat natürlich einen anderen Vater – einen ganz netten Kerl übrigens. Thomas arbeitet als freier Fernsehautor. Die meiste Zeit ist er unterwegs, dreht Dokumentationen über Zeitthemen. Im Moment begleitet er in der Schweiz einen Aidskranken, der wohl nur noch einige Monate zu leben hat.«

»Dann ist er also nicht sehr oft zu Hause?« Ganz plump, dachte Thesen, du fragst wie ein Inquisitor.

Theresa blickte ihn mürrisch an, wie vor ein paar Tagen in Norwegen, als er sich seinen finalen Doping-Cocktail ins Fleisch spritzen wollte. »Dass ihr Männer nicht einfach direkt fragen könnt. Aber gut, für dich in Stichworten: Die Nacht, in der Tine gezeugt wurde, war unsere letzte. So eine Art Abschiedsvögeln, Thomas steht immer auf Inszenierungen. Als ich schwanger war, wäre Thomas zurückgekommen, aber nur aus Pflichtgefühl. Er ist kein Mann für eine Familie. Er will keinen Geruch nach Fencheltee und Windeln und ich wollte ihn nicht mehr in meinem Bett – das Kind wollte ich aber schon. Er war bei der Entbindung dabei, er besucht uns ab und zu und schläft auf der Gästecouch, Thomas zahlt brav seinen Unterhalt und Tine sagt Papa zu ihm – Paul übrigens auch. Wir haben ein prima Verhältnis, aber nur bis zu einem gewissen Punkt, verstehst du?«

Thesen nickte stumm.

»Thomas ist in Ordnung, aber eine Hilfe ist er nicht. Wenn er einen Job hat, kann es sein, dass er drei Monate weg ist. Aber er liebt Tine, und das ist wichtig.«

Thesen zog sich eine Zigarette aus der Schachtel, er fühlte ein komisches

Kribbeln im Bauch und die Sonne auf seinem Rücken. »Stört es dich, wenn ich rauche?« Wieder so eine blöde Frage, hier draußen am See.

»Ja, ich dachte immer, du bist Sportler. Unglaublich – da fährst du über fünfhundert Kilometer auf dem Rennrad, um dir danach die Lungen zu verkleben. Außerdem solltest du an der Uni doch gelernt haben, dass dich die Qualmerei früher als nötig ins Grab bringt.«

Möglich, aber nicht heute, dachte Thesen und zündete sich die Camel trotzdem an. Mit der anderen Hand zog er sich seine Sonnenbrille vor die Augen, weil er Theresas hämischen Blick nicht erwidern wollte.

»Du lebst wahrscheinlich aus dem Bioladen«, spottete Thesen.

»Nein, das ist mir leider zu teuer.«

Thesen sah dem Rauch nach, den er vorsichtig von Theresa wegblies. Die Camel schmeckte nicht, in seinem trockenen Mund mischte sich der Restspeichel mit dem Nikotin zu einem übel stinkenden Belag. Irgendwie fühlte er sich nicht wohl. Theresa wischte der kleinen Tine den Rotz aus dem Gesicht. Thesen beobachtete sie mit anonymen Augen durch die Sonnenbrille. Ihm fiel auf, dass sich nicht die alberne Radlerlandkarte auf ihrem Körper abzeichnete. Seine Arme waren vom Handgelenk bis zur Mitte des Bizeps tiefbraun, wo das Trikot endete, war eine akkurate Linie, wie mit einem Lineal gezogen. Schultern, Rücken und Brust glänzten winterweiß, sein Hals und sein Gesicht waren wiederum braun. Dasselbe Muster an seinen Beinen. Weiße Haut bis zur Mitte der Oberschenkel, der Rest bis zum Sprunggelenk gegrillt von der norwegischen Sommersonne. Theresas Braun hatte keine Ränder. Sie muss oft in der Sonne sein, dachte Thesen und suchte an ihren Beinen die Muskelpakete, die sie fünfhundertvierzig Kilometer im Sattel gehalten hatten. Er fand sie nicht, nur als sie sich aus der Hocke nach oben drückte, zeichneten sich unter ihrer glatten Haut die zwei radtypischen Muskelstränge in den Waden ab.

»Ich muss langsam los«, sagte sie, »Tine wird müde und wir haben alle genug Sonne abgekriegt. Besonders du – schau dir mal deine Schultern an.«

Thesen drehte den Kopf und sah rot. Theresa riet ihm, jede Stunde eine Mischung aus Olivenöl und Zitronensaft aufzutragen, und lud die beiden Kinder in den Radanhänger.

»He, nicht so schnell«, sagte Thesen, »scheint eine Spezialität von dir zu sein, der plötzliche Abgang. Ich will dich wiedersehen.«

Thesen wunderte sich über sich selbst. Ich will dich wiedersehen, hatte er gesagt. Was war los mit ihm? Theresa streichelte Claude über den Kopf und sah Thesen an.

»Nimm mal die Sonnenbrille ab.«

Thesen schob seine Radlerbrille in die Haare und Theresa küsste ihn auf die Wange.

»Du kannst mich gerne wieder anrufen, ich arbeite oft zu Hause, die Nummer hast du ja.« Thesen nickte nur, winkte linkisch und stopfte die Handtücher in den Rucksack.

»Lass uns was trinken gehen, Großer«, sagte er zu Claude, der völlig verdreckt neben ihm stand.

»Schwimmen gehen«, maulte Claude zurück.

»Morgen«, antwortete Thesen, »Papa hat Durst.« An der Strandbude besorgte er sich ein großes Weizenbier und Pommes mit Limo für Claude.

»Hat es dir gefallen mit den anderen Kindern?«, fragte er Claude.

»Nein, Kinder doof.«

Thesen verzichtete auf Nachfragen. Es war nicht mehr viel los, die meisten Parademuttis waren schon weg. Er saß auf einem der unvermeidlichen weißen Plastikstühle. Das Bier schmeckte großartig, aber seine innere Unruhe blieb. So ein seltsames, zittriges Gefühl in der Brust. Du kannst zwanzig Kilometer laufen ohne Last, du hast keinen Hunger und deine Finger stehen nicht still, dein Kopf ist frei, dein Magen eng.

Du Arsch, dachte Thesen, du dummer Hund, halt dich zurück, lass dein Leben in der Spur. Keinen Blödsinn jetzt, schon gar nicht mit einer Sportskanone, die noch nicht einmal dreißig ist und zwei Kinder hat. Bleib cool, Idiot.

Dummerweise hatte Johannes Thesen ein großes Problem. Er war nicht cool, nie gewesen.

Der Abend

Bis heute hatte sich Anja streng an Thesens Regeln gehalten – keine Besuche, wenn der Kleine noch nicht im Bett war, keine Telefonate vor zehn Uhr, am besten gar keinen Kontakt, so lange Claude bei seinem Vater schlief. Im Prinzip war es ihr sogar recht, Anja fühlte sich zu jung, um jeden Abend einen Mann um sich zu haben, ihr Job im Fitnessstudio ließ das auch gar nicht zu. Thesen war deshalb die Idealbesetzung. Ein Mann ohne Ansprüche, ein vorzeigbarer Begleiter, der auch sehr gut allein klarkam, nicht bei ihr einziehen wollte und noch nicht einmal seine Socken zum Waschen brachte wie ihr Kollege Sven, mit dem sie zuvor fast zwei Jahre liiert gewesen war. Seit Sven wusste Anja, dass die Fitnesswelt nur im Prospekt immer hochglänzend, proper und klinisch ist. Nachdem sie einige Wochen zusammen waren, entwickelte sich der Kerl schlicht zur Sau, verließ abends oft ungeduscht das Studio, trug zwei, drei Tage die gleiche Unterhose, schmierte sich Gel statt Shampoo ins Haar. Anja musste ihn oft zum Duschen zwingen. Als sie ihn endlich aus ihrer Wohnung warf, fragte sie sich wochenlang, wie sie das dreiundzwanzig Monate hatte aushalten können. Sven besaß zweifellos einen Paradekörper, nicht zu mächtig, aber doch eindrucksvoll, auch wenn seine Beine ein wenig dick und plump wirkten. Anja liebte vor allem Svens Arme, den prallen Bizeps, den er so geschickt auffällig-unauffällig hüpfen lassen konnte. Sie war froh, dass Sven keinen Kraftmeier-Kurzhaarschädel hatte und auch nicht gockelhaft mit krampfhaft durchgedrücktem Kreuz und immer fest eingeatmet durch die Gegend lief. Sven trug eine altmodische Löwenmähne, ein Lederband aus Costa Rica um den Hals und er bewegte sich für einen Kleiderschrank fast schon elegant. Aber er stank oft wie ein kanadischer Biber.

Thesen hat für einen Vierunddreißigjährigen schon eine ordentliche Figur, ist aber eigentlich überhaupt nicht dein Typ, dachte sie, als sie ihren feuerroten Mazda MX5 in den Mühlenweg lenkte. Wie immer, funkelte der Flitzer in perfekter deutscher Sauberkeit, das schwarze Verdeck war akkurat unter der Persenning verstaut, die Felgen blitzten in der Sonne, für einen Blick auf den mit allerlei Wachsen behandelten Lack brauchte man eine Sonnenbrille. Wenn Anja wirklich etwas liebte, dann dieses, ihr Auto. Eine Menge Geld hatte sie vor einem Jahr auf den Tisch legen müssen, um eines der ersten dieser Cabrios zu kaufen, sie würde mit ihrem derzeitigen Monatsgehalt noch daran zahlen, wenn das Blech längst verrostet sein würde, aber das war ihr egal. Seit der Roadster sie vor zwei Jahren im Wartezimmer ihres Zahnarztes aus einer Zeitschrift angeblinkt hatte, wusste sie, dass sie genau dieses Auto brauchte – natürlich in Rot.

Seit gestern Abend trug sie ein seltsames Gefühl mit sich spazieren. Thesen hatte sie fast nüchtern begrüßt, kaum von seinem Horrortrip im Sattel berichtet, obwohl er normalerweise über jede noch so belanglose Radausfahrt stundenlang referieren konnte.

Dieses eine Mal hätte es ausnahmsweise auch mich interessiert, dachte Anja, immerhin ist der Wahnsinnige über vierundzwanzig Stunden am Stück gestrampelt. Thesen hatte jedoch kaum geredet, dafür aber in knapp zwei Stunden vier große Weizenbiere getrunken. Die ersten zwei gegen den Durst, die anderen, weil er Anjas Lieblings-Thailänder nicht ausstehen konnte. Thesen waren Restaurants, die etwa zweihundertfünfzig Gerichte auf einer zehnseitigen Karte anboten, suspekt. Er schauderte bei dem leicht ranzigen Geruch, der immer ins Lokal schwappte, wenn sich ein Kellner durch die Flügeltür zur Küche schob, er hatte keinerlei Lust auf den ganzen asiatischen Kitsch, garniert mit Bierdeckeln einer bayerischen Brauerei, und er klappte frustriert die Weinkarte des »Mai Thai« zu, deren Höhepunkt ein allerhöchstens mittelprächtiger Montepulciano war. Lustlos stocherte Thesen in verkochtem Gemüse herum, das, wie so oft, stark nach Glutamat schmeckte. Kantinenfraß, dachte er. Später sagte er trotzdem: »Danke, sehr gut«, als sich der Kellner die Frage erlaubte, ob es denn auch geschmeckt habe. Er ärgerte sich jedes Mal über diese ritualisierte Lüge. Keiner seiner Patienten hatte jemals nach einer Operation »Danke, sehr gut« gesagt, wenn das frisch operierte Knie schmerzte oder sich nicht bewegen ließ. Aber für eine Auseinandersetzung mit einem Kellner war Thesen meistens zu harmoniesüchtig und heute auch zu müde – und zu betrunken. Außerdem zahlte Anja. Auf dem Heimweg schloss Thesen die Augen, versuchte, an Sex mit seiner Freundin zu denken, spürte aber leichten Drehschwindel von den vier Weizen. Daraufhin verstärkte er seine durchaus reale Trunkenheit durch leichtes Lallen, eine Schauspielerei, die er ziemlich eindrucksvoll beherrschte, nuschelte etwas von völlig wund zwischen den Beinen und dass morgen sicher alles wieder in Ordnung wäre und verabschiedete sich an der Haustür von Anja, die zu perplex war, um lange zu widersprechen.

Heute parkte Anja den MX 5 direkt in der Garageneinfahrt – auch das war Thesen nicht recht und es war auch erst kurz nach neun. Anja schloss sorgfältig das Verdeck (Angst vor Vogelmist), steckte sich ihre Sonnenbrille in die

Haare, eine Geste, die bei Fitnesstrainern angeboren zu sein scheint. An der Tür ärgerte sie sich wieder einmal über das Namensschild. »Mercedes Johannes Claude THESEN« – schwarze, altertümlich geschwungene Buchstaben auf einem ovalen Messingschild, das überhaupt nicht auf die weiß lackierte Lamellentür passen wollte. Seit vier Monaten will er das hässliche Teil abschrauben, der elende Schwätzer, dachte sie. Anja fühlte sich in Thesens Haus allenfalls geduldet, aber kein bisschen heimisch. Und das fing schon mit dem Türschild an.

Thesen öffnete lächelnd. »Komm rein, Claude schläft schon.« Kein Wort, kein Vorwurf, nicht mal der prüfende Blick, ob denn ein Nachbar schaute, ein Blick, der sie immer so verletzte. Anja kam gar nicht dazu, ihn wegen gestern Abend zur Rede zu stellen. Er nahm ihren Kopf zwischen seine Hände, küsste sie und schob sie rückwärts ins Wohnzimmer, stolperte mit ihr auf die Couch, aus den Boxen röhrte Rod Steward »Tonight's The Night«. Er ließ ihr keine Zeit zum Duschen, keine Sekunde, um ein Kondom aus ihrem Täschchen zu fummeln, nicht mal die Chance zum Ausziehen. Er schien gar nicht da zu sein, auf jeden Fall sprachlos. Thesen hatte die Augen geschlossen, er schlief mit ihr stumm, fordernd, ungewohnt energisch. Seit Langem fühlte Anja wieder einmal, wie gut Sex sein konnte, wenn man ihn nicht als Fortsetzung einer Step-Aerobic-Stunde zelebrierte. Sie versuchte, loszulassen, ihr Kopf war aber immer noch wach.

»Du musst aufpassen«, rief sie, »hörst du, pass auf.«

Thesen riss die Augen auf, zog sich ruckartig zurück, verkleckerte ihr nagelneues Venice-Beach-Top. Anja war zurück auf dieser Welt. Wortlos ging sie ins Bad, duschte ausgiebig, stopfte ihr Top in eine Plastiktüte und zog eines von seinen T-Shirts an. Als sie ins Wohnzimmer zurückkam, saß Thesen rauchend und komplett angezogen auf seinem Rattan-Diwan. Auf seinem Hals pulsten merkwürdig rote Flecken, seine Augen flackerten nervös.

»Tut mir leid, Anja, das war das letzte Mal. Es ist aus. Meine Ex-Frau kommt zurück, das ist besser für Claude, weißt du.«

Anja wollte lachen, Thesen geleitete sie aber schon zur Tür. »Es war schön«, sagte er, »ich erklär' dir später mal alles. Mach's gut, danke.«

Durch das Klofenster beobachtete Thesen, wie Anja langsam zu ihrem Flitzer ging, einen ungläubigen Blick auf das Haus warf, den Kopf schüttelte und wegfuhr, ohne das Verdeck zu öffnen.

Es hat geklappt, dachte Thesen, einmal das ganz große Arschloch geben reicht. An diesem Abend fühlte er sich wie auf einer Streckbank, die angezogen und dann wieder entspannt wird. Er war müde und froh, fühlte sich leicht und bereit für die Welt, und er spürte Stiche, weil er völlig herzlos genussvoll vögeln konnte, eine Eigenschaft, die er in vierunddreißig Jahren noch nie an sich festgestellt hatte und die ihm unheimlich war. Aber nur ein bisschen, obwohl er sich schon seltsam dabei vorkam, über Anja herzufallen und gleichzeitig an Theresa zu denken.

Johannes Thesen, du bist ein Drecksack, dachte er, ein ganz normaler, blöder Machoschädel. Er öffnete eine Flasche Rosé aus Grimaud in der Provence und wartete, ob das Telefon klingeln würde. Zwei Stunden später ging er zufrieden ins Bett. Anja hatte nicht angerufen.

Schwarzer Sommer

In der Nacht hatte der Wind von Nordost nach Südwest gedreht. Ein Atlantiktief schaufelte mit heftigen Böen dunkle Wolkenberge heran. Obwohl die Sonne erst vor einigen Tagen ihren Höchststand erreicht hatte, wurde es nicht richtig hell, aus dem konturlosen, hellgrauen Himmel prasselte es unaufhörlich. Thesen wurde von Claude geweckt, der ihm seinen Teddy ans Ohr presste, aus dessen Bauch ein blechernes Schnarchen schepperte. Das Vieh war eines dieser überflüssigen und dämlichen Geschenke von Marga, für die Thesen seine Schwester verfluchte und für die er die Hersteller immer gerne vor Gericht zerren wollte. Die einzige Freude, die schnarchende Bären Kindern machen können, ist die Möglichkeit, damit ihre Eltern aufzuregen. Vor einigen Monaten hatte er eine lange E-Mail an den Produzenten einer Plastiklokomotive geschrieben. Dieses Ding, natürlich auch ein Präsent von Marga, hatte etwa zwanzig bunte Knöpfe. Drückte Claude auf den roten, muhte die Lokomotive, bei Grün kam ein Wiehern und bei Blau pfiff das Plastikmonster. Eine Art Stampfen, heiseres Meckern und Babylachen hatte das Horrorteil auch im Repertoire. Und weitere, eher künstliche Lärmereien. Thesen fragte höflich nach, warum die werte Firma Gi-Gi-Toy muhende Lokomotiven verkaufe, wo doch jeder Idiot wisse, dass Lokomotiven maximal pfeifen und das auch nur alte Dampfloks? Ein gewisser Roman T. Herzfeller, der Vertreter des stellvertretenden Entwicklungschefs von Gi-Gi-Toy, antwortete ihm, dass mit der Kreation »Singing Train« das Abstraktionsniveau von Dreijährigen durchaus nicht unzulässig überschritten werde, und dass er, der werte Kunde, ja stets die Möglichkeit habe, die Kinderzimmertür von außen zu schließen. Stellvertreter Herzfeller verblieb in der Hoffnung, dass Thesen weiter Kunde von Gi-Gi-Toy bleiben möge. Hochachtungsvoll.

»Wieder an den See fahren heute?«, frage Claude. Thesen deutete stumm mit dem Finger aus dem geöffneten Schlafzimmerfenster. Die von gelbem Blütenstaub und Regengischt verschmierte Scheibe reichte bis zum Fußboden, Claude konnte das schlechte Wetter auch aus seiner Perspektive sehen. Mittlerweile war selbst das Gras unter dem gewaltigen Blatthimmel seiner alten Eiche nass. Bei einem kurzen Sommerregen blieb es rund um den Stamm meist trocken.

»Das heißt: Fahren wir heute wieder an den See, Papa?«, verbesserte Thesen altväterlich. Wenn er wieder in der Klinik war, wollte er sich endlich nach einem Kollegen erkundigen, den er fragen wollte, ob Dreijährige korrekte Sätze bilden können müssen oder nicht. Zusammen stiegen sie die Treppe hinab, in der Küche fiel Thesen ein, dass er wegen des Treffens mit Theresa gestern nichts eingekauft hatte. Bei dem Gedanken an Theresa wurde ihm warm, sein Hunger war von einer Sekunde auf die andere wieder weg. Ich ruf' sie heute noch an, dachte er, aber jetzt erst mal Erziehungsauftrag.

»Auf geht's, Großer«, rief er. »Anziehen, wir holen Frühstück!« Zehn Minuten später rollten Thesen und Claude auf dem Rad durch den warmen Regen, Hrubesch raste an der Leine bellend nebenher. Thesen hatte vor zwei Jahren sein altes Rennrad mit einem Kindersitz ausgestattet, Trittpedale ohne Riemen montiert, aber natürlich weder Licht noch Schutzbleche. Dreckwasser von der Straße spritzte ihm ins Gesicht, auf seinem Rücksitz bekam Claude einen daumenbreiten Dreckstreifen auf den Rücken gesprüht, freute sich aber jubelnd über den Regen. Thesen wunderte sich, dass seine Beine schmerzfrei die Kurbeln drehen konnten, nicht einmal sein Hintern tat weh, dabei war es weniger als zweiundsiebzig Stunden her, dass er in Oslo aus dem Sattel gestiegen war. Wieder dachte er an Theresa, aber da waren sie auch schon vor dem neuen Supermarkt, der seinen Kunden ab einem Warenwert von fünfzig Mark für weitere fünf Mark den Einkauf nach Hause brachte. Die beiden füllten einen ganzen Einkaufswagen, Claude bekam sogar seine geliebten Minijoghurts für Kinder, obwohl Thesen einmal nachgerechnet hatte, dass der Hundertgrammpreis fast doppelt so hoch war wie der von normalem Fruchtjoghurt. So etwas ärgerte ihn – Geld zu bezahlen für bunte Verpackungen, die auch noch zusätzlichen Müll produzierten. Der Zusteller freute sich über fünf Mark extra Trinkgeld und versprach, spätestens in einer halben Stunde im Mühlenweg zu sein.

Am Nachmittag wollte Thesen mit Claude in den Zoo, aber ein Anruf von Anja kam dazwischen. Thesen setzte Claude vor den Fernseher, legte ein Benjamin-Blümchen-Video ein und verzog sich mit dem Telefon in die Küche. Über eine Stunde ließ er sich von Anja abwechselnd anflehen und beschimpfen, er sagte nur wenig, weil sie recht hatte. Ja, er hatte sie schnöde benutzt, hatte nie etwas wie Liebe für sie empfunden, und die Nummer gestern Abend hätte er sich tatsächlich sparen können. Thesen entschuldigte sich mindestens zwanzigmal und verzichtete darauf, ihr klarzumachen, dass er das Wort »Liebe« ganz bewusst nicht ein einziges Mal in den Mund genommen hatte. Er lehnte ein Treffen zur Übergabe von zwei T-Shirts, einer Zahnbürste und einer alten Radlerhose ab. Zumindest heute. Anja entließ ihn mit der knappen Bilanz, dass er das größte Arschloch auf diesem Planeten sei und im Bett eine einzige Enttäuschung.

Thesen suchte seine Zigaretten, fand aber nur eine leere Schachtel. Ärger stieg in ihm auf. Die Sucht nagte, draußen regnete es immer noch. Trotzdem würde er jetzt zum Automaten in der Tiefenbachstraße rennen.

»Ich bin nur zwei Minuten weg, Claude, ja?«, rief er.

Claude nickte nur und winkte, aus dem Fernseher trötete Benjamin Blümchen. Als sich Thesen die Sneakers band, sah er im Garderobenspiegel, dass die Seitenstränge an seinem Hals puterrot leuchteten, er spürte einen leichten Druck hinter den Augen und musste dauernd schlucken. Als er nach einem kurzen Sprint um das Hauseck durchnässt und mit einer Packung Camel unter dem T-Shirt zurückkam, war die Haut an seinem Hals immer noch gerötet, der Druck aber weg.

Thesen schraubte seine alte Espressokanne auf, zwei Löffel Pulver echt italienischen Espresso, eine Prise Kardamom auf das Pulver drauf, wenig kaltes Wasser, wieder zuschrauben. Zehn Minuten perfektes Glück. Er saß an seinem alten, wurmstichigen Küchentisch, blickte auf die triefnasse Eiche, inhalierte zwischen kleinen Schlucken vom heißen Espresso seine erste Zigarette an diesem Tag und stellte sich vor, wie es wohl wäre, wenn Theresa Küpper mit ihren zwei Kleinen auch noch hier wohnen würde. »Mir langweilig«, quengelte Claude. Vielleicht nicht mehr lange, dachte Thesen und schüttelte dann den Kopf.

»Mein Gott«, rief er zur Eiche, »ich war gerade einmal mit ihr beim Schwimmen und glaube schon, dass die Frau mit wehenden Fahnen in mein Leben springt.«

»Was?«, fragte Claude.

»Nichts, nichts – komm', lass' uns Lego spielen.«

Sie waren gerade dabei, aus Vierersteinen ein Dach zu bauen, als es klingelte. Cedi stand vor der Tür, zum ersten Mal, seit sie ihre letzten Sachen abgeholt hatte, betrat sie wieder ihr ehemaliges Domizil. Sie fragte nicht, ob es recht sei, tätschelte Claude, der völlig erstaunt dreinblickte, nur im Vorbeigehen den Kopf, ärgerte sich nicht einmal, dass Hrubesch mit seinen Dreckpfoten ihre weiße Hose einsaute.

»Lass uns reden – am besten in der Küche«, sagte Cedi. Es klang, wie immer, wenn Mercedes etwas wollte, nach einem Befehl. Thesen schob für Claude das »Dschungelbuch« in den Videorekorder und versprach, später weiter am Haus zu bauen. Claude war glücklich – zwei Videos an einem Tag.

»Espresso, Zigarette, was willst du?«, fragte Thesen.

»Nichts, nur Wasser, oder doch, einen Espresso, bitte.«

Während Thesen die alte Kanne erneut füllte, beobachtete er Cedi. Sie war blass wie gestern Vormittag und sie hatte abgenommen, wenn auch nicht viel. Ihre sonst so kräftigen, tiefschwarzen Haare wirkten dünn und stumpf. Was ihn aber ernsthaft verunsicherte, war, dass sie nichts an der Küche auszusetzen hatte. Es war nicht besonders sauber, es standen keine Blumen auf dem Tisch, Thesen hatte Cedis Designer-Eiscrusher von der Fensterbank in den Keller verbannt. An seiner Stelle wuchs jetzt eine Sonnenblume in einem roten Tontopf. Cedi hasste Sonnenblumen und Tontöpfe.

»Ich bin krank«, sagte sie plötzlich mit leiser Stimme. Thesen überlegte kurz, ob sie vorhin gehumpelt hatte. Zu einem Orthopäden kommt man schließlich nur mit lädierten Knochen oder Gelenken. Vielleicht was an der Schulter, dachte er, da kenn' ich mich zum Glück nicht so gut aus. Cedi wollte plötzlich doch eine Zigarette. Fahrig wischte sie sich die Haare aus der Stirn und begann zu erzählen. Bei einem Routinecheck hatten die Ärzte bei ihr stark erhöhte Leberwerte festgestellt. Die Nachuntersuchungen ergaben, dass sie eine Virushepatitis mit sich herumtrug, genau gesagt eine Hepatitis C, chronisch persistierend. Das Virus reizte dauernd ihre Leber, die ständig leicht entzündet war. Davon spürte sie aber nur eine leichte Müdigkeit. Das tückische an der Hepatitis C sei, so berichtete sie, dass sich aus der dauernden Reizung in vielen Fällen eine Leberzirrhose entwickle. »Und mein Leberkrebsrisiko ist etwa hundertfach erhöht«, schloss sie und wischte sich eine Träne aus dem linken Auge.

Thesen sagte lange nichts, zündete sich noch eine Zigarette an, versuchte, seine Gedanken zu ordnen. Hepatitis C war ansteckend, er trug das Virus allerdings nicht, das wusste er, da er sich vor seiner ersten OP in Nidernbühls Praxis einer umfassenden Blutuntersuchung hatte unterziehen müssen. Dabei war er auch auf die Antikörper des Aidsvirus und die von Hepatitis B und C untersucht worden. Alle Tests waren negativ, und da er danach keinen Kontakt zu Cedi gehabt hatte, würde das auch jetzt noch so sein. Claude würde er gleich morgen früh Blut abnehmen lassen. Viel wusste Thesen nicht über die Krankheit, nur dass die Experten recht wenig über die Übertragung sagen konnten und dass es keine verlässliche Prognose gab, was es letztlich für einen Patienten bedeutete, wenn er mit Hepatitis C infiziert war. Thesen erinnerte sich an einen Artikel in einer Medizinerzeitschrift, den er vor ein paar Wochen zufällig gelesen hatte. Eine Forschergruppe hatte in sehr alten Blutproben eines Bundeswehrkrankenhauses das Virus isolieren können. Die Patienten hatten teilweise über vierzig Jahre mit Hepatits C gelebt, ohne überhaupt etwas davon zu merken. Und nur die wenigsten hatten seltsamerweise ihre Partner infiziert, trotz jahrelangen ungeschützten Geschlechtsverkehrs. Andere dagegen starben nur wenige Monate nach der Infektion an einem rasend schnellen Leberzerfall. Bisher gab es nur eine mögliche Therapie, und die war gefürchtet wegen ihrer massiven Nebenwirkungen und ihrer recht geringen Aussicht auf Erfolg.

»Tut mir leid für dich. Hast du eine Idee, wo du es herhast?«

»Typisch doofe Thesen-Frage«, giftete Cedi, »du willst doch nur wissen, in welchem Bett ich es mir geholt habe. Erstens geht dich das nichts an und zweitens trage ich das Virus offenbar schon über zwanzig Jahre mit mir herum. Claude ist übrigens negativ, hat man mir gesagt, in unserer Kinderklinik machen sie die C-Tests schon nach der Geburt, für die Statistik. Und du hast es ja offensichtlich auch nicht, sonst wüsstest du es schon lange, so oft, wie sie dir schon Blut abgezapft haben.«

Plötzlich tat ihm Cedi leid. Die souveräne Selfmade-Frau, die stolze Galizierin, die das Leben im Griff hat, plötzlich klein und verletzlich, verwundet und matt.

»Machst du die Therapie?«, fragte er.

»Ja, seit einer Woche. Es ist nicht leicht, ich muss einen Monat lang täglich zehn Millionen Einheiten Interferon unter die Haut spritzen. Danach noch einmal fast ein Jahr dreimal pro Woche fünf Millionen Einheiten. Von dem Dreckszeug fühlst du dich wie bei einer leichten Grippe. Dauernd matt, tranige Kopfschmerzen, Augenbrennen, Schüttelfrost, manchmal auch leichtes Fieber, dann spürst du jeden einzelnen Knochen. Langsam werden auch meine Haare dünner und Hunger habe ich auch keinen mehr, weil alles gleich schmeckt. Dazu muss ich noch Pillen nehmen, die mal Ribavirin heißen sollen, wenn sie zugelassen werden. Ich bin an der Uniklinik Teilnehmerin an einem Medikamententest, und wenn wir nicht alle eingehen, wird das Ribavirin bald zugelassen.«

Mercedes sprach nur über ihre körperlichen Probleme. Thesen wusste aber, dass Interferon viele Patienten auch psychisch hart angriff. Manche wurden regelrecht depressiv, andere reizbar, dünnhäutig, melancholisch. Die Therapie verlangte außerdem ungeheure Disziplin, fast ein Jahr lang Medikamente nach Plan und das Ganze bei miesen Erfolgsaussichten von nur zwanzig Prozent. Als hätte sie seine skeptischen Gedanken gelesen, sagt Cedi: »Meine Chancen sind aber ganz gut, ich habe den selteneren Virustyp zwei. Der spricht auf die Behandlung viel besser an. Professor Dunnert schätzt, dass ich zu fünfundsiebzig Prozent das Scheißvirus aus meinem Körper bringe.«

»Wenn du willst, kannst du während der Therapie wieder hier einziehen, ich helfe dir«, sagte Thesen.

Cedi tat ihm ehrlich leid, aber er hoffte auch, dass sie ihn nicht brauchen würde. Draußen war es noch grauer geworden, es regnete stärker.

»Danke, aber ich komme schon klar. Gegen die Schmerzen gibt's Paracetamol und für meine Psyche bist du eher Gift. Ich bin hier, weil ich dich fragen wollte, ob du über den Sommer Claude nehmen kannst. Ich will bis Anfang Oktober nach Hause ans Meer, will allein sein mit dem ganzen Pharmaschrott. Danach sollte sich mein Körper an die Therapie gewöhnt haben. Ich möchte gerne in drei Tagen fahren.«

Thesen sagt sofort zu – ohne zu wissen, wie das gehen sollte.

Cedi ging, ohne sich besonders lange von Claude zu verabschieden. Im Auto brach ihre stolze Fassade zusammen, als sei sie nur aus schlechtem Gips, den ein heftiger Regen einfach wegspült.

Scheiße, dachte sie, es war ihm einfach egal. Sie hatte nicht damit gerechnet, dass Thesen vor Sorge vor ihr auf die Knie gehen würde. In den zwei Stunden im Mühlenweg war ihr aber klar geworden, dass Johannes Thesen nur noch ein guter Bekannter war, zufällig auch noch der Vater ihres Kindes und vor einer Million Jahren auch mal ihr Ehemann. Kaum zu glauben, wie schnell eine Ehe nur noch eine blasse Erinnerung auf Fotos und schlecht gedrehten Videos war. Neulich hatte sie sich eines angesehen. Wandern auf Gomera, Oktober 1991, stand auf dem Rücken. Auf dem rotstichigen Film deutete Thesen mit dämlichem Grinsen über einer gewaltige Felsnase ins Meer, das fünfzig Meter tiefer herandonnerte. Was er sagte, war im Lärm der Böen und im grollenden Brechen der Wellen nicht zu verstehen, aber er sah irgendwie ärmlich aus, wie er da so gekünstelt stand und ihm der Meereswind seine blonden Haare aus dem Gesicht blies. Sie selbst war kaum auf dem Band zu sehen, und wenn, drehte sie sich weg oder schützte ihr Gesicht mit den Händen, wie immer, wenn irgendwo ein Objektiv auftauchte und sie sich nicht hundertprozentig für diesen Moment vorbereitet fühlte.

Mercedes massierte mit ihren Fingern leicht die klopfende, heiße Beule auf ihrem linken Oberschenkel, mit der anderen Hand hielt sie das Lenkrad. Ihre Haut vertrug das Interferon nicht. Einige Stunden nach der Injektion entzündete sich das Fleisch um die Einstichstelle, schwoll an, die Haut wurde heiß und rot und spannte unangenehm. Da sie jetzt, zu Beginn der Therapie, jeden Tag spritzen musste, sahen ihre Beine und ihr Bauch, in die sie sich abwechselnd stach, aus wie nach einer leidenschaftlichen Nacht mit einem Lover, der zu fest zugepackt hatte. Mercedes Thesen hatte aber schon seit vielen Wochen keinen Sex mehr. Wernher, ihr Freund, war trotz seiner einundsechzig Jahre ein ganz normaler Mann, aber er hatte Angst, was Cedi ihm nicht verdenken konnte. Er hatte sich natürlich sofort testen lassen, zusammen hatten sie einige quälende Tage der Warterei verbracht, wobei Cedis Freund ihr nicht ein einziges Mal einen Vorwurf machte. Wernher trug die plötzliche Bedrohung seiner Gesundheit eh mit einer bewundernswerten Ruhe, dachte Cedi, und als er das für ihn positive negative Ergebnis des Antikörper-Tests von Professor Dunnert am Telefon erfuhr, zuckte er nur kurz mit den Schultern. »Glück gehabt«, sagte er lapidar zu Cedi, die sich ehrlich für ihren Freund freute. In den Tagen danach hatten sie es zweimal mit Kondomen versucht, was Wernher aber keinen Spaß machte, zumindest sagte er das. »Ich lern' das nicht mehr«, hatte er gestöhnt und Cedi war sich nicht sicher, ob er nicht wieder einmal aus lauter Liebe zu ihr Rücksicht nahm, weil er spürte, dass es für sie jetzt wichtiger war, einfach nur in seinem Arm einzuschlafen, vollgepumpt mit dem Drecks-Interferon und einer Ladung Paracetamol gegen das Fieber.

Cedi nahm wieder beide Hände ans Lenkrad, parkte ihren schwarzen Golf rückwärts auf dem reservierten Parkplatz vor der noblen Wohnanlage in der Panoramastraße. Wie Bienenwaben hatten die Architekten in den Siebzigerjahren nüchterne, graue Betonschuber in den Hang gegraben, Zwei- bis Vierzimmerappartements für den gehobenen Mittelstand mit Traumblick auf die Stadt gebaut. Hier wohnte sie seit neun Monaten in Wernhers Dreizimmerappartement und hierhin würde sie zurückkehren, wenn sie in Spanien ihre Mitte wiedergefunden hatte. Eigentlich wusste Cedi gar nicht so genau, was sie in Galizien sollte. Sie hoffte aber, dass es ihr am Meer besser gehen würde als hier in der bald hochsommerlich stickigen Stadt, und sie freute sich auf ihre Tante, die sie liebte, seit sie laufen konnte. Um das Reisebüro sorgte sie sich nicht, das würde ihre Freundin schon managen.

Und um Wernher brauchte sie sich überhaupt keine Sorgen zu machen. Er hatte vor ihr sieben Jahre lang keine Frau gehabt und war so stolz, mit einer Sechsunddreißigjährigen zusammenzuleben, dass er brav auf sie warten würde. Und er liebt mich wirklich, dachte sie. Ihr Blick fiel auf das Bild von Claude, das in einem schlichten Rahmen aus mattiertem Silber mit Klebstreifen am Handschuhfach befestigt war. Urplötzlich stiegen ihr Tränen in die Augen, ihr Magen ballte sich zusammen.

»Drecksgift, elendes.« Cedi brüllte die Windschutzscheibe an.

Theresa

»Courage, courage, c'est dur, hein.«
Thesen versuchte, die Stimme zu orten, die ihn schrill aus einer Art Trance herausriss. Aber sobald er den Kopf auch nur leicht hob, liefen ihm Sturzbäche von Schweiß über die Stirn in die Augen. Er zwang sich, trotzdem aufzuschauen, seit etwa einer Dreiviertelstunde hatte er nur seinen eigenen rasselnden Atem gehört und das nervöse Fiepen seines Pulsmessers, den er schließlich abgeschaltet hatte. Seine Augen ruhten starr auf Theresas Waden, er hatte sich befohlen, auf jeden Fall dranzubleiben. Theresa vor ihm trat gleichmäßig, kräftig und mit einer faszinierenden Eleganz in die Pedale. Es sah so leicht aus, wie sie das Asphaltband auf den Mont Ventoux hochkletterte, rhythmisch, souverän, ihre Beine eins mit der gut geölten Maschinerie aus Kette und Zahnkränzen aus dem Hause Campagnolo. Schon seit einer halben Ewigkeit kurbelten sie im kleinsten Gang nach oben, hatten aber erst acht der einundzwanzig Kilometer geschafft.

»C'est dur, hein.«
Thesen hob schließlich doch den Kopf, ignorierte das Brennen in seinen Augen. Am Straßenrand, direkt unter einer alten, knorrigen Kiefer, parkte ein Wohnmobil mit belgischer Nummer. Die Hinterräder auf Rampen, sodass das fahrende Schlafzimmer einigermaßen gerade stand, träge wie ein fetter Käfer, der sich in der Augustglut sonnte. Die Stimme gehörte einem kleinen Mann mit ziemlich rotem Kopf, auf dem ein lächerliches und viel zu kleines weißes Hütchen thronte. Seine Füße steckten in weißen Tennissocken und schwarzen Sandalen.

»Courage, Madame«, bellte Hütchen und prostete den beiden mit einer Büchse Heineken zu. Thesen rang sich ein Lächeln ab, straffte seine müde Muskulatur und wäre beinahe Theresa ins Hinterrad gefahren. Typisch Mann, dachte er, Theresa ignoriert den Sack, aber ich will natürlich zeigen, dass ich noch supertoll drauf bin. Er wunderte sich, was um alles in der Welt einen Menschen dazu bewog, sein Wohnmobil am Rand einer Passstraße zu parken und Radler zu beobachten, die sich einer völlig sinnlosen Schinderei hingaben. Er versuchte, wieder seinen Rhythmus zu finden und vor allem

Theresa nicht zu verlieren. Treten, treten – einatmen – treten, treten – ausatmen – treten, treten …

Am Abend vorher hatte er sich noch auf den Ventoux gefreut. Einundzwanzig Kilometer, knapp siebzehnhundert Höhenmeter Differenz, hinauf aus der hitzeflirrenden provenzalischen Ebene in die windumtoste, einsame Steinwüste des hässlichen Felsbrockens unweit von Carpentras. Theresa und er saßen auf unbequemen Gartenstühlen an einem wackeligen runden Metalltisch auf der Terrasse des »Rascas« auf dem Marktplatz von Bedoin. Von den Feldern, die den Ort umschlossen, wehte im warmen Abendwind schwerer Lavendelduft über den Platz. Der Wirt brachte den Loup de Mer mit provenzalischem Gemüse und feinem Kartoffelgratin. Wenn Thesen sich bückte und unter dem Blätterdach des Marktplatzes nach Norden blickte, sah er die Flanke des Ventoux grellweiß in der Abendsonne strahlen. Der Riese lag freundlich inmitten der umgebenden Landschaft, die spitze Antenne, die das französische Militär auf dem Gipfel in fast zweitausend Metern Höhe montiert hatte, wirkte fast zum Greifen nah, der Weg dorthin alles andere als besonders schwer. Thesen trank noch einen großen Schluck Picpoul de Pinet, einen hervorragenden Weißen aus dem Languedoc, den ihm der Wirt zum Fisch empfohlen hatte. »Wir machen hier leider nur einen guten Rosé«, hatte der dicke Küchenchef mit der fleckigen Schürze zugegeben. Thesen bestellte schon nach der Vorspeise eine zweite Flasche, die er fast alleine leerte. Theresa hatte nur gelächelt, zwei Karaffen Wasser getrunken, auf die Straße gedeutet und gesagt: »Morgen ist Showtime, Monsieur.«

Ich bin zu schwer, klagte Thesen still, fünfundsiebzig Kilo sind zu viel für so einen elenden Drecksberg, zu viel für fast siebzehnhundert Höhenmeter am Stück. Die elektronische Geschwindigkeitsanzeige auf seinem Tacho pendelte zwischen 10,9 und 10,4 Stundenkilometern. Eine Eidechse witschte zischelnd über die Straße. Mit der könntest du keine zehn Sekunden mithalten, dachte Thesen bitter. Er spürte keinerlei Lust an der Last, quälte sich nur in der Hitze. 27 °C hatte es morgens kurz nach zehn, und dabei waren sie schon über tausend Meter hoch. Und kein kühler Wind am stürmischen Ventoux, dachte er. Thesen horchte in sich hinein, suchte krampfhaft nach einer kleinen Spur dieses Hochgefühls, das sich manchmal bei einer großen Anstrengung einstellt, das einen urplötzlich mit Allmacht vollpumpt und immer weitertreten lässt, obwohl die Akkus längst alle rot blinken. Er fand nichts. Vor zwei Jahren hatte er das »Runner's High« am Tourmalet in den Pyrenäen erlebt. In La Mongie, fünf Kilometer unterhalb der Passhöhe, wollte er schon absteigen, sein Rad in einen Graben werfen und nie wieder in einen Sattel steigen, doch von einer Sekunde auf die andere war der Schmerz weg gewesen, als ob ein Schalter einfach umgelegt worden wäre. Von da an lief es locker, und erst als er oben abstieg, merkte er, dass seine Beine zitterten und dass ihm vor lauter Anstrengung das Blut aus der Nase schoss.

Komm schon, bleib' dran, befahl er sich alle zwanzig Sekunden. Thesen wusste, dass er so nie ins Flow kommen konnte. Am Tourmalet war er allein unterwegs gewesen, hatte einen Rhythmus getreten, der ihn seine Grenze spüren ließ, ihn aber nicht überfordert hatte. Heute fuhr er mit Theresa und er versuchte, ihr Tempo zu halten. Das war der Fehler, niemand konnte anderthalb Stunden über seinem Limit fahren, niemand. Aber er wollte partout nicht kneifen, wollte ihr nicht eingestehen müssen, dass sie sich leichter tat am Berg als er.

Minuten später rollten sie am Chalet Reynard aus dem schützenden Wald. Thesen spürte augenblicklich die Hitze, die der Asphalt abstrahlte. Hier war es noch einmal fünf Grad wärmer, mindestens. Nur noch sechs Kilometer bis zum Gipfel, aber sein Widerstand brach innerhalb einiger Sekunden.

»Theresa, nimm bitte ein bisschen raus«, hörte er sich keuchen, »ich bin total platt.« Theresa nickte nur, auch sie fuhr hier nicht spazieren. Sie nahm ganz langsam Kraft aus ihrem Tritt. 8,9 zeigte plötzlich der Tacho, Thesen fühlte, wie sein viel zu schneller Puls allmählich vom Hals in den Körper zurücksank, sein Tritt wurde gleichmäßiger, das Ziehen in den Oberschenkeln erträglicher, und endlich hatte der Ventoux ein Einsehen, schickte kühlen Wind über die schier endlose Felswüste, durch die sich nur das schwarze Asphaltband nach oben schlängelte. Den Rest der Strecke fuhren sie nebeneinander her, Theresa ließ Thesen das Tempo machen, sie spürte keinen Ehrgeiz, ihn abzuhängen, obwohl sie es gekonnt hätte. Zwei Kilometer vor dem Gipfel rollten sie am Simpson Memorial vorbei, einem Gedenkstein für einen englischen Radprofi, der hier am 13. Juli 1967 bei der Tour de France in Führung liegend kollabierte und einige Stunden später in der Klinik in Carpentras starb. Wahrscheinlich hat er nicht mal viel gespürt, dachte Thesen, der Kerl hatte schließlich einen ganzen Cocktail an Dopingmitteln intus, das hält bei Hitze nicht mal das stärkste Herz aus.

Thesen fühlte sich wieder besser, nach der letzten Kehre ließ er sich hinter Theresa zurückfallen, sie sollte als Erste ins Flache rollen, weil sie heute die Stärkere war. Theresa verstand nicht viel von Radlerritualen, spürte aber, dass diese Geste irgendeine typisch männliche Ehrbezeugung war und nahm sie emotionslos zur Kenntnis. Oben sanken sie sich lange in den Arm, wie in Oslo und doch anders. Sie küssten sich ihre verschwitzten Gesichter und nahmen sofort die Abfahrt auf der Westseite nach Malaucène unter die Räder. Beide hatten keine Muße für einen Blick gen Westen ins Rhonetal oder nach Süden über die Hügel der Provence. Sie wollten schnell zurück ins Hotel nach Vaison-la-Romaine. Vier Tage für sich zu haben war für zwei Alleinerzieher eine große Gnade, jede Minute war kostbar und eine Nacht, in der keiner um fünf Uhr morgens heimlich das Bett verlassen musste, bevor die Kinder aufwachten, hatten sie bisher erst einmal gehabt. Und das war gestern gewesen.

Vor zwei Monaten war sich Theresa Küpper ziemlich sicher gewesen, einen weiteren Sommer als Single mit zwei Kindern verbringen zu müssen. Am Abend nach dem Treffen am See mit Thesen und seinem Sohn hatte sie Tine und Paul ziemlich eilig abgefüttert und um halb sieben ins Bett gesteckt. Danach hatte sie sich eine Flasche Corona aus dem Kühlschrank geholt, ein Achtel Zitrone in den Hals gestopft, sich in ihren Ikea-Liegesack gerekelt und das Telefon beobachtet. Das mexikanische Bier war so ziemlich die einzige Konzession, die Theresa dem Zeitgeist machte. Seit sie vor einem Jahr das leichte Bier auf einer langweiligen Gartenparty ihres langweiligen Chefs getrunken hatte, war sie fast süchtig und zahlte anstandslos zwei Mark im Supermarkt für ein einziges Fläschchen.

Wunschgemäß klingelte das Telefon, am anderen Ende war aber Richard Welzmann, der stellvertretende Leiter des Lokalressorts beim »Tagblatt« und damit einer ihrer Chefs.

»Hör mal, Tesa«, röhrte Welzmann jovial, »ich weiß, du hast heute frei, aber hast du in einer Stunde schon was vor?«

Theresa konnte Welzmann nicht leiden, weil er nie gleich sagen konnte, um was es ging, weil er sie gegen ihren Willen meistens Tesa nannte, weil er immer gern mit seinen Händen sprach, zumindest mit ihr, und weil er ganz einfach ein öliger Kotzbrocken war, der zudem meistens auch noch schlecht roch.

»Keine Zeit heute, Welzi«, flötete sie – sie wusste, dass er Welzi nicht mochte – »ich habe niemanden für die Kinder und mein Bruder ist schon wieder weg.«

»Gar nicht gut, wirklich gar nicht gut«, knurrte Welzmann, »Mommsen hat sich gerade auf der Treppe den Knöchel verstaucht und jetzt habe ich niemanden, der heute Abend in den Gemeinderat geht. Die diskutieren heute über die neue Umgehungsstraße, das ist wichtig, da kann ich nicht den Volontär hinschicken, zumal der noch über den Polizeimeldungen sitzt. Überlege es dir, da sind locker hundertzwanzig Zeilen für übermorgen drin.«

»Sorry, ich kann wirklich nicht, versuch's doch mal bei Jens.«

»Na, du musst es ja haben«, sagte Welzmann und legte grußlos auf.

Recht hat er, dachte sie, eigentlich kann ich es mir als freie Journalistin wirklich nicht leisten, auf leicht verdiente hundertzwanzig Mark zu verzichten. Theresa arbeitete als eine von zwei festen Freien im Lokalressort des »Tagblatt«. Sie verdiente nicht üppig, aber sie kam klar und konnte sich vor allem ihre Zeit gut einteilen. Samstag und Sonntag klapperte sie Termine ab, für die ihre fest angestellten Kollegen nicht ihr Wochenende opfern wollten. Montag, Dienstag hatte sie frei, Mittwoch und Donnerstag arbeitete sie in der Redaktion, redigierte Texte und produzierte Seiten. Tine und Paul waren einen Tag bei Theresas Mutter und mittwochs bei Tines Oma Emma. Die Mutter von Thomas war in Ordnung, sie kümmerte sich auch um Paul. Freitags schrieb Theresa zu Hause ihre persönliche Wochenendkolumne für die Familienseite. Die Rubrik war eine Idee von Lokalchef Weber und brachte noch mal zweihundert Mark brutto mehr pro Woche. Vor gut einem Jahr hatte Theresa in der Samstagsbeilage etwas über die Nöte von alleinerziehenden Frauen geschrieben, mit lockerer Feder und ohne Selbstmitleid. Weber hatte das gefallen und er nahm sie auf seiner alljährlichen Gartenfete auf die Seite. »Machen Sie aus der Story doch eine Serie, Sie haben eine sehr leicht lesbare Schreibe und das Thema betrifft doch immer mehr Frauen«, schlug er ihr vor. Seit diesem Tag hatte Theresa Küpper eine Kolumne und trank im Sommer Corona. Der schmierige Welzmann wollte als Titel »Tesas Welt«, sie einigten sich aber auf »Küppers Woche« mit einem Bild von ihr, was am Anfang für Neid bei manchen Kollegen gesorgt hatte. Mit Foto wurde im »Tagblatt« sonst nur der Autor des Leitartikels vorgestellt, und Promikoch Rendsmann, wenn der alle vierzehn Tage seine Weintipps im Blatt hatte.

Über fünfzig Folgen, jede so um die hundert Zeilen, hatte Theresa seither geschrieben, langsam gingen ihr die Ideen aus, aber bis Ende des Jahres wollte Weber die Serie noch am Leben halten. Bis vor ein paar Wochen hatte sich Theresa noch auf die Freitage gefreut. Während die Kleinen im Kindergarten waren, fuhr sie drei Stunden Rad, danach saß sie mit Genuss und einem Glas Wein an ihrem PC und ließ sich einfach treiben. Hundert Zeilen in neunzig Minuten. Manchmal konnte sie gar nicht so schnell tippen, wie ihr die Worte einfielen. Jetzt fing sie schon dienstags an, sich ein Thema zu überlegen, aber sie fand mehr und mehr, dass sie eigentlich durch war mit dem Alltag einer alleinerziehenden Berufstätigen. Langsam fiel ihr nichts mehr ein.

Vielleicht schreib' ich mal was darüber, dass man als Frau alles zwei- und dreifach zu einem Badeausflug mitnehmen muss, wenn sich ein Mann mit Kind dazugesellt, weil der nur mit Handtuch und Geldbeutel anrückt, dachte sie und beobachtete weiter das Telefon. Wenn er jetzt nicht bald anruft, hätte ich auch zu dem Termin gehen können, sagte sie zu sich selbst, Ines aus dem zweiten Stock hätte sich für einen Zwanziger hier vor die Glotze gesetzt, wäre immer noch ein Hunderter für mich gewesen.

Sie wusste genau, dass sie sich verknallt hatte. Schon in Norwegen. Dass sie im Ziel in die Hose gemacht hatte, war aber nicht geplant gewesen und hatte mit Thesen nichts zu tun. Sie hatte ihn sofort wiedererkannt, obwohl er ziemlich zauselig dreinblickte. Männer mit Radhelm hatten auf Theresa normalerweise die erotische Ausstrahlung einer Bahnschranke und sie war nach gut zweihundert Kilometern auch schon müde. Trotzdem fühlte sie sich beinahe euphorisch in seiner Nähe und war froh, dass die Frau in seiner Gruppe ganz offensichtlich zu dem andern Typen gehörte.

Vor zwei Jahren hatte sie ihn zum ersten Mal gesehen. Theresa hatte auf der rutschigen Kellertreppe eine Stufe übersehen, war mit dem linken Fuß hängen geblieben und hatte sich dabei das Knie verdreht. Jetzt lag sie auf einer Trage in der Notaufnahme. Thesen kam herein, in der linken Hand trug er Röntgenbilder.

»Tag, Herr Doktor.«

»Thesen, ich heiße Thesen, meinen Doktortitel habe ich kurz nach der Verleihung vergessen, obwohl das noch gar nicht so lange her ist.«

Er gab ihr die Hand. Warme, kräftige, trockene Hände, dachte Theresa – leider mit Ring.

»Das Röntgenbild sieht eigentlich ganz gut aus, ich möchte mir das Knie trotzdem mal anschauen, vielleicht müssen wir noch zum Kernspin. Wenn Sie bitte mal Ihre Hose ausziehen könnten.«

Nicht schon wieder, dachte Theresa, sie trug einen superengen String, schon der Radiologe vorhin hatte seine Augen regelrecht unverschämt über sie hinweggleiten lassen. Der Mann, der ungewöhnlicherweise nicht mit Doktor angesprochen werden wollte, obwohl die ganze Welt Menschen in weißen oder grünen Kitteln so titulierte, hatte aber nur Augen für ihr lädiertes Knie. Er fingerte in ihrer Kniekehle, bewegte sanft das leicht angeschwollene Gelenk, drehte ihren Fuß nach links und rechts und schien mit seinen Fingerspitzen fühlen zu wollen, ob alle Funktionen in Ordnung waren. Thesen arbeitete schnell und stumm. Theresa meinte, durch seine Finger spüren zu können, dass der Mann unter Dampf stand.

»Ich kann nichts finden«, sagte er plötzlich, »was nicht heißt, dass nicht vielleicht doch der Meniskus leicht eingerissen ist. Packen Sie so viel Eis wie Sie aushalten auf das Knie, bis es abgeschwollen ist. Sollte es übermorgen immer noch dick sein und sich nur so wenig bewegen lassen wie jetzt, müssen Sie noch einmal kommen. Haben Sie Schmerzen?«

»Ein bisschen schon.«

»Ich schreibe Ihnen etwas auf, das Rezept liegt dann vorne am Empfang. Das Mittel wirkt auch abschwellend, nehmen Sie das Zeug aber nicht zu lange, das ist nicht gut für den Magen. Fragen?«

Theresa wollte gerade »Nein« sagen, aber Thesen hatte schon ihre Hand genommen, schüttelte sie stumm, drehte sich schnell um und rannte fast aus dem Raum. Zurück blieb nur ein leichter Geruch nach kliniküblichem Handwaschmittel. Theresa hätte gerne mehr über den nervösen Mann mit den warmen Händen gewusst, aber da fiel ihr wieder der Ring ein. Das Knie war nach zwei Tagen wieder in Ordnung.

Gut zwei Jahre ist das jetzt her, dachte sie, und nun ist der Ring weg. Das Telefon schwieg weiter, ihre Laune wurde auch durch ein zweites Corona nicht besser. Theresa Küpper musste sich eingestehen, dass der Ritchie-Effekt, wie sie es nannte, wieder da war. Zum zweiten Mal in ihren Leben fühlte sie sich wie magisch angezogen von einem Mann. Sie wollte kein Candle-Light-Dinner, keine wochenlange, romantische Annäherung an den Herrn Doktor, der nicht Herr Doktor sein wollte, sie wollte keine stundenlangen Gespräche in einem Café, in denen jeder nervös abtastete, mit welcher Eigenschaft er denn vielleicht glänzen könnte und die mit Magenschmerzen vom vielen Kaffee endeten. Theresa wollte schlicht ins Bett mit dem blonden, schlanken Mann. Johannes Thesen wäre einfach das perfekte Verhältnis. Der Mann hatte sein Leben offenbar im Griff, er hatte ein Kind, wollte also sicher nicht gleich bei ihr einziehen oder sie, treudoof ewige Liebe schwörend, schwängern, und er war einer, der wie sie süchtig war nach körperlicher Grenzerfahrung. Hoffentlich nicht nur im Sattel, dachte sie, aber er ruft ja nicht einmal an.

Auch am nächsten Tag keine Reaktion. Als Theresa aus der Redaktion nach Hause kam, stand immer noch die Null in der Anzeige des Anrufbeantworters. Da starrte sie nun, tropfnass vom Regen, auf die blöde gelbe Null, während sich um ihre Füße eine Pfütze auf dem alten Parkett bildete. Aber ich rufe ihn garantiert nicht an, er hat gesagt, er meldet sich. Fast mechanisch kümmerte sie sich um die Kleinen, die von Theresas Mutter gebracht wurden. Sie wollte nicht dauernd Pauls wackelnden Zahn sehen und versprach sich abends beim Vorlesen der zwei Seiten Sams mindestens zwanzigmal.

Um kurz nach zehn klingelte das Telefon. Thesen war dran.

»Kann ich dich noch stören?« Er wartete gar nicht auf eine Antwort. »Du, bei mir war die Hölle los, ich muss dir das irgendwann mal erzählen. Ähh, bist du noch gut heimgekommen vom See?«

»Ja.«

»Ziemlich blödes Wetter heute, was? Ich wollte heute Abend noch ein bisschen Rad fahren.«

»Ich nicht.«

»Warum, geht's dir nicht gut?«

»Nein, seit zwei Tagen sitze ich vor dem Telefon und warte, dass du endlich anrufst.« Theresa machte eine Pause und holte tief Luft.

»Ich wollte eigentlich auch nur sagen – ich will ins Bett mit dir. Normalerweise kann ich Männern so was nicht direkt ins Gesicht schleudern, schon gar nicht am Telefon, aber jetzt ist es halt so, vielleicht kann ich nun endlich wieder in Ruhe essen und schlafen. Ich will dich übrigens so bald wie möglich sehen und dann will ich nicht über Kinder, Rad fahren oder meine Ex-Männer mit dir reden.«

Thesen schluckte hörbar, schwieg sekundenlang. Dann hörte er sich sagen: »Äh, kannst du gleich kommen?« Du dämlicher Hund, dachte er.

»Nein, kann ich nicht, ich habe keinen Babysitter.«

Sie verabredeten sich für übermorgen Nachmittag bei ihr. Thesen würde Claude zu seiner Schwester Marga bringen, Theresa ihre Kleinen zu einer Freundin.

Thesen legte auf, seine Hand zitterte heftig, als er sich eine Zigarette anzündete. Er hatte eine Gänsehaut, fühlte sich euphorisch, schrie aus Leibeskräften »yeah, yeah, yeah«, bis Hrubesch jaulend vor ihm stand. Doch je näher der Termin rückte, desto mehr bekam er Angst. Was ist das für eine Frau, die dich zum Vögeln einlädt und dich danach nicht einmal mehr anruft? Am Samstag Vormittag hoffte er insgeheim, dass Nidernbühl ihn zu einer dringenden OP abkommandieren würde. Aber die Klinik rief nicht an.

Die sieben Kilometer zu Theresa fuhr Thesen mit dem Rad, aber langsam. Verschwitzt sein wäre jetzt das Letzte, dachte er, aber schon nach hundert Metern drückte ihm der Schweiß aus allen Poren, wohl eher aus Nervosität. Seiner Schwester hatte er gesagt, dass Nidernbühl ihn zu einer Sommerparty eingeladen habe, dass es wohl spät werden würde und Claude am besten bei ihr übernachten solle. Er hatte Claude den schnarchenden Bären in die Tasche gestopft und hoffte inständig, dass ihn sein Sohn bei der Tante vergessen würde. Hrubesch war mit Cedi auf dem Weg nach Spanien. Sie wollte nicht ganz allein sein, Werner würde sie nur am Ende der Ferien besuchen, Cedi wollte das so. Thesen war nicht besonders traurig über die Aussicht, drei Monate lang nicht jeden Morgen eine halbe Stunde mit dem kleinen Kerl über die Felder ziehen zu müssen. Er hatte nur darauf bestanden, dass Cedi Hrubesch jeden Tag seine Vitaminpille geben müsse, weil sich der Köter einseitig ernährte. Später ärgerte er sich, eine gesundheitlich schwer gebeutelte Frau, die sich Tag für Tag Gift spritzen musste, mit einer derartigen Bagatelle belästigt zu haben.

Thesen radelte betont langsam, normalerweise wurde er im Sattel immer ruhig, Rad fahren war für ihn Entspannung pur. Aber heute war das anders, ganz anders. Vor dem Südportal des Hauptbahnhofs baute gerade eine mobile Blumenhändlerin ihren Stand ab.

Soll ich noch kurz anhalten? Blumen sind immer gut, dachte Thesen, fand es aber albern, zu einem derart eindeutigen Date mit einem Strauß in der Hand aufzukreuzen. Das typische Rosenhändler-Dilemma. Du kannst es nur falsch machen. Schickst du in der Kneipe den armen Inder mit seinen mickrigen holländischen Gewächshausrosen mit einem gelangweilten Kopfschütteln weiter, wirkt das geizig (der arme Kerl), stur und am Ende hätte sie es eben doch gerne gehabt; kaufst du welche, bist du als Spießer enttarnt. Außerdem, wie viele nimmt man? Eine ist popelig, fünf spießig, neun wieder protzig. Selbst Mercedes, sonst eine Institution in Stilfragen, hatte ihrem Mann nie bei seinem Rosenhändler-Problem helfen können. Nicht mal sie kannte den Königsweg. Aber heute, da war sich Thesen doch sicher, war kein Tag für rote Rosen.

Was war das überhaupt für ein Tag? Die Sonne war zurück, brannte seit gestern erbarmungslos. Der Juli stand kurz vor der Tür und jetzt schon war der Rasen im Stadtpark an den nach Süden geneigten Hängen mit gelb verbrannten Stellen durchsetzt. Thesen fühlte sich elend, sein Magen drückte, er hatte einen furchtbaren Geschmack im Mund, obwohl er sich nach seiner letzten Zigarette dreimal die Zähne geputzt hatte und schon die zweite Odol-Pastille in den Mund schob. Wie soll das jetzt gehen? Tür auf, hallo, hier bin ich, und gleichzeitig an der Radhose nesteln? Er konnte sich nicht erinnern, schon einmal in seinem Leben derart direkt zum Sex aufgefordert worden zu sein, zumindest nicht beim ersten Mal.

Er bremste hart, er hatte die Orientierung verloren. Wo muss ich hin? Mozartstraße 42, erinnerte er sich, er stand vor Nummer 76. Langsam rollte er zurück, Nummer 42 war ein Bürgerhaus aus den Zwanzigerjahren, fünf Stockwerke, Theresa Küpper wohnte im dritten Stock. Thesen stellte sein Rad in den langen Hausflur, direkt unter das »Kinderwagen und Fahrräder abstellen verboten«-Schild, und stieg langsam die knarzende Holztreppe nach oben. Es roch nach Bohnerwachs, sein Mund war so trocken wie das alte Holz unter ihm. Theresa stand in der Tür. Barfuß, Jeans, weißes T-Shirt. Ihre Augen flackerten nervös. Als er die letzten Stufen genommen hatte, ging sie zwei Schritte rückwärts, die Tür war frei.

»Hallo, komm rein.«

Thesen atmete hörbar aus: »Puh, gutes Training hier rauf, wie viele Stufen sind das?«

»Zweiundvierzig, aber pass auf, ich muss dir sagen, das mit vorgestern, also, normalerweise bestelle ich mir keine Männer ins Haus.«

»Ich auch nicht«, konterte Thesen.

Theresa lachte, schüttelte ihre rotblonde Mähne. Thesen bückte sich, nestelte an seinen Schuhen herum, kniete schließlich auf dem Boden, weil er natürlich die Schleife zu einem Knoten festgezurrt hatte. Als er aufblickte, stand Theresa dicht vor ihm. Alles war ganz leicht, ohne Scheu, als sei es nie anders gewesen. Thesen legte sein Hände auf ihre Hüfte, schob ihr das T-Shirt hoch und steckte seine Zunge in ihren Bauchnabel. Er spürte, wie sie sich ihm entgegendrückte, sie stöhnte leise, zog sich ihr T-Shirt über den Kopf.

»Was machst du da«, hauchte sie.

Thesen hatte keine Ahnung, er spürte Theresas Hände an seinem Hals, wie sie ihn sanft, aber bestimmt zu ihrem Mund zog. Sie zeigte ihm den Weg zum Bett, zog ihm die Radklamotten aus. Er nestelte umständlich an den Knöpfen ihrer Jeans.

»Magst du Musik?«, fragte sie plötzlich.

»Jetzt nicht.«

Danach redeten sie lange kein einziges Wort mehr.

Freddie Mercurys Stimme schwang sanft durch den Raum: »Who wants to live forever«. Ich, dachte Thesen und schnüffelte selig am Kopfkissen. Er lag allein in dem warmen Futonbett, Theresa wollte etwas zu trinken holen. Sie geht nicht duschen, dachte er zufrieden, obwohl sie nach dieser Stunde wirklich allen Grund dazu hätte. Ich mag, wie du riechst, hatte sie ihm vorher ins Ohr gehaucht. Auch Thesen konnte sich an ihr besoffen schnüffeln.

»Das ist mein schönster Tag seit fünftausend Jahren«, brüllte er in den leeren Raum.

»Meiner auch«, kam es zurück.

Thesen nahm mit Karacho die letzte Linkskurve vor dem Marktplatz in Malaucène, bremste und stellte sein Rad an einer Hecke ab. Auf steifen Beinen wackelte er ins Café du Sport, bestellte zwei große Wasser »et deux pression«. Theresa würde wohl noch zwei, drei Minuten brauchen, bergab hatte sie keine Chance, auch wenn er sein Velo einfach nur rollen ließ. Frauen haben ein höheres Bewusstsein für sinnlose Risiken, auch deshalb leben sie länger, aber das war Thesen bei den einundzwanzig Kilometern bergab egal, obwohl er wieder keinen Helm trug. Er nahm schon mal einen Schluck Wasser und freute sich auf den Abend. Gut essen in Vaison-la-Romaine und dann eine ganze Nacht mit Theresa. Das Café du Sport füllte sich plötzlich. Ein Kleinbus mit Touristen aus Holland war gerade vom Gipfel gekommen, die Rentnerpärchen fielen schwatzend über die freien Tische her. Theresa war immer noch nicht da, Thesen machte sich Sorgen. Fünf Minuten, gut, aber ich bin schon fast eine Viertelstunde hier, hoffentlich ist sie nicht gestürzt. Er wollte gerade zahlen, ein Taxi suchen, vom dem er sich zurück in Richtung Gipfel chauffieren lassen könnte, als sie ums Eck bog. Theresa war sauer, nach der zweiten Kurve hatte er plötzlich seine Bremsen losgelassen, schon nach ein paar Sekunden war er verschwunden gewesen, einfach weg hinter der nächsten Biegung. Mit achtzig Sachen ins Tal, ohne Helm, und das Resthirn auf Stand-by geschaltet. Jetzt saß er einfach da und lächelte, wie ein kleiner Bub, den man gerade beim Äpfelklauen erwischt hatte.

»Wo andere ein Gehirn haben, ist bei dir ein Loch«, giftete sie, fläzte sich in den Korbsessel, trank mit großen Schlucken das schon leicht warme Bier. Theresa war nicht wirklich böse, insgeheim gefiel ihr, wie Thesen, der sonst keinerlei Machoallüren hatte, manchmal einfach nur ganz normaler Mann war und wie selbstverständlich Dinge tat, für die sie nicht verrückt genug war.

»Zur Strafe machst du es mir nachher ganz langsam, und zwar ohne deinen Schwanz. Der ist erst später dran«, sagte sie laut.

Thesen zuckte ein bisschen zusammen, beobachtete, wie eine Holländerin am Nachbartisch rote Backen bekam. Er widersprach nicht. Warum auch. Im Gegenteil, er fand, dass dies eine ganz großartige Idee war.

Am Roten Meer

Wie laut Stille sein konnte. Thesen hob den Kopf, versuchte, die Quelle des Rauschens in der Dunkelheit auszumachen, sah aber nur zwei Lichtkegel, die sich am östlichen Horizont langsam von Nord nach Süd bewegten.

Ein Lastwagen, dachte er, unglaublich, die Küstenstraße ist mindestens acht Kilometer entfernt und du hörst hier oben auf der Düne das Dröhnen des Diesels. Er streckte sich wieder in den warmen Sand, blickte in den funkelnden Himmel. Es waren seine letzten Stunden am Roten Meer, morgen früh würde er vier Stunden im klimatisierten Reisebus nach Norden fahren und gegen Mittag in Hurghada seinen Flieger zurück in den nasskalten deutschen November besteigen. Aber jetzt wollte er noch die Einsamkeit der Wüste genießen. Thesen hatte einen ägyptischen Animateur im Mövenpick Beach Resort bestochen, damit er ihn nachts mit dem Mountainbike ein paar Kilometer allein in die Wüste radeln ließ. Für zwanzig Mark riskierte der einzige Ernährer einer Fischerfamilie aus El Quesir seinen Job. Thesen war Magdi dankbar, wenigstens für ein paar Stunden wollte er das Land spüren, wie es war, weg vom Fünfsternenstandard mit dem gleichen Frühstücksbüfett wie in Berlin oder in London.

Für einen nervösen Städter fühlte sich die Ruhe der Wüste unheimlich an. Der Wind war eingeschlafen, nichts, kein Rascheln, nicht mal das leise Sirren eines Insekts, kein Zirpen, wie sonst am Meer. Die Wüste lag still, er hörte nur seinen eigenen Atem und dankte Nidernbühl für die vier Tage, die er alleine hier sein konnte. Die Klinik hatte 1995 ein sehr gutes Jahr gehabt, Thesens Chef seinen leitenden Angestellten deshalb ein verlängertes Wochenende am Roten Meer spendiert. Für den Freitag und den Montag hatten sie nicht einmal Urlaub einreichen brauchen. Die Klinik muss wirklich ordentlich Cash gemacht haben, dachte Thesen, der aber auch wusste, dass der Schweizer Pharmamulti, dessen sündhaft teures Knorpelschutzmittel Nidernbühl Jahr für Jahr in Hunderte von Kniegelenken spritzte, immer fünf Appartements im Beach Resort geblockt hatte. Nidernbühl musste als guter Kunde sicher nicht zweihundertvierzig Franken pro Tag zahlen, wie hinter Thesens Zimmertür angeschlagen war, das war sicher. Trotzdem eine nette Geste des Alten, dachte er.

Thesen war ohne die Kollegen geflogen, die erst in einer Woche kommen wollten. Einer von ihnen musste allein reisen, damit die Klinik, wenn die anderen in den Flieger kletterten, nicht völlig verwaist war. Ich brauche ein bisschen Ruhe, hatte Thesen gesagt, mir ist es ganz recht so.

Vier Tage hatte er faul in der immer noch kräftigen Novembersonne gelegen, war ein bisschen schnorchelnd am Hausriff entlanggeschwommen, barfuß über menschenleere Strände gewandert. Eine Stunde Richtung Süden, dann wieder zurück. Er traf keine Menschenseele, nur ab und zu knatterte in Ufernähe ein rotes Schlauchboot vorbei, in dem sich Taucher in schwarzen Gummianzügen drängten. Thesen beobachtete, wie das Boot plötzlich langsamer gegen die Wellen lief, schließlich antriebslos im Wasser dümpelte. Ein Schwarzmann nach dem anderen ließ sich rückwärts von Bord ins Wasser plumpsen, verschwand nach einem kurzen Okay-Zeichen an den Bootsführer im tiefen Blau. Das Boot fuhr in einem großen Bogen langsam in die Hotelbucht zurück. Für Thesen waren die Taucher seltsame Gesellen. Zweimal am Tag quälten sie sich in ihre engen Anzüge, banden sich fünf Kilo schwere Gürtel um die Hüften, schulterten noch schwerere Stahlflaschen und wackelten schwitzend in der glühenden Sonne über einen langen Steg ins Wasser. Wie Pinguine, die sich in der Wüste verirrt haben, dachte er, der blanke Stress.

Am ersten Abend hatte Thesen versucht, im Speisesaal einen Tisch für sich allein zu finden, was aber in der Urlauberkaserne nicht vorgesehen war. Schließlich tat er sich mit einem Schweizer Paar zusammen, das zumindest Ahnung vom Essen und vom Wein hatte. Thesen ging meist früh in sein Zimmer, weil er keine Lust darauf hatte, mit seinem sonnenverbrannten Lacoste-Pärchen über die Probleme von Golfplätzen auf dem Sinai zu diskutieren. Gestern Nachmittag war er durch den Ort Quesir geschlendert. Seitdem war ihm klar, dass die Leute in dem kleinen Hafenstädtchen am Roten Meer ganz andere Probleme hatten als die Bewässerung eines Golfplatzes.

Thesen setzte sich langsam auf, es war kühl geworden, Zeit, zurückzuradeln. Er hatte Magdi versprochen, vor zehn Uhr wieder da zu sein und der Mond, der ihm vorher den Weg durch den Sand erleuchtet hatte, war gerade untergegangen. Das einzige Licht kam vom Haupthaus des Hotels und war etwa eine halbe Radstunde entfernt. Lass dir Zeit, sagte Thesen zu sich, wenn du hier auf die Schnauze fällst, findet dich bis morgen früh kein Mensch. Und danach wahrscheinlich auch nicht.

Vorsichtig rollte er die Düne hinunter, versuchte, in seiner alten Spur zu bleiben. Der Sand, der in der mondlosen Finsternis wie schwarzer Staub dalag, war nicht einfach immer und überall Sand. Wo der Meereswind, der tagsüber heftig über die Dünen pfiff, ungehindert über den kargen Boden fegen konnte, waren die Körner zu einem harten Untergrund gepresst, im Windschatten fühlten sie sich dagegen wie Mehl an. Die Räder seines Bikes rollten mal leicht wie auf Asphalt und sanken in der nächsten Sekunde zentimetertief ein. Thesen kniff die Augen zusammen, versuchte, wenigstens ein paar Meter im Voraus den Weg zu sehen. Im Moment lief es leicht, er war wieder unten im Wadi und musste nur dem ausgetrockneten Fluss nach Osten folgen, dann würde bald die Küstenstraße auftauchen. Der Sand im Wadi war hart und rippig wie ein Waschbrett. Thesen fand sich schon damit ab, einige Male über den Lenker abzusteigen, bevor er zurück im Hotel war. Aber das war ihm egal – wer fährt schon nachts allein durch die Wüste mit dem Rad, dachte er, für das Erlebnis musst du halt ein paar Kratzer wegstecken.

Ein seltsames Geräusch riss ihn aus seiner Konzentration, wie ein alter, orgelnder Anlasser, dachte Thesen. Plötzlich flammten zwei Lichter etwa zweihundert Meter links von ihm auf, ein Motor jaulte, die hellen Punkte rasten auf ihn zu, verstärkt durch einen dritten, grellen Lichtkegel, der gerade etwas weiter oben entflammte und taghelle Halbkreise in den Sand malte. Der Kegel huschte über ihn hinweg, blieb stehen, schwenkte zurück, bis er den nächtlichen Radler erfasst hatte. Thesen war geblendet, strampelte wie wild, aber der Scheinwerfer folgte ihm. Sein Vorderrad geriet eine Handbreit neben die Piste, grub sich im Treibsand ein. Er flog über den Lenker, krachte auf die linke Schulter. Renn' weg, befahl er sich, aber er blieb liegen. Der große Scheinwerfer verharrte auf ihm, die kleinen Lichter kamen schnell näher. Thesen meinte, einen Motor zu hören, Stimmen drangen an sein Ohr, fremde Stimmen. Männer brüllten in einer Sprache, die er nicht verstand.

Ein Auto, ein Auto mit Suchscheinwerfer, dachte er, und sie kommen näher. Jäh wurde ihm bewusst, dass er alleine war, nur er und ein Mountainbike nachts allein in der Wüste, Kilometer entfernt von seiner hermetisch geschützten Urlauberkaserne, und das in einem Land, in dem Moslemfanatiker über sechzig Schweizer Touristen hingemetzelt hatten, wie es vor zwei Wochen in Luxor geschehen war. Thesen fühlte kalte Angst in sich hochsteigen, er bekam einen Kloß im Hals, das Atmen fiel ihm schwer und in seiner Schulter wühlte ein klopfender Schmerz.

Das Auto bremste, zwei Männer sprangen von der Pritsche des Toyota Pick-ups, der dritte blieb auf der Ladefläche und hielt weiter den Scheinwerfer starr auf den einsamen Radfahrer gerichtet. Die Männer kamen langsam auf ihn zu, schrien ohne Pause. Thesen wusste nicht, ob sie ihn oder sich gegenseitig anbrüllten. Er rappelte sich hoch, seine Schulter klopfte. Die Männer hielten Maschinenpistolen im Anschlag. Thesen ignorierte seine Schulter und hob die Hände, seine Knie zitterten, aber er blieb stehen. Die beiden standen nur noch ein paar Meter entfernt. Sie trugen Jeans. Jeans, Lederjacken, Turbane und schmale Sonnenbrillen. Der linke wechselte plötzlich in holpriges Englisch:

»What the fuck are you doing here? What's your name? Where do you come from?«

»Radfahren«, stammelte Thesen, »ich bin Urlauber, verstehen Sie? Tourist.«

»Von wo kommen Sie?«, fragte der andere plötzlich in gutem Deutsch.

»Mövenpick Beach Resort«, beeilte sich Thesen zu antworten, »Zimmer elfdreiundvierzig.«

»Was Sie hier machen, ist viel zu gefährlich.« Der Mann ließ sein Gewehr sinken, nickte seinem Kollegen zu, der ebenfalls den Lauf auf den Boden richtete und dem Mann mit dem Scheinwerfer ein Zeichen gab. Das grelle Licht erlosch, nur noch die Lichter des Pick-ups erhellten die Szene. Auf der geöffneten Beifahrertür las Thesen: »Hurghada Private Security, ltd.«

»Wir patrouillieren hier jede Nacht, damit die Urlauber an der Küste sicher sind, verstehen Sie? Was Sie hier machen, ist gefährlich, hier kommen manchmal Schmuggler und Wilderer vorbei. Und auch einige ganz normale Bürger, die aber keine Leute mögen, die tagsüber halb nackt am Strand rumlaufen und in kurzen Hosen durch die Moscheen trampeln. Wo haben Sie eigentlich das Fahrrad her, wer hat Sie nachts rausgelassen?«

Thesen versicherte, dass er sich das Bike einfach aus dem Radschuppen genommen habe und der Wachmann am Tor gerade nicht da gewesen sei, als er das Resort verließ. Zumindest das stimmte. Sein Gesprächspartner glaubte ihm offenbar kein Wort, sagte dazu aber nichts.

»Sind Sie verletzt?«

Thesen zog die Schulter hoch, hob langsam den Arm. Es tat weh, aber es ging.

»Nur eine Prellung.«

»Sollen wir Sie zurückbringen? Von mir aus können Sie den Rest des Rückwegs auch allein radeln, heute Abend ist es ruhig hier, es ist niemand unterwegs, nur ein paar streunende Hunde, aber die haben wir mit dem Lärm jetzt auch vertrieben.«

Ganz offensichtlich hatten die Herren von der Security keine Lust, einen in der Wüste umherirrenden Touristen abzuliefern. Wahrscheinlich waren die finster dreinblickenden Männer am Eingang des Resorts Kollegen, die

Ärger bekommen würden, wenn herauskäme, dass ein Gast ohne Abmeldung, einfach so, nachts die Hotelanlage mit einem Bike verlassen konnte.

Thesen drehte noch einmal seinen Arm, der Schmerz war erträglich. Das Rad hatte nichts abbekommen. Er nickte den beiden zu, stieg in den Sattel und fuhr los. Er fühlte sich elend, dachte an die Gewehre in seinem Rücken und betete, dass der Spuk endlich vorbei sein möge. Ein paar Sekunden später jaulte der Motor auf, die Scheinwerfer, die seinen Weg durch das Wadi gerade noch beleuchtet hatten, schwenkten nach links weg. Mit durchdrehenden Reifen verschwand der Pick-up wieder in die Richtung, aus der er gekommen war. Thesen sah nichts mehr, seine Pupillen hatten sich im gleißenden Scheinwerferlicht verengt, um ihn herum war alles schwarz. Er wartete, bis sich seine Augen ein bisschen angepasst hatten, und fuhr langsam auf die beleuchtete Kuppel des Haupthauses zu, die ihm vom Meer wie ein Leuchtturm zublinkte.

Zwanzig Minuten später rollte Thesen quer über die Uferstraße auf das Eingangsportal zu. Er passte höllisch auf und spähte links und rechts in die Nacht, da in Ägypten die meisten Autos im Dunkeln ohne Licht fuhren, obwohl die Fahrer dafür keine Erklärung hatten. Aber die Straße lag ruhig da. Der Wachmann in seinem hell erleuchteten Häuschen, das wie ein kleiner Turm neben dem Eingangstor stand, hörte laute, klagende Musik. Er blickte kurz in seine Richtung und sah dann starr auf die andere Seite. Wahrscheinlich haben ihn seine Kollegen angefunkt, dachte Thesen und radelte schnell die asphaltierte Hotelstraße entlang zum Radschuppen. Magdi wartete nervös und schien sichtlich erleichtert.

»Alles okay?«, fragte er.

»Ja«, log Thesen, »es war schön. Nur ein Licht wäre nicht schlecht gewesen.«

Er verließ den Schuppen durch den Hintereingang, den normalerweise nur die Angestellten benutzten. Er wollte duschen, sich umziehen und dann an der Bar noch ein Bier trinken. Im Zimmer wurde es ihm aber plötzlich speiübel, er musste sich übergeben, sein Kopf glühte und er hatte das Gefühl, seine Brust sei in einem Schraubstock eingespannt. Thesen trank eine Flasche Mineralwasser, setzte sich auf die Terrasse und blickte auf das schwarze Meer, das regungslos dalag. Langsam fühlte er die Kraft in sich zurückfließen. Nach einer Stunde ging er schlafen.

November

Theresa war mit allen dreien zum Flughafen gekommen. Thesen fröstelte, die Heimat empfing ihn dunkel, nasskalt, der November schob sich mit langen, kalten Fingern unter seine leicht gebräunte Haut, die immer noch ein bisschen nach Sonne und Salz roch. Er musste noch auf seinen Koffer warten, der mit Sicherheit als einer der letzten aufs Band gespuckt werden würde. Das war schließlich immer so, wie ein ehernes Gesetz, also sicher auch heute. Thesen winkte durch die gläserne Trennscheibe seiner Viererbande zu, die sich an der Zollbarriere aufgestellt hatte. Er freute sich auf alle, obwohl er vor nicht einmal einer Woche froh gewesen war, dem Alltag wenigstens kurz entwischen zu können.

»Sind das alles Ihre?«, fragte sein Nebensitzer aus dem Flugzeug, ein rundlicher Rheinländer Anfang fünfzig, der Thesen vier Stunden lang über den Wolken erklärt hatte, wie er mindestens zwanzig Prozent des Reisepreises vom Veranstalter zurückpressen würde, obwohl eigentlich alles in bester Ordnung gewesen war. Trotzdem hatte der Schmerbauch irgendwo in der sehr gepflegten Anlage einen Schimmelfleck fotografieren können. Der Mann präsentierte Thesen stolz eine Tonkassette, auf der das Bellen eines heiseren Hundes zu hören war. »Der streunte immer vor dem Haupteingang rum«, erklärte der Giftzwerg, der sich der Einfachheit halber als Heinz vorgestellt hatte, »dem habe ich das Mikro vor die Schnauze gehalten und der Köter hat tatsächlich wie blöde gebellt. Das verkaufe ich denen als nächtliche Ruhestörung.« Thesen hoffte bei allen Heiligen der Ärztezunft, dass die neue deutsche Pressermentalität nicht irgendwann auch die Patientenschar erreichen würde. Dann können wir dichtmachen, dachte er.

»Hallo, hier bin ich«, quengelte Heinz, »jetzt sagen Sie doch, gehören die Kleinen da draußen alle Ihnen?«

»Ja«, antwortete Thesen und verschluckte den Zusatz »warum?«, weil er keine Lust auf weitere Gespräche hatte.

»Ja, haben Sie denn keinen Fernseher zu Hause?« Die kleinen Äuglein von Heinz blitzten erwartungsfroh, aber sein Gegenüber blieb stumm.

»Mensch, haben Sie nicht verstanden? Das war ein Witz.«

»Doch, doch, wirklich sehr amüsant«, sagte Thesen, als zitiere er aus einem

Beipackzettel. Aber ihm war auch klar, dass dies alles andere war als ein Witz. Mit drei Kindern bewegte er sich im Deutschland vier Jahre vor der Jahrtausendwende bereits am Rande dessen, was einem noch so zugestanden wurde. Und Heinz war sicher auch so ein Arschloch, das in seinem Beschwerdebrief zwanzigmal das Wort »Kinderlärm« schreiben würde. Ein kleiner Rechthaber, Rabattschinder und Kinderhasser, dachte Thesen, der auch noch so aussieht, als sei er gerade aus einem Buch von Manfred Deix entsprungen. Hätten doch lieber mal deine Eltern vor dem Fernseher das Vögeln vergessen.

Thesen erlebte es als eine glückliche Fügung des Schicksals, dass sein Koffer doch unter den ersten auf das Band gespuckt wurde. Er nickte Heinz wortlos zu, drehte sich schnell um und eilte mit großen Schritten Richtung Ausgang.

Es tat gut, Theresa im Arm zu spüren, ihr Haar zu riechen, ihre Hände auf seinem Rücken. Aber Claude zupfte unentwegt an seiner Hose. Thesen wand sich sanft aus Theresas Arm und hob seinen Sohn hoch. Erst danach küsste er Tine auf die Stirn, die mindestens schon zwanzigmal »Papi, Papi« gerufen hatte. Tine schien die Zeit schon lange vergessen zu haben, als ihre Mutter allein lebte. Thesen hieß schon seit Monaten Papi, ihr Vater war zum Thomas geworden, ohne Onkel davor. Tines Vater störte das überhaupt nicht, wenn er alle paar Wochen mal vorbeikam. Er gehörte dann einfach für ein paar Stunden zur Familie. Und wenn er ging, winkte ihm Tine lachend nach.

Thesen gab Paul die Hand. »Hallo, Großer, alles im Griff?«

Paul nickte. »Hast du viele Fische gesehen?«

»Klar, Chef, komm, lasst uns nach Hause fahren, im Koffer habe ich Fotos. Einmal hab' ich sogar eine riesige Schildkröte beobachtet.«

»Wirklich, das will ich sehen.« Paul lächelte ihn an.

Thesen freute sich. Es war schon außergewöhnlich, dass Paul ihn etwas fragte, sich für etwas aus seiner Welt interessierte. Paul hatte niemanden mehr, zu dem er Papa sagen wollte. Als er mit Theresa und Tine vor über einem Jahr zu Thesen gezogen war, wurde ihm klar, das Tines Vater nicht seiner war. Der würde es ja wohl nicht zulassen, dass die Mami mit einem anderen Mann in einem Haus wohnte. Theresa erschrak, als Paul plötzlich nach seinem Vater fragte. In ihrer Not erzählte sie ihrem Sohn den üblichen Mist, der in diesem Fall gar nicht ganz falsch war, schließlich wusste nicht einmal sie, wo Ritchie war. Theresa erklärte Paul, dass sein Vater ganz weit weg in einem fernen Land lebe. Natürlich hatte Paul gefragt, warum, bis heute aber keine Erklärung erhalten, mit der er zufrieden sein konnte. Thesen war jedenfalls nicht sein Vater, deshalb sagte Paul auch nicht Papa. Und er hatte darauf bestanden, dass Thesen vor zwei Monaten nicht mit zu seiner feierlichen Einschulung ging. In seiner Klasse sprach er dagegen oft von seinem Papi, was er aber niemandem zu Hause erzählte.

Thesen spürte, dass Paul ihm nicht das bedingungslose Vertrauen schenkte, mit dem ihn Tine überschüttete, seit er ihr das abgebrochene Rad ihres Puppenwagens wieder in Ordnung gebracht hatte. Mit Paul war das nicht so einfach. Thesen fühlte die Distanz, dachte oft, dass man daran etwas ändern müsste, hatte sich auch schon etliche Male vorgenommen, seine Freundin Ines bei Pro Familia um Rat zu fragen, die ja Expertin in Patchwork-Fragen war oder zumindest vorgab, es zu sein. Letztlich war Thesen aber im Sturm der neuen Zeit einfach nur mitgetrieben worden. Und nach solchen kurzen, vertrauten Momenten war er sich sicher, dass auch Paul bald sein Sohn sein würde.

Sie lebten jetzt schon über ein Jahr zu fünft im Mühlenweg, in ein paar Wochen würde es die zweite Patchwork-Weihnacht im Hause Küpper/ Thesen geben. Thesen freute sich jetzt schon – Weihnachten war für ihn wichtig, er genoss das üppige Essen, den schweren Rotwein aus der Toskana, den Zimtduft aus der Küche. Thesen liebte einen echten Weihnachtsbaum, der nach Harz roch und den er wie jedes Jahr Anfang Dezember selbst im Wald schlagen würde. Er bestand auf einer Gans am ersten Weihnachtstag und auf dem Gang in die Kirche an Heiligabend, den er als eine Art Rückversicherung im Verhältnis zu seiner Religion wertete. Am 24. Dezember beruhigte er mit Millionen anderen auf der Welt sein schlechtes Gewissen und erklärte ganz still seinem Gott, warum er sich sonst das ganze Jahr über nicht bei ihm hatte blicken lassen.

Theresa nahm seine kindliche Feiertagsmarotte hin, für sie war die neue Weihnachtsseligkeit die kleinste Veränderung in ihrem Leben. Sie hatte zunächst nicht vorgehabt, mit Thesen unter einem Dach zu leben. Sie genoss die Stunden mit ihm vom ersten Moment an, mochte sich aber nicht einmal vorstellen, ihre kleine Oase in der Mozartstraße aufzugeben, in der sie sich eben erst arrangiert hatte. Aber sie wurde von Thesen rasend schnell eingenommen, auf eine Art, wie sie es noch nie erlebt hatte. Manchmal hatte sie das Gefühl, dass sie sich schon ewig kannten und auf der gleichen Welle durch das Universum glitten. Dabei fand sie Thesen genau genommen ziemlich spießig: ein Mann, der meistens nach Plan lebte, der nervös wurde, wenn sich eine Routine änderte oder er einmal fünf Tage lang nicht auf seinem Rad sitzen konnte, wobei sie diesen Punkt gut verstand. Ihr ging es schließlich nicht anders. Der Kerl mit dem akkuraten Tagesplan war aber auch in der Lage, sie aus einer Gemeinderatssitzung herausbitten zu lassen, nur um auf der Feuertreppe der Rathaus-Tiefgarage über sie herzufallen. Sex mit ihm war das Einfachste in ihrem Leben und das Spannendste. Die einzige Grenze im Bett war sein Notfall-Piepser. Theresa fragte sich oft, ob die Mädels in der Klinik nicht riechen konnten, von wo er gerade, ein bisschen zerzaust und atemlos, kam.

Aber es war ihr ziemlich egal, was die Leute dachten, und nach nur zwei Monaten war auch ihr Widerstand gegen ein gemeinsames Leben zu fünft gebrochen. Thesen hatte schon nach drei Tagen davon gesprochen. Theresa tröstete sich, dass sie das Leben mit diesem großen, komischen Jungen sicher im Griff hatte – auch wenn sie unter sein Dach schlüpfen würde. Zurück in die Mozartstraße konnte sie auch – die Wohnung gehörte ihr: Die 25 000 Mark, die Ritchie damals geschickt hatte, hatte sie als Anzahlung verwendet. Aus Vorsicht schloss sie nur einen Mietvertrag über zwei Jahre ab und suchte sich als Mieter einen alleinstehenden jungen Mann, dem sie im Notfall ohne innere Regung kündigen würde.

Auf der Rückfahrt vom Flughafen sprach Theresa wenig. Zu Hause fand Thesen einen Brief von Mercedes. Theresa deutete mit einem Stirnrunzeln auf das Kuvert. »Der kam gestern.« Thesen legte den zerknitterten Umschlag auf die Seite, dafür musste später Zeit sein. Cedi ging es schlecht, das wusste er, und Briefe schreiben war früher auch nicht ihre Sache gewesen. Die Therapie gegen ihre Hepatitis C hatte sie körperlich brutal angepackt, obwohl schon nach einer Woche das Virus aus ihrem Blut verschwunden war und sie die langen, quälenden zehn Monate danach das Interferon in dem Glauben spritzte, wieder gesund zu werden. Aber das half ihr nicht viel. Die Flucht nach Hause in den galizischen Sommer brach sie nach vier Wochen ab, weil sie nicht einmal lange Abendspaziergänge am Strand genießen konnte. Sie fühlte sich zu schwach für die Hitze eines spanischen Sommers. Mercedes nahm fast zehn Kilo ab, konnte kaum noch arbeiten und strapazierte Wernhers Nerven mit ungerechten Attacken. Alles für die Katz. Drei Monate nach Therapieende war die Bedrohung wieder zurück, einige Viren hatten das Giftjahr überlebt und vermehrten sich jetzt schneller denn je. Cedis Leberwerte, die signalisierten, wie viele tote Leberzellen in ihrem Blut schwammen, wurden seit einigen Wochen rapide schlechter. Thesen hatte auf ihren Wunsch hin die Akte eingesehen. Er verstand nicht viel davon, nur dass sie zur Klasse der Therapieversager gezählt wurde, bei denen ein weiterer medikamentöser Versuch nicht sinnvoll und dass sie aus momentaner medizinischer Sicht austherapiert sei. Punkt. Was für eine kalte

Sprache, dachte Thesen und versuchte, sich den Menschen vorzustellen, der das Wort »Therapieversager« in sein Diktiergerät genuschelt hatte. Wenig später hatte Thesen Cedi erklärt, dass sie jetzt vor allem absolut gesund leben müsse. Keinen Alkohol, keinen Stress, nichts, was ihre Abwehrkraft weiter schwächen könnte. Dann gäbe es Hoffnung, dass das Virus nicht die Oberhand bekäme, zumindest nicht so schnell. »Und wenn doch?«, hatte Cedi ihn gefragt. Er hatte lange geschwiegen, als Orthopäde war er es nicht gewohnt, furchtbare Wahrheiten auszusprechen, und die Frau mit dem mittlerweile scharf geschnittenen Gesicht und den dunklen, ängstlichen Augen war immerhin mal das Zentrum seines Lebens gewesen. Als »handhabbar« hatte er die Situation bezeichnet, um sie zu beruhigen, und sich augenblicklich über seine verfluchte, kalte, beschissene Medizinersprache geärgert. Und er hatte ihr für den Fall, dass das Virus ihr Lebergewebe zu sehr angreifen würde (mein Gott, was red' ich, dachte er auch dabei, aber soll ich sagen, dass die Drecksviren deine Leber einfach wegfressen?), immer noch die Chance einer Transplantation in Aussicht gestellt. Das sei zwar kein Spaß, aber die Erfolgsquoten seien sehr, sehr hoch. Immerhin lebten nach fünf Jahren noch achtzig Prozent aller Patienten. Thesen hatte Cedi in den Arm genommen und für ein paar Sekunden war eine ungeheure Wärme aus seiner Erinnerung in ihm aufgestiegen, das Gefühl war aber nach Sekunden abgeebbt, ohne dass er wusste, warum. »Wenn es eine schafft, dann du«, hatte er noch in der Tür zu ihr gesagt. Ausnahmsweise hatte er das auch gedacht. Cedi war stark, zumindest kannte er sie so. Allerdings musste sie rechtzeitig ein Spenderorgan bekommen, und das würde schwierig werden.

Jetzt lag der Brief da. Theresa war schon im Bett, sie wusste, dass er keine Geburtstagskarte bekommen hatte und ließ ihn allein. Seine Exfrau war für Theresa kein Thema, weil sie genau wusste, wo er stand. Thesen setzte sich auf seinen Diwan, zündete sich eine Zigarette an, obwohl er nicht mehr im Haus geraucht hatte, seit Theresa eingezogen war. Das Kuvert enthielt zwei fleckige Zettel mit dem Briefkopf ihres Reisebüros, eng beschrieben mit Cedis klassisch schöner Handschrift. Das Virus hatte gewonnen, Cedis Leber baute sich rasend schnell um, sie musste schon in der kommenden Woche zu Voruntersuchungen in die Klinik und hoffen, dass sie rechtzeitig ein passendes Spenderorgan für sie finden würden. Thesen las den letzten Absatz:

Lieber Johannes, ich habe lange überlegt, ob ich überhaupt weiterleben will, ob ich das Organ eines Toten in mir tragen möchte. Aber ich bin zu jung, um zu sterben, und ich habe gräßliche Angst vor dem großen,

*dunklen Nichts. Und ich möchte wenigstens noch sehen, wie Claude in
die Schule kommt.*

*Passt auf Euch auf, ich liebe Euch
Cedi*

*P.S. Komm bitte mit Claude noch einmal vorbei, bevor ich die Klinik
muss.*

Thesen spürte, wie ihn die Ruhe der Wüste verließ, Stiche quälten seinen
Magen. Er faltete den Brief langsam zusammen, steckte ihn langsam zurück
in den Umschlag, hoffend, dass die dunkle Zukunft gleich mit im Kuvert verschwinden würde. Theresa war noch wach.
    »Schlechte Nachrichten?«
    »Ja, aber jetzt nicht, bitte.«
    Thesen schlüpfte unter die Decke, vergrub sein Gesicht zwischen Theresas
Brüsten, sog ihren Geruch ein, wie immer, wenn er sich aus dem Alltag verabschieden wollte. Das Leben ist einfach nicht gerecht, dachte er.

Frohe Weihnachten

»Papa, ich will neben dir sitzen – dass das klar ist.«

»Kein Problem, Claude«, antwortete sein Vater.

»Ich aber auch, ich auch, ich auch«, quengelte Tine.

»Und ich neben Mama, und auf keinen Fall in der Nähe von dem Monster.« Paul deutete auf Claude.

»Arschloch, blödes«, kreischte Claude.

»Claude, Himmel noch mal, was soll das. Setzt euch hin und haltet endlich die Klappe!«

Thesen blickte nervös durchs schwülstig-rote Halbdunkel des Kinosaals. Niemand nahm in dem Geschiebe Notiz von ihnen, die Leute hatten ihre eigenen Probleme, zum Glück. Himmelkreuz, dachte er, woher kennt ein Vierjähriger solche Worte?

Sonntag vor Weihnachten, fünfzehn Uhr, der Saal flirrte von schrillen Kinderstimmen, ausverkauft. Lärmender Nachwuchs, sichtlich genervte Väter, Mütter mit zu Strichen zusammengezogenen Lippen, darunter einige dickhintrige Mamas mit Nerven wie breite Nudeln. Es roch nach Popcorn, nach klebriger Cola und nach konzentriertem Winterschweiß aus Männerachseln. In ein paar Minuten würden 101 Dalmatiner und Glenn Close über die Leinwand donnern und bei allen Kindern den Wunsch nach einem schwarz-weiß gefleckten Hund oder am besten gleich nach zehn oder hundert von ihnen auslösen. Und bald war auch noch Heiligabend.

Sie setzten sich, Reihe L, Sitze 17 bis 21. Claude ganz rechts, dann Thesen, links neben ihm Tine, die Theresa an ihrer Seite hatte. Ganz links dann Paul, der quer über die mühsam aufgebaute Sitzordnung Claude seine Faust zeigte.

»Wenn du das Popcorn alleine frisst, knall' ich dir eine.«

»Halt' endlich den Mund«, zischte Theresa, »jetzt ist gut, ja, auch für dich, Paul.«

Thesen massierte sich die Schläfen. Er schwitzte in seinem viel zu dicken Norwegerpulli, wusste nicht, wohin mit seiner Winterjacke, die er auch noch dabeihatte. Immer wieder knüllte er die flauschigen Daunen, bis er die Jacke schließlich zu einem kompakten Ei verdichtet hatte, das er auf seinen Schoß presste. In zwei Stunden würde der Anorak voller Colaspritzer und Klecksen von Tacosoße sein, obwohl er selbst weder essen noch trinken wollte. Aber Tine und Claude waren in solchen Dingen zuverlässig. Thesen erinnerte sich, dass saure Stäbchen früher der höchste kulinarische Genuss im Kino gewesen waren, aber das war nun auch schon mindestens fünfzehn Jahre her.

Unglaublich, an was Menschen Spaß finden können, dachte er und ließ seinen Blick über das Gewusel gleiten. Zwei Reihen vor ihnen versuchte ein unrasierter Kerl mit dünnem, wirrem Haar zwei Mädchen zu beruhigen, die sich um einen Becher Popcorn stritten. Zwei dickliche Blagen mit aufgeblasenen, blassen Gesichtern. Sie sahen aus wie Zwillinge. Thesen wunderte sich, dass er schon Kinder unsympathisch finden konnte. Die beiden wirkten auf ihn wie doofe Zicken, und er meinte zu wissen, wie die beiden in zwanzig Jahren aussehen würden. Wie jetzt, nur einen Meter höher und fünfzig Kilo schwerer. In fünf Sekunden liegt die ganze Chose auf dem Boden, dachte er. Im selben Moment riss das kleinere der Mädchen so heftig am Becher, dass der im hohen Bogen durchs Kino flog. Kurz war Ruhe, dann lärmte der Saal weiter, einige lachten. Der genervte Vater bekam ein hektisches Zucken um die Augen, er sah aus, als ob er beiden gleich eine scheuern würde, er tat aber nichts. Die Zicken schauten dämlich aus ihren Back-Street-Boys-Shirts, eine begann zu plärren. Ich wette, der kauft gleich neues Popcorn, dachte Thesen und entspannte sich. Nicht nur bei uns dreht die Brut manchmal durch.

Das Kino war seine Idee gewesen, nachdem am Morgen ein Streit zwischen Claude und Paul ausgeartet war. Wieder mal, wie so oft in letzter Zeit. Es war nur darum gegangen, wer zuerst die Milch am Frühstückstisch bekam, und nach zwei Minuten hatten sich Claude und Paul auf dem Boden gewälzt. Claude kratzte Paul im Gesicht, der konterte mit gezielten Faustschlägen in den Magen des Kleineren, Tine schrie wie am Spieß, der Hund bellte und Theresa war gerade beim Bäcker, sodass Thesen eingreifen musste. Beim Versuch, die beiden zu trennen, biss ihn der völlig aufgelöste Hrubesch in die Hand. Thesen wurde nervös, Himmel noch mal, was tun die beiden hier. In seiner Not begann er zu brüllen, so laut er konnte.

»Herrgott, hört sofort auf, ihr Idioten, gegen euch ist sogar Schwester Barbara sanft wie Mutter Teresa.«

Die beiden hörten tatsächlich auf, starrten ihn entgeistert an. Sie hatten natürlich nichts verstanden, sie kannten weder die bärbeißige OP-Schwester in Nidernbühls Klinik, vor der selbst der Chef ein bisschen Angst hatte, noch die Ordensfrau aus Indien. Paul blutete leicht an der Wange und sah mit großen Augen auf Thesen, der sich mit rotem Kopf und irrem Blick über die beiden beugte. So hatten sie ihn noch nie gesehen. Er hatte so gebrüllt, dass ihm der Speichel aus dem Mund lief und seine Stimmbänder kratzten, nur langsam fand er die Fassung wieder.

»Raus, beide, sofort!« – Seine Stimme überschlug sich wieder.

Claude rannte aus der Küche, Paul blieb auf dem Boden sitzen.

»Du hast mir gar nichts zu sagen. Ich mach' nur, was mir meine Mama sagt.«

Thesen stand da wie ein Idiot. Was mach' ich jetzt, dachte er, ich muss mich durchsetzen, aber dazu muss ich ihn hart anfassen und ich habe keine Ahnung, wie Theresa darauf reagiert. Wenn ich nichts tue, habe ich verloren. Thesen entschied sich für die Niederlage. Kurz vor Weihnachten wollte er nur seine Ruhe haben.

»Mach' doch, was du willst«, knurrte er leise und versteckte sich hinter der Zeitung. Paul blieb auf dem Boden sitzen, Tine schlich mit Hrubesch leise aus der Küche. Thesen ignorierte das Klopfen in seinen Schläfen und beschloss, am Nachmittag für Ruhe zu sorgen. Raus aus der Wohnung, am besten ins Kino, wo die beiden zwei Stunden ihren Mund halten mussten. Seit dem Abschied von Cedi war Claude nicht mehr das wonnige Kleinkind, das die Trennung der Eltern immer noch nicht richtig realisiert hatte und deshalb auch kein Problem daraus machte.

Vor einer Woche war Thesen mit Claude in die Panoramastraße gefahren. Am nächsten Tag musste Cedi in die Uniklinik. Professor Dunnert wollte mit einer ganzen Reihe spezieller Untersuchungen herausfinden, wie weit der Zerfall ihrer Leber schon fortgeschritten war und was sie noch leisten konnte. Vom Ergebnis der Untersuchungen würde es abhängen, welchen Platz sie auf der Dringlichkeitsliste bekäme. Dieser Platz war enorm wichtig, er bestimmte den Zeitpunkt, ab dem eine neue Leber für sie gesucht werden würde. Eine extrem belastende Prozedur. Dunnert rechnete vor den Tests mit Dringlichkeitsstufe zwei. Ein bisschen Zeit vor der Operation schien Cedi also noch zu bleiben. »Länger als sechs, acht Monate hält sie aber nicht mehr durch«, hatte Wernher Thesen neulich am Telefon berichtet, »zumindest hat Dunnert mir das unter vier Augen gesagt.«

Kalter Zorn stieg in Thesen auf, als er mit Claude zu Cedi fuhr. Immer wieder musste er daran denken, was ihm Nidernbühl neulich erzählt hatte. Sein Chef war überzeugt davon, dass man sich einen Platz ganz vorne auf der Liste durch eine deutlich sechsstellige Spende an das Krankenhaus kaufen könne. Und zwar überall in Deutschland.

»Sie kennen doch Willi Röder, den Manager von diesem Schlagermillionär Tony Andersen«, hatte Nidernbühl gesagt, »der hat vor zwei Jahren innerhalb von sechs Wochen eine neue Leber bekommen, obwohl er mit seiner Alkohol-Zirrhose eigentlich ganz hinten auf der Liste stehen müsste.« Natürlich kannte Thesen die Geschichte, jeder, der morgens eine Zeitung las, kannte sie. Willi Röder war monatelang das Thema gewesen. Mit 250 000 Mark Startkapital hatte er die »Willi-Röder-Stiftung zur Erforschung von Leberleiden« gegründet. Die Mittel flossen überwiegend in ein Forschungs- projekt in Hamburg, wo sich dann auch rasch eine passende neue Leber für den Alkoholiker Röder fand. Normalerweise müssen Trinker erst mal einen Entzug machen und hinterher einen psychologischen Test bestehen, der klären soll, ob sie wirklich weg sind von der Volksdroge. Röder aber soff, bis er sich die Reste seiner Leber herausgepisst hatte – und dann ging es auf wundersame Weise ganz schnell. Das Letzte, was Thesen von Röder gesehen hatte, war ein Foto vom Wiener Opernball in diesem Jahr, auf dem Röder rotnasig mit einem Glas Champagner in die Kamera grinste. Nur damit der Drecksack weitersaufen kann, dachte Thesen, stirbt irgendein armes Schwein auf der Warteliste. Geld lebt eben doch länger, aber dass sich der Kerl dann auch noch traut, öffentlich zu trinken, ist das Allerletzte.

Sie waren da. Wernher öffnete die Tür, der Geruch nach Kamillentee und schlecht gelüfteter Wohnung schlug ihnen entgegen.

»Ich geh' noch was einkaufen, ich bin so in zwei Stunden wieder da, okay?« Thesen nickte nur, Claude rannte zwischen den Männern hindurch in die Wohnung.

Cedi sah ihren Sohn mit ausgestreckten Armen ins Wohnzimmer flitzen. Heul' jetzt nicht gleich los, bitte nicht, dachte sie.

»Komm her, mein Großer.«

Sie hob ihn hoch, wuschelte sein Haar, während ihr die Tränen übers Gesicht liefen. Cedi war entschlossen, Claude erst wieder zu sehen, wenn ihr neues Leben begonnen hatte. Die zweite Möglichkeit verdrängte sie, so gut es ging. Aber jetzt spürte sie, dass dies heute vielleicht ein Abschied für immer war. Den Tod hatte sie bisher die meiste Zeit ausgeklammert, nur nachts holte die Angst sie manchmal ein, dann machte sie schnell Licht und Wernher nahm sie in den Arm. Das half nicht wirklich, aber alles war besser als das kalte Dunkel.

Professor Dunnert sprühte zwar in allen Besprechungen vor anste- ckendem Optimismus, aber Cedi sah, dass seine Augen dabei seltsam unbe- teiligt blieben, geschäftig. Dunnert ist ein Typ wie ich, hatte Cedi gedacht, immer erst mal nach vorne schauen, Korrekturen erst, wenn nichts mehr geht. Im Keller der Uniklinik lagen in den Kühlkammern sicher einige Leichen, denen Dunnert die gleichen guten Chancen prophezeit hatte wie ihr. Thesen dagegen glaubte wirklich an ihre Stärke, da war sie sich sicher. Nur mit Wernher sprach sie manchmal über ihre Angst und fand für ein paar Minuten Trost, weil sie spürte, dass ihr Freund genauso viel Panik vor ihrem Tod hatte wie sie selbst. So einen Mann habe ich nicht verdient, dachte Cedi oft, umgekehrt wäre ich sicher schon lange weg.

Aus ihren verheulten Augen sah Cedi Thesen ins Zimmer kommen. Ihr Ex war kein guter Schauspieler, sie sah, wie er erschrak. Es war gerade drei Wochen her, dass sie sich das letzte Mal getroffen hatten. Ich muss furchtbar aussehen, dachte Cedi. Dabei hatte sie sich lange geschminkt für diesen Besuch, mit viel Mühe ihre fahle und schon leicht gelbe Haut mit frischem Sonnenbraun aus der Tube überdeckt. Ihr struppig gewordenes Haar strahlte durch eine doppelte Portion Spülung fast wie früher, bevor die Krankheit ihre kräftigen blauschwarzen Haare zerstört hatte. Heute Morgen hatte sie im Badezimmerspiegel gesehen, dass ihr Haar an manchen Stellen grau wurde. Sie war immer schlank gewesen, einen Meter achtundsechzig groß und nie mehr als fünfundfünfzig Kilo.

Wenn die Waage am Abend auch nur ein Pfund mehr anzeigte, verzichtete sie am nächsten Tag aufs Mittagessen oder gönnte sich abends nur einen Salat, so lange, bis sie wieder zufrieden war. Jetzt wog sie noch dreiundvierzig Kilo und davon waren mindestens drei reines Wasser, das sich in ihrem Bauch gesammelt hatte und ihn auftrieb, wie die Hungerbäuche unterernährter Kinder. Ein typisches Zeichen dafür, dass die Leber kaum noch arbeitete.

Endstadium, dachte Thesen. Cedi sah aus wie eine dünne, hochschwangere Frau, wobei sie die Beule in ihrer Mitte mit einem viel zu großen Pulli geschickt vor Claude verbarg.

Thesen nahm Cedi vorsichtig in den Arm. Sie fühlte sich an wie eine zerbrechliche Puppe. Er spürte ihre ungeheure Schwäche. Seine Augen glänzen, dachte Cedi, er mag dich also wenigstens noch ein bisschen. In letzter Zeit hatte sie erkannt, dass er ihr mit Claude viel Last abgenommen hatte, einfach so, und dass er sich nie darüber beklagte. Ihr war das recht gewesen, sie liebte Claude, aber auf ihre Art, überschüttete ihn alle zwei Wochen ein paar Stunden mit guter Laune, Geschenken und mit Zärtlichkeit, dann war wieder Thesen dran, für den ganzen großen Rest. Warum er das tat, hatte sich Cedi nie gefragt. Es war einfach so und es war auch gut so.

Thesen deutete mit den Augen auf Claude, Cedi nickte.

»Hallo, Großer, Mami muss mit dir was besprechen.«

Claude sah auf.

»Pass auf, Mami muss noch mal nach Spanien fahren. Du weißt, wie letzten Sommer. Die Oma braucht mich für eine Zeit, aber wenn ich dann zurück bin, muss ich nie mehr weg.« Cedis Stimme erstarb.

»Okay. Wann kommst du wieder?«

»Weiß ich nicht genau, mein Schatz.«

»Aber Weihnachten bist du da.«

»Nein, dieses Jahr wahrscheinlich nicht.« Cedis mühsam errichtete Mauer brach. Sie musste weinen.

»Was ist los, Mami, was ist los?«

Claude vergrub seinen Kopf in ihrem Schoß, rüttelte mit seinen Händen an ihren Hüften und weinte. »Will aber, dass du kommst, bitte.«

Cedi schluchzte, streichelte den Kopf ihres Sohnes. Thesen ließ die beiden allein, ging in die Küche. Er roch, dass hier regelmäßig geraucht wurde und zündete sich eine an. Da er keinen Aschenbecher fand, fingerte er aus dem Mülleimer einen Joghurtbecher und füllte noch schnell einen Schuss Wasser ein. Cedis Siechtum tat ihm weh, aber er wollte auch so schnell wie möglich hier raus, raus aus der Wohnung mit dem Geruch nach Krankheit, weg von der elenden Aura eines nahen Todes. Cedi war ein Jahr älter als er, aber sie sah aus wie fünfzig, nicht wie sechsunddreißig. Thesen hatte während seiner Studentenzeit bei seiner Arbeit in der Uniklinik genug Leid erlebt. Cedis Haut, die Flecken auf ihren Händen, die großen Augen in einem verhärmten Gesicht – so sahen Menschen aus, die nicht mehr viel Zeit hatten. Sein Blick fiel auf ein blaues, schmales Buch in einer durchsichtigen Schutzhülle, das auf dem Küchentisch lag. STAMMBUCH DER FAMILIE stand in goldenen, altertümlichen Lettern auf dem Titel. Wie kommt denn das hierher, grübelte er, das liegt doch seit der Scheidung unten in meinem Schreibtisch. Er schlug die erste Seite auf. »Heiratsurkunde«, stand da. »Wernher Albert Römer und Mercedes Gaia Thesen, geborene Ruig«. Er brauchte einige Sekunden, um zu kapieren, dass seine Ex wieder geheiratet hatte. Er ließ das Buch auf den Tisch fallen, als hätte er sich daran verbrannt, nahm es aber dann doch noch einmal in die Hand und suchte nach dem Datum: 7.12.1996 – vor drei Tagen.

Thesen konnte es nicht glauben. Vor zehn Minuten hatte er noch überlegt, ob er das Haus verkaufen sollte, um Cedi einen Platz auf der Liste zu besorgen, obwohl er die Methode Röder verachtete. Gut, dachte Thesen, dafür ist jetzt Wernher Albert zuständig, Wernher mit h, wie albern. Er ging zurück ins Wohnzimmer, wo sich Cedi und Claude wieder beruhigt hatten. Sie spielten »Mensch ärgere dich nicht«, wobei beide den anderen gewinnen lassen wollten, deshalb dauerte das Spiel fast eine Dreiviertelstunde. Thesen beobachtete, dass Cedi immer wieder schauderte. Sie hatte Schmerzen, aber sie lächelte. Claude gewann.

»Lass mich mal kurz mit Papa allein«, sagte Cedi und gab ihm einen Kuss auf die Nase, »im Büro steht dein Parkhaus. Wir sind gleich bei dir.« Claude jubelte und verschwand. Cedi drehte sich zu Thesen. Sie sah müde aus, trotz der Fassade. »Ich muss ins Bett, ich kann nicht mehr. Bitte nimm Claude und geh' einfach. Einen langen Abschied halte ich nicht aus. Hrubesch kannst du immer bringen, wenn ihr mal keine Zeit für ihn habt, Wernher kümmert sich um ihn.«

Thesen nickte, er wollte etwas sagen, aber eine unsichtbare Faust legte sich um seinen Hals.

»Schon gut, ich schaff' das, macht euch nicht zu viel Sorgen. Und wenn nicht …«

Cedi brach abrupt ab, drehte sich um, verschwand im Schlafzimmer. Sie hatte eigentlich noch sagen wollen, dass sie und Wernher geheiratet hatten, aber sie vergaß es einfach. Thesen ging zu Claude, er fühlte einen Bleiklumpen in seinem Bauch.

»Mami war müde, sie ist schon im Bett. Komm, wir gehen.«

Claude lief wortlos neben ihm her, auch im Auto sprach er kein Wort. Kurz vor dem Mühlenweg fragte Thesen: »Großer, was ist los?« Keine Antwort. Er drehte sich um, sah, dass Claude weinte, leise und bitterlich. »Ich will, dass die Mami wieder bei uns wohnt«, schluchzte er, »sie ist doch so krank.«

Thesen ignorierte das Wissen seines Sohnes. Gut, er hat wohl gespürt, dass es Cedi schlecht geht, da haben wir beide die Antennen eines Vierjährigen unterschätzt. Aber für den Todeskampf seiner eigenen Mutter ist er zu jung.

»Und wenn die Mami wirklich käme, was würde dann mit Theresa und mit Tine und Paul?«, fragte er.

»Tine kann bleiben, die anderen sollen gehen.«

Thesen schreckte hoch. Auf der Leinwand prügelte die böse Cruella de Ville ihre tölpelhaften Handlanger mit einem edlen Spazierstock, weil die süßen Hunde immer noch keine Pelzmäntel waren. Thesen streckte sich, blickte kurz nach links. Tine hatte ihren Kopf in seine Seite gelegt, Theresa hielt Pauls Hand und schaute gebannt nach vorn. Claude saß nach vorne gebeugt, das Kinn in die Handflächen gestützt, die Ellbogen auf den Knien. Alles friedlich, dachte Thesen. In solchen Momenten hatte er keinen Zweifel, dass die neue Familie funktionieren würde. Wir brauchen eben noch ein bisschen Zeit, sagte er sich, und in anderen, sogenannten normalen Familien wird auch gestritten. Thesen fiel sein Radkumpel Erik Theurer ein, der nach endlosen Machtkämpfen seiner zwei Töchter mit dem Sohn die Älteste schließlich in einem Internat unterbrachte, weil sich die Kids sonst wahrscheinlich noch umgebracht hätten.

So weit ist es bei uns noch lange nicht. Thesen hatte plötzlich Lust auf saure Stäbchen, er fühlte sich wohl, auch wenn ihn der Film kaum interessierte. Vor fünf Stunden hatte er sich noch fest vorgenommen, gleich morgen Ines Gründler bei Pro Familia anzurufen, um sich von ihr einen Familienpsychologen empfehlen zu lassen. Er war fest entschlossen gewesen, das neue Jahr mit einer Therapie oder zumindest mit fachlicher Hilfe zu beginnen, immerhin musste er neben allen Problemen auch noch täglich damit rechnen, dass Claude seine Mutter verlieren würde. Thesen schauderte bei dem Gedanken, aber er glaubte immer noch an Cedis bewundernswerte Kraft. Für ihn war sie ein Fettaugenmensch, einer, der immer oben schwimmt, auch wenn alle anderen untergehen. Die Frau wurde von einem grenzenlosen, oft auch naiven Optimismus durchs Leben getragen. Und bisher hatte sie noch immer gewonnen.

In einer Woche ist Heiligabend, danach sehen wir weiter, dachte Thesen. Er schlief wieder ein, obwohl sich eine Horde Welpen und ein bockiges Pferd bellend, kläffend und tretend auf die beiden Tölpel stürzten und Cruella zur Freude der tobenden Kinder in den Matsch stießen.

Mallorca

Die Tür, die aus dem Hotelkeller ins Freie führte, quietschte, als hätte sie noch nie eine Tropfen Öl gesehen. Eine winzige, dürre Katze huschte erschrocken unter einen Busch. Thesen musste sich mit der Schulter energisch gegen den automatischen Türschließer stemmen, damit sich Theresa mit ihrem Fahrrad an ihm vorbeischieben konnte. Von draußen blies ihm ein frischer Wind ins Gesicht. Die Luft roch nach Meer, nach frischem Grün und nach Frühling. Die Sonne war eben erst aus dem Meer aufgetaucht. In drei Stunden würde es angenehm mild werden, da wollten Theresa und er schon in Valldemossa sein, in irgendeiner kleinen Kneipe am Straßenrand im Windschatten in der Wintersonne sitzen, Kaffee trinken und diesen dicken, trockenen Eintopf essen, den die Mallorquiner Suppe nennen, obwohl er überhaupt nichts mit einer Suppe gemein hat. Zumindest nicht mit denen, die Thesen bisher gelöffelt hatte. Vielleicht nehme ich doch eher einen Teller Spaghetti, dachte er sich, landestypisch hin oder her.

Der Trip auf die Insel war Theresas Idee gewesen, sie kannte die idealen Bedingungen im Februar zum Radfahren von früher. Vor zwei Jahren war sie das letzte Mal hier gewesen, um sich auf die Strecke Trondheim–Oslo vorzubereiten. Tausend Kilometer in acht Tagen, die Grundlage für das Abenteuer im Juni.

Wenn sie damals noch konsequenter trainiert hätte, wäre sie sicher niemals mit dir die letzten hundertzwanzig Kilometer gefahren. Thesen lächelte über sein gnädiges Schicksal, er hatte nicht vergessen, dass er wohl aufgegeben hätte, wenn Theresa nicht ihre Gruppe verlassen und sich mit ihm zu einem Team auf Zeit zusammengespannt hätte. Hoch im Norden, im unwirklichen Zwielicht der fahlen, norwegischen Sommernacht, ausgebrannt von vierhundertzwanzig langen Kilometern, war ihm die große rotblonde Frau wie eine Samariterin vorgekommen, wie eine letzte, gütige Instanz, die ihn vor dem großen Crash bewahrte, eine starke Beschützerin, wie seine Mutter vor dreißig Jahren, wenn er verzweifelt vor den Trümmern seines Legohauses stand, das seine Schwester, das Biest, gerade kreischend zerstört hatte.

Vor ihm schob Theresa ihr Velo auf dem schmalen Weg zwischen den beiden zwölfstöckigen Hoteltürmen entlang zur Straße, die Radschuhe klackerten laut auf dem rauen Asphalt, ihr Gang war unrund, was ihren Hintern noch mehr betonte. Der Wind rauschte durch Palmen, die einen tropfenförmigen, im Februar aber noch bitterkalten Swimmingpool umstanden und mit ihren grünen Fächern den Anblick der Betonkästen von Magaluff erträglicher machten. Für heute hatten sie sich gut hundertzehn Kilometer über die Berge im westlichen Teil der Insel vorgenommen, einmal Valldemossa und zurück, mit Pausen würde das maximal sieben Stunden dauern. Danach kurz unter die Dusche, vielleicht ein Saunagang, und dann bis zum Abendessen ins Bett. Thesen spürte ein sanftes, warmes Kribbeln im Bauch, das Blut schoss ihm drängend zwischen die Beine. Er seufzte und genoss den wohligen Schauer.

»Was ist los, inspiriert dich mein Arsch?« Theresa drehte sich zu ihm um und lachte.

Mein Gott, sie spricht wieder ein bisschen zu laut, dachte Thesen, obwohl niemand außer ihnen auf dem Weg war.

»Ja klar, und wie«, antwortete er, »sag mal, wie hast du das gemerkt, ich habe doch nur ein bisschen lauter geatmet?«

»Ich kenn' dich besser als du glaubst, Johannes Thesen, du bist eben auch nur ein Mann, und wenn du so stöhnst, dann weiß ich schon zweimal Bescheid. Außerdem« – Theresa deutete genau zwischen seine Beine – »sieht man durch Radlerhosen alles.«

Thesen war froh, dass sie allein auf dem Weg waren. Theresa wäre Publikum egal gewesen, wenn sie spotten wollte, dann tat sie es, egal, wer zuhörte. Sie kamen auf den kleinen Privatparkplatz des Hotels, der in die Straße mündete, die aus Magaluff hinausführte. Am Rand parkte ein gewaltiger, blitzblank geputzter weißer Truck, der Materialwagen des deutschen Profiradrennstalls Team Telekom. Thesen zählte zehn perfekt gereinigte Rennmaschinen im grau-magentafarbenen Design des Konzerns. Die Räder lehnten mit blitzenden Ketten sauber aufgereiht an der Seitenwand des Trucks. Für die Radprofis hatte die Saison bereits vor einer Woche mit der Mallorca-Rundfahrt begonnen, danach waren einige zum Training auf der Insel geblieben, die zweite Garde zu Rennen nach Andalusien aufgebrochen. Jan Ullrich, der im vergangenen Sommer hinter seinem Teamkollegen Bjarne Riis Zweiter bei der Tour de France geworden war, musste seine Beine noch nicht bei unbedeutenden Frühlingsrennen strapazieren. Er durfte sich im milden Balearenfrühling in aller Ruhe auf den heißen Sommer vorbereiten.

Ullrichs Team wohnte im selben Hotel wie Theresa und Thesen, der sich gestern Abend von Ullrich ein Autogramm für Nidernbühls Sohn hatte geben lassen. Thesen war erstaunt, wie locker der neue, deutsche Sportstar sich mit ihm ein paar Minuten unterhalten hatte. Ullrich war offensichtlich froh, mit jemand anderem zu reden als mit seinen Teamkollegen oder den drei Sportjournalisten, die ihm im Auftrag deutscher Boulevardzeitungen das ganze Jahr am Hinterrad hingen. Sonst waren in dem Achthundertbettenhaus nur noch britische Rentner und einige Hobbyradler wie Theresa und Thesen zu Gast. Jan Ullrich hatte ihm vorher am Frühstücksbüfett freundlich zugenickt, während er durch die Journalisten hindurchsah, als seien sie überhaupt nicht da.

Thesen konnte den jungen Profi verstehen. Er fand es albern, dass einer der drei Schreiber, ein unrasierter, schwammiger Typ, der seit Tagen in derselben speckigen hellbraunen Lederjacke herumlief und hartnäckig jedes Rauchen-verboten-Schild ignorierte, sich sogar notierte, was Ullrich sich zum Frühstück auf seinen Teller lud. Dass der rotblonde Mann mit den vielen Sommersprossen etliche Kilo zu viel auf den Hüften angesammelt hatte, war allerdings auch nicht zu übersehen. Thesen wusste aber, dass ein dreiundzwanzigjähriger Radprofi maximal sechs Wochen Askese und hartes Training braucht, um wieder gertenschlank zu werden. Und bis zum Start der Tour de France waren noch fast fünf Monate Zeit. Ihm waren solche Typen, die auch mal wie ganz normale Menschen lebten und das aßen, was ihnen schmeckt, lieber als glatte Leistungsroboter. Außerdem, dachte Thesen, wissen seine Trainer genau, wann er die Kurve kriegen muss. Und wenn er zu lange zu viel Gewicht auf die Waage bringt, dann gibt es ja auch noch die Herren Doktoren, die wissen, wie man nachhelfen kann.

Thesen machte sich keine Illusionen. Auch das außergewöhnliche Talent Jan Ullrichs würde wohl in letzter Konsequenz mit Substanzen befeuert, die nicht erlaubt waren. Die Tour de France gewinnt keiner nur mit Müsliriegel, Spaghetti und Isostar. Betrug war ja auch so leicht. Jeder Arzt konnte mit seinem Ausweis in jeder Apotheke Muskelaufbaupräparate, Wachstumshormone oder künstliche Sauerstoffträger kaufen, ohne dass es lästige Nachfragen gab. Zwanzig Kilometer von hier, in Palma, gab es sogar eine große Apotheke, in der man außer Geld überhaupt nichts brauchte – wenn man von den richtigen Leuten vorher eingeführt worden war. Thesen hatte schon oft mit dem Gedanken gespielt, sich selbst einmal eine Spritzenkur mit Erythropoietin zu besorgen, hatte dann aber doch zu viel Angst vor den Nebenwirkungen. Das synthetisch hergestellte Hormon steigerte die Produktion der roten Blutkörperchen, die wiederum den Sauerstoff zu den Muskeln transportierten. Epo war eigentlich eine Substanz für Nierenkranke, die einem Sportler aber zu bis zu zehn Prozent mehr Power in den Beinen verhalf.

Allerdings musste man höllisch aufpassen. Wer zu hoch dosierte, steigerte den Anteil an festen Bestandteilen des Blutes derart, dass es verdickte. Es kam häufig zu Thrombosen oder sogar zum Herzinfarkt. Seit es Epo gab, fielen immer mehr junge Radprofis tot aus dem Sattel. Starke, junge Männer im Zenit ihrer Leistungsfähigkeit. Für die Angehörigen und die Presse starben sie meist an verschleppten Infekten, die angeblich zu einer schleichenden Herzmuskelentzündung geführt hatten. Thesen glaubte den Bulletins schon lange nicht mehr, zumal ihm sein Studienfreund Bensen, der in Belgien als Mannschaftsarzt bei einem Profiteam arbeitete, versichert hatte, dass die meisten an einem schlichten, aber sehr heftigen Infarkt gestorben seien. »Weißt du«, hatte er Thesen erzählt, »wenn die Jungs ohne medizinische Assistenz arbeiten und sich zu viel Epo reinjubeln, haben sie am Ende Blut so dick wie Ketchup. Das verstopft die Kranzgefäße und die platzen dann unter Volllast. Peng, das war's. Exitus.« Thesen schüttelte es bei dem Gedanken, zumal Bensen immer noch eifrig bei seinem Team in Belgien arbeitete. Vor ein paar Wochen hatte er ihn im Fernsehen gesehen. Bensen versicherte dem Reporter mit gewinnendem Zahnpastalächeln, dass Doping im Radsport schon lange kein Thema mehr sei – bei all den unangemeldeten Kontrollen und bei der Fürsorge der Mannschaftsärzte.

Und so einen Arsch lassen die ohne zu zögern auf junge Menschen los, hatte Thesen damals gedacht.

Theresa schob sich ihre Sonnenbrille vor die Augen und drehte sich rasch um.

»Träumst du immer noch? Komm! Lass uns endlich fahren.«

Thesen hätte gerne noch auf die Profitruppe von Telekom gewartet. Ein paar Kilometer am Hinterrad eines Jan Ullrich zu rollen, das wär's doch. Aber Theresa klickte sich schon in ihre Pedale, schlängelte sich an der geschlossen Parkplatzschranke vorbei und bog rechts ab. Thesen seufzte wieder und beeilte sich, hinterherzukommen. Nach zwei Kilometern lagen die Betonburgen von Magaluff hinter ihnen, die Sonne blitzte durch blühende Mandelbäume, der Lärm des geschäftigen Mallorca war Vogelgezwitscher gewichen, gleich nachdem sie die Uferstraße mit dem nur selten unterbrochenen Lastwagenkonvoi Richtung Calvia verlassen hatten. Thesen freute sich auf eine Woche Urlaub.

Theresa hatte alles organisiert. Alle drei Kinder waren bei ihrer Mutter, die sich sogar um Hrubesch kümmerte. Theresa hatte auf der Woche bestanden, nachdem Thesen am 23. Januar umgekippt war. Einfach so, es war gegen elf Uhr am Abend, sie hatten nicht einmal viel getrunken, höchstens ein, zwei Glas Wein. Plötzlich griff sich Thesen an die Brust, stöhnte nur: »Mir ist schlecht« – dann krachte unvermittelt sein Kopf auf die Tischplatte. Theresa schauderte heute noch, wenn sie an diesen Abend dachte. Sie war wie gelähmt gewesen, hatte keine Ahnung gehabt, was zu tun war, stürzte schließlich zum Telefon, aber im gleichen Moment, in dem sie 110 getippt hatte, hob Thesen wieder den Kopf. »Lass gut sein, das ist nicht schlimm«, sagte er mit erstaunlich fester Stimme, »alles wieder okay.«

»Nicht schlimm, spinnst du«, sagte sie, legte aber auf. »Du verdrehst von einer Sekunde auf die andere die Augen, dein Kopf knallt auf den Tisch und jetzt sagst du, das ist nicht schlimm. Ich denke, du bist Arzt.«

Thesen war zu müde, um Widerstand zu leisten, in seinem Kopf dröhnte es und jemand schien mit einem Hammer von innen gegen die Schädeldecke zu schlagen. Sie einigten sich schließlich darauf, dass er am nächsten Tag zu einem Kollegen gehen sollte, und gingen beide beleidigt zu Bett. Thesen ließ sich am nächsten Morgen einen Termin beim Arzt geben, allerdings ohne innere Überzeugung, obwohl auch er keine Erklärung für seine plötzliche Ohnmacht hatte. Nicht mal viel Stress zurzeit, dachte er. Gut, in der Klinik war einiges los, im nahen Mittelgebirge tobte die Skisaison, manchmal stand er neun Stunden im OP, nähte eingerissene Menisken oder Außenbänder oder reinigte strapazierte Gelenke von abgerissenen Knorpelstückchen. Routine, anstrengend zwar, weil er sich immer aufs Neue konzentrieren musste, aber nichts, weshalb man zusammenklappen musste. Im Gegenteil, Thesen fragte immer wieder bei Nidernbühl nach, wann er endlich gerissene Kreuzbänder operieren dürfe. Im Moment sei er dafür noch ein bisschen zu grün – meinte sein Chef.

Thesens Leben verlief ruhig, ohne Wellen. Sein Horizont schien weit, zumal bei Mercedes eine fast wundersame Wende eingetreten war, nachdem es lange Zeit so schlecht um sie gestanden hatte, dass er täglich mit ihrem Tod gerechnet hatte. Im Dezember hatte er geglaubt, dass sie Silvester nicht mehr erleben würde. Vier Tage vor Weihnachten musste sie wieder in die Klinik, mittlerweile war auch das Weiß ihrer Augen dunkelgelb geworden, genau dieses Weiß, auf das sie vor zwei Wochen noch so stolz gewesen war und das ihr jeden Morgen Mut gab, wenn sie in den Spiegel sah. So schlimm kann es nicht sein, hatte sie gedacht, deine Augen sind noch klar. Als sie zum ersten Mal erkannte, dass das Weiß sich trübte, sich ein leicht beigefarbener Stich hineinmischte, brach ihr Widerstand völlig zusammen.

Sie wollte nicht mehr – aber nur ein paar Stunden lang.

Danach sträubte sich ihr eiserner Wille wieder. Nein, sie würde ihren langsam sterbenden Körper nicht verlassen. Nach weiteren Tests kletterte

Cedi in der Liste ganz nach oben, Priorität 1. Am 27. Dezember 1996 starb irgendwo in Europa ein Mensch mit Spenderausweis. Als der mit Eurotransplant vernetzte Computer im holländischen Leyden die Daten der Gewebetypisierung verglich, spuckte er als potenziellen Empfänger den Namen Mercedes Römer aus, einen Tag später, exakt um neun Uhr, begann Dunnerts Team mit der Transplantation. Um sechzehn Uhr zehn wurde Cedi aus dem Operationssaal 14 der Uniklinik auf die Intensivstation verlegt. Thesen hatte über sieben Stunden mit Wernher und Mercedes' Eltern in der hässlichen Kantine der Klinik gewartet. Zusammen hatten die vier wohl über hundert Zigaretten geraucht. Wernher hatte Thesen hundertmal versichert, dass es ihnen beiden unendlich leidtäte, dass er nur zufällig von ihrer Hochzeit erfahren hatte. Thesen nickte nur, die heimliche Hochzeit hatte ihn damals, in Wernhers Wohnung, nur für ein paar Minuten verletzt – und auch das nur ein bisschen.

Tief in sich spürte Thesen in diesen Stunden zum ersten Mal in seinem Leben, wie elend lange Sterben dauern kann. Er war sich plötzlich ganz sicher, dass Cedi es nicht schaffen würde, so stark sie auch immer gewesen war. Er fühlte eine bösartige Kälte in sich, eisige Schlangen, die von der Brust aus durch seine Adern krochen. Wenn er die Augen schloss und sich die müden Schläfen massierte, hatte er manchmal das Gefühl, nach vorne zu kippen und endlos zu fallen.

Professor Dunnert erschien in der Kantine, er hatte noch das grüne Unterhemd an, der Mundschutz hing schräg neben seinem Kinn.

»Es ist sehr gut gelaufen«, begann er ohne lange störende Anrede. »Ich bin sehr zuversichtlich. Wenn es in den nächsten Tagen zu keiner Abstoßungsreaktion kommt, wird es Frau Römer bald besser gehen als zuletzt, sehr viel besser.« Dunnert lächelte, nickte allen zu und drehte sich um.

»Herr Professor, warten Sie bitte. Wann kann ich zu ihr?« Wernher liefen die Tränen übers Gesicht.

»Sie können gleich mitkommen, aber nur kurz, und Sie müssen hinter der Trennscheibe bleiben. Morgen können Sie ihr dann die Hand drücken, aber auch dann bitte nur einer von Ihnen.«

Wernher lief hinter Dunnert her wie ein freudig erregter Hund beim Morgenspaziergang. Er verabschiedete sich weder von Thesen noch von Rosa und Felipe, die wie vom Donner gerührt dastanden, als hätten sie die Botschaft überhaupt noch nicht richtig verstanden.

»Was denkst du«, Felipe Ruig sah Thesen fest in die Augen, »schafft es mein kleiner Stern?«

Thesens Ex-Schwiegervater hatte kein großes Vertrauen zu Ärzten, bei

Thesen war das etwas anderes, mit ihm war Felipe immerhin über fünf Jahre verwandt gewesen. Seit mehr als dreißig Jahren arbeitete der alte Ruig Schicht in einer großen Molkerei. Er hatte es bis zum Chef des Kühllagers gebracht und war trotz der brutalen Temperaturschwankungen – Felipe musste pro Schicht mindestens zwanzigmal in die Kälte des gewaltigen Lagers und dann zurück in sein überheiztes Büro am rechten Rand der Laderampe – nicht einen einzigen Tag krank gewesen. In drei Jahren würde er in Rente gehen, zurück an die Küste Galiziens, wo sie sich 1993 ein kleines Häuschen gekauft hatten und wo die Menschen nicht gleich zum Arzt rennen, wenn sie einen Schnupfen haben.

»Dunnert ist ein hoch dekorierter Fachmann und vor allem kein Schwätzer«, versuchte Thesen ihn zu beruhigen, »soviel ich weiß, gibt es in Deutschland keinen, der bessere Ergebnisse hätte als er mit seinem Team. Mercedes ist in den besten Händen.«

»Das meine ich nicht«, sagte Felipe lauter, »ich will wissen, ob sie sich überhaupt noch einmal erholen kann. Sie war doch so schwach, an Weihnachten habe ich gedacht, sie fliegt uns gleich davon.« Felipe weinte wieder.

»Cedi ist eine Kämpferin, sie hat Energie für zwei, das weißt du. Und wenn die neue Leber arbeitet, kommt alles andere von alleine wieder. Sie wird wieder essen, sie wird zunehmen, sie wird jeden Tag ein bisschen mehr leben.«

Plötzlich glaubte auch Thesen wieder an die Kraft seiner Ex. Die dunkle Ahnung, dass sie jeden Moment aufgeben könnte, dass sie der widerlichen Schwäche und den Schmerzen einfach stolz den Finger zeigen würde, war weg. Wenn sie morgen früh noch lebt, dachte er, dann sitzt sie Ostern wieder in ihrem Reisebüro.

»Ich geh' jetzt nach Hause.« Thesen drückte Felipe die Hand und nahm Rosa in den Arm, die endlich aufgehört hatte zu weinen. »Macht's gut, ihr zwei.«

»Ich muss dir noch was sagen«, flüsterte Felipe, »mir wäre es lieber, du wärst noch ihr Mann und nicht der alte Opa.« Felipe deutete mit seinem Kinn in die Richtung, in die Wernher mit Dunnert verschwunden war.

Erst jetzt fiel Thesen auf, dass Wernher und Felipe ungefähr das gleiche Alter hatten, wobei das auch schon die einzige Gemeinsamkeit der beiden Männer war.

»Komm, Wernher ist schon okay, und er liebt Cedi, da kannst du dir sicher sein.«

Thesen wartete die Antwort nicht ab. Er drehte sich schnell um und verließ mit großen Schritten die Kantine. Vor der Klinik empfing ihn ein klarer, kalter Ostwind. Er ließ sein Auto stehen und ging die sechs Kilometer in den Mühlenweg zu Fuß.

Theresa fror, ihre Finger waren schon fast steif, sie hatte Mühe, den Lenker festzuhalten. Die Sonne strahlte ungehindert aus einem blauen Himmel, hatte im Februar aber noch nicht viel Kraft, auch hier nicht, auf der Insel. Vor fünf Minuten, in Galilea, in vierhundertvierzig Meter Höhe, war ihr nach den vielen Serpentinen von Es Capdella herauf noch warm gewesen. Jetzt rollte sie mit Tempo fünfundvierzig die schattige Straße durch den Reserva Nationalpark hinunter nach Puigpunyent. Thesen war natürlich vor ihr, nach der ersten Kurve hinter Galilea war er verschwunden, sie hatten aber ausgemacht, an der einzigen Kreuzung von Puigpunyent in dem kleinen Café Es Port die erste Pause zu machen. »Das ist ein Radlertreff mit einem gemütlichen Bullerofen in der Mitte«, hatte sie erklärt.

Theresa hatte schon lange aufgegeben, Thesen Vernunft beibringen zu wollen. Mittlerweile hielt sie lieber ihren Mund, es würde sowieso nichts ändern, und der Helm, den sie Thesen zu Weihnachten geschenkt hatte, lag zu Hause originalverpackt in einem Kellerregal. Er hatte ihn nur widerwillig anprobiert, sich pflichtschuldig bedankt und ihn dann zu dem anderen gelegt, den er sich vor der Fahrt Trondheim–Oslo in Norwegen hatte kaufen müssen. Diesen Helm hatte er danach nie wieder auf seinem Kopf gehabt. Theresa hatte gehofft, ihn mit einem flotteren Design und dem dezenten schwarz-silbernen Farbton locken zu können, aber wahrscheinlich würde er nicht einmal einen aufsetzen, wenn es Pflicht wäre. Theresa fragte sich oft, ob Ärzte generell gerne mit ihrem Leben spielten, konnte sich die Frage aber nicht beantworten, weil sie eben nur einen Arzt kannte. Und der raste gerade auf zwei Zentimeter schmalen Reifen mit gut siebzig Sachen ins Tal, obwohl er im kalten Fahrtwind zitterte und seine steifen Finger fast nicht um die Bremse legen konnte.

Wenn es ihn wenigstens einmal ordentlich auf die Straße legen würde, ihm der Asphalt die Haut am Schädel abreiben würde, vielleicht würde es der Hohlkopf dann kapieren, dachte Theresa, als sie an den ersten Häusern von Puigpunyent vorbeirollte. Nach einer Linkskurve wurde der Blick frei auf die einzige Kreuzung des Orts. Sie erkannte Thesens Rad, das an einen leeren, steinernen Pflanztrog vor dem Café angelehnt stand. Wieder mal Glück gehabt, dachte Theresa, die sich allerdings mehr Sorgen um Thesens Herz machte. Irgendetwas konnte da doch nicht stimmen. Sie hatte noch nicht vergessen, wie er plötzlich zusammengeklappt war. Danach hatten sie sich zum ersten Mal heftig und mit Worten gestritten, die den anderen auch treffen sollten.

Theresa konnte einfach nicht verstehen, dass Thesen offenbar überhaupt kein Interesse hatte, zu erfahren, was denn nun da passiert war, als ihm plötzlich eine Sicherung durchbrannte. Normalerweise war er alles andere als ein wurstiger Typ, der sich nicht um sich selbst scherte und dickfellig am Abgrund entlangtapste. Aber nach seiner urplötzlichen Ohnmacht hatte er nur abgewunken und so getan, als sei sie hysterisch. Der Abend endete damit, dass sie Rücken an Rücken einschliefen, eine traurige Premiere nach gut anderthalb Jahren.

Thesen brummte »Gute Nacht« und schlief zwei Minuten später, eine Fähigkeit, die Theresa auch gern gehabt hätte. Für sie war es unerklärlich, dass der nervöse Mann innerhalb von ein paar Sekunden komplett auf Ruhe umschalten konnte, während sie, die sonst am Tag fast nichts aus der Ruhe brachte, oft nur schwer einschlafen konnte. An diesem Abend klappte es gar nicht, immer wieder lauschte sie, ob Thesen noch atmete. Sie hörte seinen gleichmäßigen, ruhigen Atem, während sie sich von einer Seite auf die andere warf. So ein Trottel, dachte sie, aber wenigstens lässt er sich durchchecken, das hatte sie ihm noch abtrotzen können.

Thesen rief am nächsten Tag seinen Studienkollegen Andreas Seiffert an, der seit ein paar Monaten als Juniorpartner in einer internistischen Gemeinschaftspraxis angeheuert hatte. Thesen mochte Seiffert, weil auch der kein heiliges Sendungsbewusstsein vor sich hertrug. Thesen schätzte ihn so ein, dass Seiffert, ähnlich wie er selbst, sehr genau die Grenzen des Jobs kannte und deshalb mit einer Diagnose zurückhaltend war. Seiffert zeigte sich ein wenig verwundert, als ihm Thesen zwei Tage später gegenübersaß.

»Nachdem du hier sicher kein Bier mit mir trinken willst, bist du wohl krank. Aber mal im Ernst, was will der Sportfex Thesen bei einem Kardiologen? Wenn ich mich richtig erinnere, hast du im Studium bei einem Belastungs-EKG fast den Ergometer kaputt getrampelt.«

Thesen schilderte knapp die Ohnmacht vor drei Tagen, ohne ein Wort zu verlieren über die seltsamen Phänomene, die er seit seiner Trennung von Anja vor anderthalb Jahren immer wieder erlebte. Kein Wort von dem plötzlichen Druck auf der Brust, der ihn manchmal überfiel; kein Wort über die scharlachroten Flecken, die sich innerhalb weniger Sekunden auf seinem Hals ausbreiteten; kein Wort über die trockene Hitze, die seinen Kopf glühen ließ, und von dem Kloß im Hals, der ihn immer wieder würgte. Er schwieg auch darüber, dass er im vergangenen Sommer gelernt hatte, sich mit einem Glas Rotwein aus der seltsamen Kaskade zu befreien. Thesen trank zwar nicht mehr als früher, er achtete aber schon darauf, dass immer mindestens eine

Flasche im Haus war. Natürlich verschwieg er auch den 23. November, als er zum ersten und bisher einzigen Mal mit zwei Glas umbrischem Sangiovese im Magen in den OP gegangen war. Nidernbühl hatte ihn am späten Nachmittag noch einmal in die Klinik beordert, Thesen sollte bei einem Freund seines Chefs eine Arthroskopie durchführen, weil der sich in der Tennishalle verletzt hatte und sein Knie nicht mehr durchstrecken konnte. »Ich möchte, dass Sie das machen, Johannes, sie sind bei Menisken mein bester Mann, und ich möchte, dass mein Freund bald wieder auf den Platz kann, weil er ein wichtiger Mann in unserem Doppel ist.« Thesen fühlte sich geschmeichelt, verstieß an diesem Nachmittag aber gegen alle gängigen Regeln, auch gegen seine eigenen.

Seiffert hatte dem kurzen Bericht seines ehemaligen Kommilitonen schweigend zugehört.

»Hör mal, eine plötzliche Ohnmacht nehme ich allerdings sehr, sehr ernst. Ob es dir passt oder nicht, du bekommst jetzt erst einmal das volle diagnostische Programm.«

Thesen nickte demütig, obwohl ihm der Gedanke überhaupt nicht gefiel. In den kommenden neun Tagen absolvierte er eine Ultraschalluntersuchung seines Herzens und ein Belastungs-EKG. Er trug vierundzwanzig Stunden einen Blutdruckmesser mit sich herum, den er am nächsten Morgen gegen ein mobiles Dauer-EKG-Gerät tauschte. Seifferts Kollegen schauten mittels Sonde in Thesens Magen, untersuchten sein Blut, seinen Urin und den Stuhlgang. Thesen erlebte, was tagtäglich Tausende in Deutschlands Arztpraxen aushalten müssen, und er fragte sich, ob man ihn, als Kollegen, einfach nur härter rannahm. Nach den ersten Ergebnissen wurde er in eine Röntgenpraxis überwiesen, sein Gehirn in einer Kernspinröhre fotografisch in feinste Scheiben geschnitten. Er ließ alles über sich ergehen, nur als Seifferts Seniorpartner Dr. Dr. Haberl zum Abschluss noch eine Darmspiegelung vorschlug, weigerte er sich. Thesen hatte das deutliche Gefühl, dass Haberl ihm nur eine Sonde einführen wollte, weil er seine Privatversichertenkarte gesehen hatte.

Am Ende saß Thesen wieder Andreas Seiffert gegenüber, der jetzt in einer gewaltigen Akte blätterte.

»Wie zu erwarten«, sagte Seiffert, »du bist fast schon unverschämt gesund. Nichts, aber auch gar nichts Auffälliges, im Gegenteil, ich wäre froh, wenn ich deine Laborwerte hätte. Trotzdem – man fällt nicht einfach so um. Bist du sicher, dass die Ohnmacht das einzige merkwürdige Phänomen war?«

»Absolut«, log Thesen, »warum sollte ich etwas verschweigen?«

Seiffert zuckte mit den Schultern. »Keine Ahnung, ich weiß nur, dass du immer schon ein fickriger Typ warst. Und falls du in der Vorlesung beim alten Maier-Ehringer aufgepasst hast, dann weißt du auch, dass man mit seinen Nerven nicht spaßen sollte.«

»Ja, Mama«, frotzelte Thesen, »mir wäre es aber lieber, du könntest mir in einer allgemein verständlichen Sprache schriftlich versichern, dass ich topfit bin – weißt du, meine Freundin macht sich mehr Sorgen als nötig, und ich hätte abends gerne meine Ruhe. Die Patienten tagsüber nerven schon genug.«

»Natürlich kann ich das«, antwortete Seiffert, »aber deine Freundin hat trotzdem recht. Hör mal, es ist deine Sache und du solltest auch in der Lage sein, dich selbst zu beobachten. Also pass auf und vor allem – wenn es dich noch einmal umhaut, bist du eine Stunde später hier.«

»Ehrenwort«, versprach Thesen, schüttelte Seiffert die Hand und ging schnell. Theresa gab sich mit dem schriftlichen Ergebnis, dass er über eine beneidenswerte Konstitution verfüge, zufrieden, bestand aber trotzdem auf einigen Tage Abspannen auf Mallorca.

Thesen wusste genau, was Theresa von ihm erwartete, als sie schwungvoll in das kleine Café »Es Pont« in Puigpunyent stürmte. »Okay, okay«, sagte er in einer Stimmlage, die schlechtes Gewissen signalisieren sollte, »ich bin ein bisschen schnell abgefahren, aber dafür habe ich auch schon Kaffee bestellt.« Er senkte den Blick und streckte ihr mit gespielter Demut eine große Schale Café con leche entgegen. Außer Theresa und ihm waren nur noch sechs alte Männer mit schwarzen Baskenmützen im Lokal, die sich in dem schlecht gelüfteten Raum auf wackeligen Stühlen um den alten gusseisernen Ofen in der Mitte scharten, Zigarillos rauchten und in abgegriffenen Zeitungen lasen. Oben in einer Ecke des Raumes lief eine Boxübertragung im Fernsehen, die nicht einmal den gelangweilt dreinblickenden, unrasierten Kellner hinter der Bar interessierte. Wahrscheinlich lief die Kiste vierundzwanzig Stunden am Tag, dachte Thesen, und immer nur Eurosport. Theresas Zorn verrauchte mit dem ersten Schluck aus der großen Tasse. Der Kaffee wärmte von innen, an der heißen Tasse konnte sie wunderbar ihre Finger aufwärmen. Sie musterte Thesen und fand, dass er entspannt aussah. Das hektische Zucken um seine Augen, das sie in den letzten Wochen immer beobachtet hatte, war verschwunden, seit sie vorgestern auf der Insel gelandet waren. Vielleicht, dachte sie, vielleicht hat er das hier einfach mal gebraucht. Ein paar Tage weg von Nidernbühl, ein paar Tage weg von den lärmenden Kindern und von Cedis Geschichte. Er sah gut aus, frisch, wie damals am Ufer des Baggersees, als er sie ungeschickt über ihr Leben ausgefragt hatte und sie merkte, dass es sie nicht störte.

Thesen bestellte noch zwei Cola und ging mit ihren Trinkflaschen auf die Toilette, füllte Wasser aus dem Hahn des Waschbeckens ein und löste jeweils eine Magnesiumtablette auf. Zurück im Gastraum, warf ihm der Kellner einen bösen Blick zu. Offenbar passte es ihm nicht, dass sich seine Kundschaft Trinkflaschen füllte. Der kann zufrieden sein, zwei Kaffee und zwei Cola in zwanzig Minuten, ein ordentliches Trinkgeld, was will der Kerl eigentlich noch mehr an einem kühlen Dienstagmorgen im Februar? Thesen bedachte den grämlichen Mann hinter der Theke mit einem öligen Lächeln, woraufhin der sich grunzend dem Boxkampf zuwandte. Auf dem Bildschirm umarmten sich zwei sehr dünne und schwer blutende Männer, einer hob seine rechte Faust und spannte seine geschwollene Oberlippe. Beim Versuch zu lächeln lief ihm Blut aus dem Mund, aber er grinste tapfer weiter in die Kamera. Dabei hielt er sich an dem anderen dünnen Mann fest, den er offenbar zuvor besiegt hatte, der aber seltsamerweise nicht ganz so zerschlagen aussah wie der Sieger. Beide wirkten auf Thesen wie Verlierer und sie waren es wohl auch. Thesen fand es völlig unverständlich, dass sich erwachsene Menschen minutenlang so hart wie möglich auf die Schnauze hauten und sich nach dem finalen Gong in den Armen lagen wie alte Freunde.

»Komm, lass uns weiterfahren, sonst geraten wir heute Nachmittag in Stress, es sind immerhin noch gut fünfundsiebzig Kilometer.« Thesen nahm seine Windjacke von der Stuhllehne und zog sie schnell an.

»Was ist denn auf einmal los, was wird mit der Cola? Mach' jetzt keine Hektik.«

Er griff sein noch halb volles Glas und leerte es auf einen Zug.

»Wenn wir zu lange sitzen, kommen wir nicht mehr in Schwung. Also komm jetzt, weiter.«

»Eigentlich hatten wir beschlossen, dass ich diese Woche das Tempo vorgebe«, maulte Theresa, trottete aber doch hinter Thesen her. Sie wusste genau, dass er von Minute zu Minute nervöser werden würde, wenn man ihm nicht sein Willen ließ. Mit den fünfundsiebzig Kilometern hatte er obendrein recht. Auf dem Weg zur Tür musterte der Barkeeper sie von oben bis unten, ohne sich auch nur die geringste Mühe zu geben, sein Interesse zu verdecken. Thesen warf ihm einen funkelnden Blick zu, was ihn aber auch nur etwas vor sich hin brummen ließ, das Thesen nicht verstand.

Sie verließen Puigpunyent Richtung La Granja. Die Straße schlängelte sich nordwärts, an von niedrigen Steinmauern begrenzten Terrassen vorbei leicht bergauf. Nur ab und zu begegneten sie einem Auto, vom feuchten Boden hoben sich immer wieder einzelne Nebelfetzen. Thesen fuhr vorne, suchte einen leichten, runden Tritt und schaffte es tatsächlich, sich nur ein bisschen zu fordern, locker zu bleiben und seinen Blick über die Landschaft schweifen zu lassen. Hinter der fast zugewucherten Natursteinmauer einer einsamen Finca bellte ein Hund. Thesen genoss die gleichmäßige Last wie eine sanfte Massage, er hatte das Gefühl, mit seinem Blut warme Energie bis in den letzten Winkel seines Körpers zu spülen, und die Frau hinter ihm würde seine ruhige Fahrt zu keiner Sekunde als Schwäche werten, blinde Männerlogik war ihr zum Glück völlig fremd. Das hatte er im vergangenen Sommer begriffen, als er Theresa bei der Fahrt auf den Mont Ventoux in höchster körperlicher Not bitten musste, ein kleines bisschen Druck rauszunehmen. Sie hatte ihr Tempo sofort gedrosselt, ohne jemals danach auch nur ein einziges Wort darüber zu verlieren. Kein Spott, keine Häme, einfach nichts. Thesen war klar geworden, dass sie seine Bitte völlig normal fand, sie nicht wertete und wahrscheinlich schon eine halbe Stunde später vergessen hatte, wie man eben unwichtige Dinge wieder vergisst.

Elf Kilometer bis La Granja, seinetwegen hätten es auch hundert sein können, er war bereit, die Straße zu genießen. Schade nur, dachte Thesen, dass ich meinen Walkman nicht dabeihabe. Er war in der Stimmung für »April« von Deep Purple, am liebsten zweimal hintereinander.

Es war ja auch nicht so, dass Thesen nicht lernfähig gewesen wäre. Am Abend nach dem letzten Besuch in der Praxis seines alten Kollegen Seiffert hatte er »Journey to the Centre of the Eye« von Nektar aufgelegt, eine einfache Flasche Merlot aus dem Burgund entkorkt und sich auf den Diwan gefläzt. Die Kinder waren im Bett, Theresa hatte heute Nachtdienst in der Lokalredaktion und würde erst nach Hause kommen, wenn auch die letzte Polizeimeldung des Tages im Blatt war, auf keinen Fall vor elf, da sie um zweiundzwanzig Uhr dreißig noch einmal bei der Pressestelle der Polizei anrufen musste. Wenn der Diensthabende nichts mehr zu melden hatte, konnte sie gehen. Aber meistens gab es noch einen größeren Unfall oder eine Kneipenschlägerei, die noch ins Blatt drängten (ab einem zumindest erheblich Verletzten – so die Hausregel von Lokalchef Weber), und dann wurde es Mitternacht. Mindestens.

Thesen trank einen großen Schluck Wein. Er gestand sich ein, dass Seiffert recht hatte. Es sind deine Nerven, Alter, sagte er sich, und er wusste zumindest so viel von der Materie, um zu kapieren, dass dies kein Spaß war. Er nahm sich vor, sich genau zu beobachten, aufzuschreiben, was er gemacht hatte, wenn ihn wieder diese komische Schwäche und dieser seltsame Druck überfallen würden. Wie bei Kindern, die man ein Kopfweh-Tagebuch schreiben lässt, dachte er. Und er hatte eine Idee, er wollte noch etwas anderes versuchen, am besten gleich morgen. Nein, morgen nicht, dachte er, da muss ich noch einmal in den OP, aber dann am Wochenende.

Das Telefon klingelte. Cedi war dran, ihre Stimme klang aufgeräumt, freundlich und vor allem kräftig.

»Hallo, ich bin es, wie geht's?«

Thesen musste lächeln: »Hör mal, das ist meine Frage, solange du krank bist.«

»Ich bin nicht mehr krank, verstehst du? Das Leben hat mich wieder, Dunnert hat heute gesagt, dass ich spätestens Anfang März wieder arbeiten kann. Ich fühle mich großartig und ich möchte am Wochenende gerne Claude sehen. Geht das?«

Himmel, was ist jetzt los, dachte Thesen, bisher hat sie doch auch noch nie gefragt und ihn einfach abgeholt.

»Klar, kein Problem, wann kommst du?«

»Wernher kommt, fahren will ich noch nicht. Samstagmorgen um zehn?«

»Gut, ich kann Claude aber auch bringen.«

»Ist schon okay so. Tschühüs.« Cedi legte auf.

Unglaublich, dachte Thesen, vor nicht einmal einem Monat war die Frau so gut wie tot und jetzt rast sie mit Vollgas ins Leben zurück. Professor Dunnert hatte Wernher nach der Transplantation berichtet, dass Cedis Leber nur noch ein von narbigen Strängen überzogener, faustgroßer Klops gewesen war, und dass er bis zu diesem Tag kein zerstörteres Organ bei einem Menschen gesehen habe. Zumindest bei keinem, der noch am Leben war. Dunnert bot Wernher an, einen Blick auf Cedis alte Leber zu werfen, aber der lehnte rasch ab, hatte keine Lust auf eine Portion Elend im Formalinbad. Wernher hätte sich eh nie vorstellen können, dass es einem Menschen derart dreckig gehen konnte, nur weil ein Zellklumpen in seinem Oberbauch nicht mehr richtig arbeiten wollte. Er willigte aber in Cedis Namen ein, dass Dunnert das Organ zu Lehrzwecken untersuchen dürfe – was hätte man auch sonst damit machen sollen.

Thesen hatte Wernhers Bericht mit Staunen gehört. Regelrecht verblüfft war er aber, als er Cedi elf Tage nach der Operation zum ersten Mal besuchte. Sie saß aufrecht im Bett, winkte ihm zu. Das Gelb war aus ihren Augen verschwunden, Thesen hatte das Gefühl, als glätte sich bei jedem ihrer Atemzüge eine der Falten in ihrem noch schmalen, harten Gesicht, das halb von einem Mundschutz verdeckt wurde. Zehn Minuten lang erzählte sie ihm ohne Punkt und Komma den Verlauf der letzten Tage. Thesen hörte kaum zu, er war einfach nur fasziniert, wie rasant jemand vom Totenbett wieder auferstehen konnte. Nur an einen Satz erinnerte er sich noch.

»Als ich aufgewacht bin, habe ich sofort gespürt: Du hast gewonnen, du lebst weiter.«

Thesen wollte wissen, wie sich solch eine Sicherheit anfühlte, aber Cedi konnte es nicht beschreiben.

»Es war einfach so da, verstehst du?«

Er verstand nicht, für ihn war es immer schon ein Mysterium gewesen, wenn Menschen über eine unerschütterliche innere Sicherheit verfügten, die auf nichts anderem beruhte, als dem reinen Glauben an die eigenen Stärke, an Gott oder an was auch immer. Thesen brauchte für Glauben Gewissheit, oder wenigstens Vertrauen in Fähigkeiten, die er sich selbst erworben haben musste. Dann war er stark, ruhig und beherrscht. Wie im OP, wenn vor ihm nur ein lädiertes Gelenk lag, dessen Innenleben für ihn zwar Überraschungen, aber keine Probleme bieten konnte.

Der Wald wich, die Straße wurde flacher. Thesen blickte über karge, terrassierte Felder, zwischen den Bäumen strotzte frisches Grün, die Sonne wärmte den Asphalt und auch Thesen fühlte sich wohlig, warm und bereit für alles, was heute noch kommen sollte. In einer halben Stunde würden sie in Valldemossa sein. Er freute sich auf die Pause, weil er Hunger verspürte, was er an sich überhaupt nicht kannte. Appetit beim Sport – normalerweise war er unterwegs viel zu angestrengt, um überhaupt Zeit für solch ein Gefühl zu haben. Im Sattel aß er nur nach Plan, jede Stunde ein paar Bissen von einem Energieriegel, weil er wusste, dass sonst wegen Unterzuckerung von einer Sekunde auf die andere der große Hammer kam. Hungerast nennen Radler diese urplötzliche, bleierne Müdigkeit, die Unfähigkeit, Druck aufs Pedal zu geben, weil die Muskeln selbst bei minimalster Belastung höllisch zu brennen beginnen. Thesen war dies einmal passiert: Am Stilfser Joch in Südtirol ging ihm nach zwei Dritteln der Strecke vom Vinschgau herauf der Strom aus. Einfach so, von einem Tritt zum nächsten, peng. Nichts ging mehr, auf der Franzenshöhe, sieben Kilometer vor dem Pass, war Schluss. Er musste umdrehen, rollte zurück nach Prad, wo er in einer urigen Gaststätte erst einmal einen großen Teller Spaghetti mit Ragù aß und dazu einen Liter Cola trank. Danach ging es ihm besser, für einen zweiten Anlauf hinauf auf fast zweitausendachthundert Meter war es aber zu spät. Seit damals zwang sich Thesen zum regelmäßigen Essen, wenn er mehr als fünfzig Kilometer am Stück fahren wollte.

»Johannes, schau mal hinter uns«, rief Theresa in den Wind.

Thesen drehte sich um. Am Ende der langen Geraden erkannte er eine Gruppe Radfahrer, die in einer akkuraten Zweierreihe langsam näher kam.

Er kniff die Augen zusammen. Es waren tatsächlich die Telekom-Profis auf Trainingsfahrt. In ein paar Minuten würden sie vom Zug der Stars eingeholt werden. Das ist deine Chance, einmal mit Ullrich und Co. zu fahren. Thesen vergaß alle Vorsätze. Er fühlte sich stark, bereit für den Vergleich mit den Besten der Welt, wobei er natürlich wusste, dass es keinen Vergleich geben würde. Heute stand bei den Profis Grundlagenausdauer auf dem Programm, das hatte ihm Jan Ullrich gestern Abend erzählt. Im Frühjahr fuhren die Profis oftmals noch ruhige Einheiten, achteten darauf, dass ihr Puls nicht über hundertdreißig Schläge stieg, während sie so gleichmäßig wie möglich etwa sieben Stunden rollten. Daher waren die zehn auch nicht viel schneller unterwegs als Theresa und Thesen und sie würden ihr Tempo auch nicht ändern, wenn sich Thesen an den Zug der Profis anhängen würde. Nicht einmal, wenn er sie überholen würde. Profis vergleichen sich nicht mit Hobbyfahrern. Sie wissen, dass sie jeden mittelalten Ehrgeizling ohne größere Anstrengung abhängen könnten, wenn sie nur wollten. Und dieses Wissen reicht ihnen. Auch das hatte Ullrich gestern erklärt. Trotzdem, dachte Thesen, das ist deine Chance. Er drückte abwechselnd die Fersen ganz nach unten, dehnte so seine Wadenmuskeln, damit er locker das höhere Tempo der Berufsradler würde aufnehmen können. Er straffte sich im Sattel, tauchte aus seiner Entspannung auf, stierte angriffslustig über seine Schulter nach hinten.

»Johannes«, hörte er Theresa zischen, »mach' dich jetzt bitte nicht zum Affen, ja? Wir lassen die vorbei, nicken freundlich und das war es dann, okay?«

Thesen schwieg.

»Hörst du, bleib' cool, ich mach' da auf keinen Fall mit.«

Theresa musste fast schreien, da sie die ersten beiden Profis mit surrenden Ketten an ihrer linken Seite hatte. Der T-Zug überholte, die Fahrer passierten Theresa und Thesen wie ein Fischschwarm einen Taucher. Sie surrten knapp vorbei, ohne Notiz von ihnen zu nehmen. Jedes Pärchen unterhielt sich, Thesen erkannte Jan Ullrich, der durch ihn hindurchsah. Theresa bedachte er jedoch mit einem freundlichen Nicken. Als das letzte Pärchen vor Thesen wieder rechts einscherte, meldete sich Theresa wieder.

»Lass' es einfach, ich weiß, dass du da locker mitfahren kannst, also lass' es.«

Thesen zögerte noch zwei, drei Sekunden. Dann wollte er doch los, schnell die kleine Lücke wieder schließen, die sich zwischen ihm und dem letzten Profipaar gebildet hatte, aber im selben Moment quetschte sich ein silberner Audi mit Rennrädern auf dem Dach in die Lücke. Thesen musste bremsen, um nicht in die Heckklappe zu knallen, auf der in großen magentafarbenen Lettern »Team Telekom« stand. Der Fahrer des Begleitfahrzeugs nahm Thesen die Entscheidung ab. Die Chance war weg, der Audi klebte dicht an den Profis, um Freizeitradler wie ihn von der Gruppe fernzuhalten.

»Okay, okay, du hast gewonnen«, rief er nach hinten.

Theresa strahlte. Der Mann ist jedenfalls ansatzweise lernfähig, dachte sie. Kurz danach saßen sie in Valldemossa in der Sonne, genossen die Wärme und den Blick auf die blühenden Mandelbäume im Tal. Sie schafften auch den Rest der Tour in der angestrebten Zeit, locker und ohne jeden Stress.

Abends, am üppigen Buffet, fühlte sich Thesen regelrecht euphorisch. Er aß für zwei, begann mit einem mallorquinischen Originalgericht, wozu er eine Knoblauchzehe schälte und mit der feuchten Seite auf einem Stück gerösteten Brot verrieb. Dann presste er den Saft und die Kerne einer halben Tomate über das Brot und strich obendrauf noch eine Schicht Aioli, eine leicht gewürzte Mayonnaise aus Oliven. Danach gönnte er sich gegrillte Gambas mit Zitrone, ein Stück Seezunge mit Kartoffeln und einen Teller Pasta. Vor dem Dessert holte er sich noch gegrillte Hühnerbeine und einen großen Schlag öliger Pommes dazu. Bei jeden Gang ans Buffet musste er an der langen Tafel an der Fensterseite des Speisesaals vorbei, die für die Radprofis reserviert war. Als er das fünfte Mal mit einem vollen Teller vorbeischlenderte, hörte er, dass er Thema bei den jungen Männern war. Er schnappte Gesprächsfetzen auf – »Unglaublich, der müsste viel dicker sein«, hörte er, und »der kotzt wahrscheinlich nach dem Essen, sonst würde er nicht so aussehen.«

Tja, Jungs, dachte Thesen, so ist das halt. Wer kann, der kann. Er fühlte sich prächtig, zumal er die vielen, allerdings nur leicht belegten Teller vom Buffet mit einem dreiviertel Liter schwerem, rotem Hauswein hinuntergespült hatte. Theresa wollte keinen Wein. Thesen bestand trotzdem auf der großen Karaffe. Nach hundertneun Kilometern habe ich mir das auch verdient, dachte er. Nur ganz tief in in seinem Inneren erkannte er, dass sein Glück auch mit einer kleinen weißen Tablette zusammenhing, die er am Morgen genommen hatte. Und er wusste, dass er die chemische Euphorie nicht zu sehr und schon gar nicht zu lange strapazieren durfte. Aber jetzt war ihm das egal.

Am Abend nach seinem letzten Besuch bei Seiffert hatte er die Idee gehabt. Sein Kollege versicherte ihm, dass er vor Gesundheit nur so strotzte. Wenn es die Nerven sind, sagte sich Thesen, dann versuch' doch einfach mal, ein bisschen die Reize zu dämpfen. Er dachte aber nicht an autogenes Training oder an Yoga. Er glaubte zwar an die Kraft zur Ruhe, die man in sich selbst finden kann, aber das war nichts für ihn, dazu hatte er keine Zeit – und eben auch keine Nerven. Am nächsten Morgen besorgte er sich mit seinem Arzt-ausweis in einer Apotheke am Bahnhof eine Packung Valium der mittleren Stärke. Er ignorierte den bohrenden Blick der Apothekerin, zählte das Geld bar und exakt ab und ging grußlos durch die elektrische Schiebetür nach draußen. Er deponierte das Päckchen in der Innentasche seiner Jacke, suchte sein Auto und fuhr in die Klinik. Jetzt hast du die Pillen und wirst sie wahr-scheinlich nie brauchen, dachte er.

Er brauchte sie genau drei Tage später, am Montagmorgen, um kurz nach sieben. Thesen hatte nach dem Sonntagsdienst frei und war damit eigentlich auch vom Frühstückmachen befreit. Er war aber schon um sechs Uhr auf-gewacht, obwohl es draußen noch stockdunkel war. Er quälte sich ohne Unterhose in die zerknüllte Jeans, die neben seinem Bett auf dem Boden lag, schlüpfte in ein viel zu großes T-Shirt, das er von einer Pharmafirma zu Weihnachten geschenkt bekommen hatte und auf dem ein Elefant mit Spritze im Hintern abgebildet war, und schlurfte in die Küche. Er stellte Wasser für den Tee auf und deckte langsam den Tisch fürs Frühstück. Seit Paul in der Schule war, traf sich die neue Familie morgens um Viertel vor sieben möglichst komplett in der Küche. Theresa hatte die Idee gehabt, weil sie irgendwo einmal gelesen hatte, dass es bei Patchwork-Familien am Anfang wichtig sei, gemeinsame Rituale aufzubauen. Thesen war es recht, solange es das sinnstiftende Ritual nicht zu sehr störte, das darin bestand, dass er seinen Kopf hinter der Zeitung versteckte. Dafür stand er auch meistens früher auf als die anderen und deckte den Tisch.

Langsam füllte sich die Küche. Claude war wie immer von allein auf-gewacht und schon mitten in der Nacht topfit. Er stürmte in die Küche, krabbelte auf die Eckbank, schnappte sich wortlos ein Bananenjoghurt, riss den Deckel ab und begann zu essen. Eigentlich könnte er auf die anderen warten, dachte Thesen, war aber zu müde, um etwas zu sagen. Und über-haupt – soll er halt, wenn er schon Hunger hat. Zehn Minuten später schob sich Theresa mit Tine auf dem Arm in die Küche. Tine versteckte ihr Gesicht in einem Fetzen, den sie Wau-ie nannte und der nichts weiter war als eine alte, weiße, mittlerweile zerschlissene Stoffwindel, ohne die Tine aber weder schlafen noch leben konnte. Paul war schon gewaschen und angezogen, ebenso wie seine Mutter. In einer halben Stunde würde ihn Theresa die zwei-hundert Meter bis zur Bushaltestelle begleiten. Bis Anfang März, solange es morgens noch nicht richtig hell war, wollte sie das machen. Dann nicht mehr.

»Mama, ich will ein Bananenjoghurt«, sagte Paul, als sie alle am Tisch saßen.

»Dann nimm dir eins«, antwortete Theresa.

»Es ist keins mehr da, und er« – Paul deutete auf Claude – »hat das letzte gefressen.«

»Das heißt gegessen«, sagte Thesen und schaute an seiner Zeitung vorbei, »dann nimm dir eben ein anderes. Es sind doch genug da.«

»Ich will aber ein Bananenjoghurt, außerdem waren es meine.«

»Das stimmt«, sagte Theresa, »wir waren zusammen einkaufen und dabei durften sich alle ihre Lieblingsjoghurts aussuchen. Paul wollte Banane, Claude, glaube ich, Pfirsich.«

»Stimmt das, Claude?«, fragte Thesen ärgerlich und legte die Zeitung weg. Eigentlich war es ihm völlig wurscht, wer warum wann welches Joghurt essen durfte, er wollte deswegen aber nicht schon in aller Frühe Ärger beim neuen Familienritual.

»Nein«, keifte Claude, »die lügt.«

»Sag nicht: die«, knurrte Thesen, »das heißt Theresa.«

»Die lügt, die lügt, die lügt.« Claude brüllte.

»Jetzt ist aber Schluss, Herrgott.« Thesen konnte den plötzlichen Zorn, der in ihm aufstieg, nicht bändigen, auch er brüllte, ohne es zu wollen.

»Immer hilfst du denen«, schrie Claude, »und Paul magst du auch lieber als mich.« Ihm rannen die Tränen übers Gesicht. »Du magst immer die anderen mehr, deshalb ist auch die Mama krank geworden.« Er rannte aus der Küche, knallte die Tür mit solcher Wucht ins Schloss, dass die Farbe an der Zarge abplatzte und auf den Boden bröselte.

Jetzt weinte auch Tine.

»Was hat denn das kleine Arschloch«, motzte Paul, »ich will doch nur mein Joghurt.«

»Paul, du entschuldigst dich jetzt sofort für das Wort.« Jetzt war es auch bei Theresa mit der Ruhe vorbei, ihre Stimme zischte gefährlich.

»Nein, nein, nein.« Paul trommelte mit den Fäusten auf den Tisch, er bekam einen roten Kopf und brüllte wie am Spieß. »Claude ist ein Arschloch, ein Riesenarschloch …«

Theresa schnappte den tobenden Paul am Handgelenk und zog ihn hinter sich her.

»Pass auf Tine auf«, brüllte sie in Pauls Lärm hinein, »ich bring ihn kurz zum Bus.«

Thesen wollte etwas sagen, bekam aber nur ein Krächzen heraus. Plötzlich war es still in der Küche, nur Tine saß verhuscht in ihrem Trip-Trap und schnüffelte an Wau-ie. Thesen fror plötzlich, dann spürte er einen Strom-schlag im Hals und sein linker Arm wurde eiskalt. Das Atmen tat weh, er meinte, seine Brust zöge sich zusammen wie unter einer unsichtbaren Presse. Mühsam schleppte er sich in den Flur, fingerte die Valiumpackung aus seiner Jacke. Zurück in der Küche, nahm er gleich zwei mit einem großen Schluck Wasser, obwohl er keine Erfahrung mit Tranquilizern hatte. Er setzte sich wieder, lächelte Tine an.

»Du krank?«, fragte die Kleine.

»Ja, Halsweh«, krächzte Thesen und beobachtete seine zittrigen Hände. Theresa war plötzlich wieder da.

»Wir müssen reden, Johannes.«

»Später, ich zieh' jetzt Claude an und bring' ihn in den Kindergarten. Dann gerne, okay?« Deine Stimme klingt furchtbar, dachte er.

Theresa nickte. Thesen ging zu Claude ins Zimmer, der auf seinem Bett saß und trotzig einen Teddy knetete. Wortlos suchte Thesen Claudes Klamotten zusammen, die über den ganzen Teppich verstreut lagen.

»Claude, willst du, dass die Mami wieder hier wohnt?«

»Nein.«

»Warum sagst du dann solche blöden Sachen?«

»Weiß ich nicht.«

»Wie, weiß ich nicht?«

»Weiß ich nicht.«

Thesen musste plötzlich lachen. Mein Gott, Kinderkram, warum auf-regen? Der Ärger war weg, der Druck entwichen, wie aus einem offenen Ventil. Er zog seinen Steppke an und fuhr ihn mit dem Auto ins »Wichtel-haus«, Claudes Kindergarten.

Als er zurückkam, saß Theresa immer noch am Küchentisch. Sie war blass, lächelte hilflos.

»Wir kriegen das hier nicht hin, oder?«

»Klar, du wirst sehen, in drei, vier Monaten ist schon vieles besser.«

Er massierte Theresa den Nacken, die Ruhe in ihm übertrug sich auf sie, plötzlich hatte auch Theresa die dunklen Gedanken nach dem hässlichen Streit verdaut. Und Johannes hatte ja recht – vor einem Jahr hatten sich die Kinder noch viel öfter gestritten, wenn auch nicht so brutal.

»Wann wird Tine von der Tagesmutter abgeholt?«

»O Gott, in zehn Minuten, ich muss sie noch anziehen.«

»Warte noch kurz«, sagte Thesen und kam mit seinem Mund ganz nah an ihr Ohr. »Und wenn Tine weg ist, kommst du hoch ins Schlafzimmer, ja?«

»Aber ich muss doch in die Redaktion.«

»Erst um halb elf, schöne Frau.«

Theresa lächelte und nickte. Warum auch nicht, das Leben war kurz.

Thesen stand nackt auf dem Balkon, sein schweißnasser Körper dampfte, er zog tief an seiner Zigarette und blies den Rauch hinaus in den kalten Nachtwind, der von den Höhen der mallorquinischen Berge hinunter zum Meer wehte. Es war verdammt kalt, nicht einmal mehr 10 °C, aber er spürte nur eine angenehme Kühle auf der Haut. Er sah durch die Glasfront ins Zimmer. Theresa hatte sich unter der Decke wie ein Embryo zusammengerollt und die Augen geschlossen. Aber sie schlief nicht, sie genoss die wohlige Wärme in ihrem Bauch. Seit ein paar Tagen war der Sex, den sie miteinander hatten, besser als jemals zuvor. Thesen schien wie ausgewechselt zu sein. Es war immer spannend mit ihm im Bett, schon beim ersten Mal, aber jetzt war er anders, entspannt und trotzdem fordernd, ausdauernd zärtlich, bis sie es fast nicht mehr aushielt, und genau dann drängend und hart, wenn sie es wollte – ohne es zu sagen. Thesen hatte schon beim ersten Mal mit der Pille gespürt, dass Valium nicht nur seine Hände beruhigte. Er nahm Theresas Körper ganz anders wahr, ruhiger und wacher zugleich, er hatte plötzlich alle Zeit und alle Lust der Welt.

Drei Monate gönnst du dir die Chemieshow, dachte Thesen, dann hast du wieder genug Kraft gegen die Attacken. Im Mai ist wieder Schluss. Er drückte die Zigarette aus und ging zurück ins Zimmer.

Cedi

»**H**errgott noch mal, ja doch.«

In Thesens linker Hosentasche vibrierte das Handy, durch den dicken und störrischen Stoff seiner Jeans piepste gedämpft der Refrain der »Internationale«, im Spätsommer 1998 der allerneueste Schrei der Klingelton-Hitparade. Er ärgerte sich, dass er wieder mal vergessen hatte, das Ding auszuschalten. Wenn du es schon im Auto anlässt, dann legst du es das nächste Mal in die kleine Ablage unter dem Radio vorne am Armaturenbrett, dachte er. Thesen war entschlossen, die Völker die Signale ohne ihn hören zu lassen. Wenn es wichtig ist, soll wer auch immer eben später noch einmal anrufen. Das Klingeln wollte jedoch nicht aufhören, und alle drei Sekunden vibrierte das schwarze Ding lästig fordernd in seiner Hosentasche. Ihm fiel ein, dass er vor einer Woche bei einem Kurztrip ins Elsass die Mailbox ausgeschaltet hatte, weil selbst das Aufsprechen einer Nachricht sehr teuer war, vom Abhören gar nicht zu reden. Auf jeden Fall war die Mailbox immer noch aus und der Anrufer hatte offenbar sehr viel Geduld. Mein Gott, dachte Thesen, normalerweise legt man doch nach sechsmal Läuten auf, dann weiß doch jeder Trottel, dass eh keiner rangeht, schon gar nicht an ein Handy. In seiner Tasche vibrierte es zum zwölften oder dreizehnten Mal. Er löste mit der rechten Hand den Sicherheitsgurt neigte seinen Oberkörper auf die leere Beifahrerseite und streckte sein linkes Bein in den Fußraum so weit er konnte – jetzt war der Weg in seine linke Hosentasche einigermaßen frei. Er zerrte mit der linken Hand das Handy aus der Tasche und hielt mit der rechten das Auto gerade auf der Spur. Der Tacho zeigte hundertzehn. Blitzschnell richtete sich Thesen wieder auf, warf einen Blick auf das blinkende Display. CEDI leuchtete auf. Wer auch sonst. Seufzend drückte er auf den blauen Telefonhörer.

»Menschenskind, Cedi, was gibt's denn?«

»Hallo, erst mal. Was ist los, warum blökst du mich eigentlich so an, schlechte Laune?«

»Nein, aber ich sitze im Auto und wollte nicht rangehen, aber du hättest es wahrscheinlich bis morgen früh klingeln lassen.« Thesen hatte sich das Handy zwischen linke Schulter und Ohr geklemmt und fuhr mit schief gelegtem Kopf weiter, allerdings nur noch achtzig. Er kam sich blöde vor, wahrscheinlich sah er genauso dämlich aus wie die vielen Autofahrer, die sich im Parkhaus das Ticket aus dem Automaten zwischen die Lippen klemmten, während sie auf der Suche nach einem freien Platz Kreise fuhren.

»Na ja, jetzt bist du ja dran, es geht auch ganz schnell.« Cedis Stimme war ein Nuance schärfer geworden, geschäftig. Thesen kannte diese Stimmlage genau, das Signal war klar: Kein Widerspruch erlaubt. Cedi hatte eine Ansage zu machen, was bei ihr meistens wie ein Befehl klang. »Ich will Claude morgen haben und am Sonntag auch.«

»Warum?«

»Darum, das geht dich nichts an. Ich hol' ihn dann um zehn. Tschüs.«

»Halt, nicht auflegen.«

»Was denn noch.« Cedis Stimme wurde gefährlich leise, leise und drohend.

»Es geht mich schon was an. Dieses Wochenende ist meines und wir haben auch schon was vor …« Thesen konnte nicht ausreden.

»Oh, wie ich das hasse, ›dein Wochenende‹, wie das schon klingt.« Cedi brüllte in den Hörer. »Weißt du was, dein Spießeridyll mit deiner komischen Theresa und ihren Plagegeistern interessiert mich einen Dreck. Ich hole Claude morgen, weil Frank ein freies Wochenende hat, wenn du es unbedingt wissen willst. Und wenn dir das nicht passt, gehe ich am Montag zum Jugendamt und beantrage das alleinige Sorgerecht.«

Thesen wollte gerade zurückbrüllen, aber Cedi hatte schon aufgelegt. Er suchte hektisch das Telefonbuch, tastete sich zum Eintrag CEDI und drückte »Anrufen«. Mercedes Römer ließ es klingeln, sie ging nicht ran, bis die Telekom nach einer Million Tut-tuts die Leitung trennte. Thesen bemerkte, dass er gerade an seiner Ausfahrt vorbeigefahren war.

»Dumme Ziege«, brüllte er seine Windschutzscheibe an. Er sehnte sich nach einer Tablette. Thesen konzentrierte sich, wie er es mühsam gelernt hatte, auf seine Atmung, ließ seine Schultern ganz bewusst so tief wie möglich absinken, bis er fühlte, dass der Druck aus seinem Kopf langsam abfloss und irgendwo in seinem Rücken versickerte. Er nestelte eine Zigarette aus dem Handschuhfach und drückte den Anzünder. Erst gestern hatte er hundertfünfzig Mark für eine ausgiebige Innenreinigung ausgegeben, sein zehn Jahre alter schwarzer Daimler-Kombi stank ausnahmsweise einmal nicht nach nassem Hund und kaltem Rauch und eigentlich wollte Thesen auch nicht mehr am Steuer rauchen, aber jetzt war ihm das egal. Er nahm die nächste Ausfahrt, bog links ab, überquerte die Brücke über die Schnellstraße und fädelte sich wieder in die Auffahrt ein.

Cedi hatte sich von der Transplantation vor anderthalb Jahren sehr schnell erholt und drei Wochen nach der OP die Uniklinik verlassen. Die Medikamente, die verhindern sollten, dass ihr Körper das fremde Organ abstieß, vertrug sie gut, außerordentlich gut sogar. Nur nach der Abschlussuntersuchung war ihre neue Euphorie für zwei Wochen von dunklen Wolken überschattet. Dunnert musste ihr sagen, dass ihre Hepatitis C leider nicht mit der alten Leber verschwunden war. Das wäre allerdings auch eine ziemliche Überraschung gewesen. Nur bei fünf Prozent der Patienten verschwand mit der Transplantation auch das Virus, bei allen anderen versteckte sich der Erreger irgendwo im Körper und befiel danach erneut die Leber. Dunnert hatte Cedi aber versichert, dass sie sich die nächsten zehn Jahre darum keine Sorgen zu machen brauchte.

»Sie wissen doch«, hatte er gesagt, »eine gesunde Leber kann dem Virus jahrzehntelang Paroli bieten, ohne dass Sie davon auch nur das Geringste spüren. Und vielleicht finden wir ja schon in naher Zukunft ein Mittel, um die Krankheit auszuheilen. Ich bin da sehr optimistisch, schließlich wissen wir nun seit ein paar Jahren, dass die C weltweit ziemlich weitverbreitet ist. Allein in Deutschland trägt jeder Hundertste das Virus, wahrscheinlich sind es sogar noch mehr. Mindestens achthunderttausend potenzielle Patienten allein bei uns, das ist ein ordentlicher Markt für die Pharmaindustrie, also wird auch viel geforscht.«

Dunnert wusste genau, wie er seine Patienten beruhigen konnte, die alle in den ersten Wochen nach einer erfolgreichen Operation verdrängten, dass sie das Virus doch noch in sich trugen. Und an Mercedes Römer lag Dunnert etwas. Er konnte sich nicht erinnern, jemals eine Patientin gehabt zu haben, die dem Tod näher gewesen war als sie und die sich dann so rasend schnell erholt hatte. Manchmal fragte er sich, ob das wohl eine spezielle Veranlagung sei, irgendein Gen, das es nur bei energischen Spanierinnen gab. Natürlich war das Unsinn, aber Dunnert konnte sich Cedis Sprint zurück ins Leben einfach nicht erklären. So schnell, so direkt – einfach unglaublich. Er schrieb einen langen Aufsatz in einer Fachzeitschrift über sie und nahm ihr das Versprechen ab, ihn mindestens zweimal im Jahr außerhalb der obligatorischen Nachsorge in der Klinik zu besuchen.

Cedi versuchte in den folgenden Monaten, verlorene Zeit zurückzuholen. Sie lebte auf der Überholspur, zog mit Wernher fast jeden Abend los, Theater, Kino, danach noch auf ein Glas Rioja und einen Teller gegrillte Sardinen in eine der winzigen, spanischen Pinten im Studentenviertel am Rande der Innenstadt. Innerhalb von zwei Monaten nahm sie gut fünf Kilo zu, Wernher musste schon nach kurzer Zeit aufpassen, dass seine Frau ihre lebenswichtigen Medikamente zur richtigen Zeit und in der richtigen Menge einnahm. Cedi lebte, als habe sie die Krankheit um ihre beste Zeit betrogen. Tagsüber hastete sie öfter in ihr Reisebüro als sie musste, nach drei Wochen waren ihre Mitinhaberinnen nur noch genervt, weil Mercedes jeden Tag eine neue Idee ausbrütete, stundenlang mit Reiseveranstaltern und Agenturen telefonierte, nur um am Abend alles wieder zu verwerfen. Romy Severin, ihre Freundin und wie Cedi 33,33-Prozent-Anteilseignerin am »Reisebüro Horizont«, überzeugte ihre aufgekratzte Kollegin, dass sie sich doch erst einmal richtig erholen und dazu selbst einen entspannenden Urlaub buchen sollte. Cedi war Feuer und Flamme, verkaufte die Hälfte ihrer zweihundert Daimleraktien, die ihr vor sieben Jahren ihr Vater geschenkt hatte und die im deutschen Börsenrausch mittlerweile mehr als das Doppelte wert waren. Sie buchte zwei Wochen auf einer winzigen Malediveninsel, auf der sie einen Tauchkurs machen wollte, wobei sie ihr geplantes Abenteuer unter Wasser gegenüber Professor Dunnert und Wernher verschwieg. Cedi hatte keine Lust auf »das pessimistische Geschwafel von professionellen Bedenkenträgern«. So erklärte sie es Romy, die als Einzige von den Tauchplänen wusste.

»Weißt du, ich habe gelitten wie ein Hund, jetzt genieße ich die neue Kraft so gut ich kann, schließlich weiß niemand, wie lange es mir so blendend wie jetzt gehen wird.« Manchmal wunderte sie sich über ihr neues Credo, vor allem aber darüber, dass sie nicht ein einziges Mal in sich das Bedürfnis spürte, etwas über den Spender ihrer Leber zu erfahren. Sie wusste überhaupt nichts über ihn, nicht, wo er herkam, wie alt er war und an was er gestorben war. Es war ihr auch egal, sie sah nur die langsam verblassende Narbe quer über ihrem Bauch, was darunterlag, konnte ihretwegen bis zu ihrem Tod in fünfhundert Jahren im Dunkeln bleiben. Das sagte sie auch Dunnert, als der sich einmal vorsichtig bei ihr erkundigt hatte, ob sie ein Problem mit der gesetzlich geschützten Anonymität des Spenders habe. Cedi wusste, dass ihr Desinteresse ungewöhnlich war, also entschloss sie sich, einfach nicht mehr darüber nachzudenken. Eine Strategie, die sie immer schon perfekt beherrscht hatte und um die sie viele beneideten. Am meisten Thesen.

Cedi flog Anfang April 1997 von Frankfurt nach Male. Nach drei Stunden auf einem großen Katamaran rannte sie barfuß über den weißen Sand der Insel Ellaidhoo und jubelte die Sonne an, die gerade im Westen im Meer versank. Zwei Tage später, morgens um halb zehn, begann der Kurs, zwei weitere Tage vergingen und sie schlief mit ihrem Tauchlehrer Robbie, dem sie die lange Narbe als Folge eines Autounfalls vor einem halben Jahr verkaufte. Robbie schluckte die Story genauso wie der französische Arzt, der Cedi kurz vor Kursbeginn auf ihre Tauchtauglichkeit untersuchte, sich dabei aber auf einen flüchtigen Blick in ihre Ohren, eine Blutdruckmessung und das Abhören des

Herzens (dabei sah er die Narbe) beschränkte. Ein zweiter Blick auf die rote Linie über Cedis Bauch hätte einem Arzt verraten müssen, dass es sich bei dieser schmalen Linie nie und nimmer um eine Unfallnarbe handeln konnte. Der Mann mit dem holprigen Englisch hatte aber kein Interesse an Problemen. Nach der lustlosen Abarbeitung eines Fragenkatalogs, bei dem Cedi fünfmal log, stellte er eine internationale Tauchtauglichkeitsbestätigung für Mercedes Römer aus, kassierte 125 Dollar in bar und verschwand. Über ihre Hepatitis verlor Cedi kein einziges Wort, sie verschwieg die Transplantation und dass sie täglich Medikamente nehmen musste. Kein Wort davon gegenüber dem Franzosen, keine Silbe darüber gegenüber Robbie. Warum auch? Cedi wusste, dass selbst ohne Kondom das Ansteckungsrisiko für ihren jugendlichen Lover sehr klein war. Eigentlich kaum messbar. Und wenn er sich doch was einfängt, ist es mir auch egal, ich sehe ihn schließlich nie wieder, dachte sie. Natürlich benutzte sie keinen Gummi, sie hatte nicht mal einen, noch nie gehabt. Er offenbar auch nicht. Cedi hatte sich nach der Geburt von Claude sterilisieren lassen, weil sie der Meinung war, ein Kind sei genug für ein Leben, und weil sie jede Art von Verhütung lästig fand. Mit Kondomen konnte sie schon gar nichts anfangen.

Nach dreiwöchigem Urlaub landete Mercedes Römer auf dem Frankfurter Flughafen, in ihrem Gepäck eine kleine, silberne Karte der Confédération Mondiale des Activités Subaquatic, die Cedi als CMAS Ein-Stern-Taucherin auswies und auf die sie sehr stolz war. Sie landete außerdem mit der Gewissheit, dass sie mit einem viel zu alten Mann verheiratet war. Robbie würde nie mehr werden als eine Episode, auch wenn er seinen Job auf Ellaidhoh kündigen wollte, um zu ihr nach Deutschland zu kommen. Cedi konnte sich nun wirklich nicht vorstellen, mit einem siebenundzwanzigjährigen Tauchlehrer zusammenzuleben, der nur unter Wasser richtig zufrieden war. Sie hatte ihn vertröstet, von ihrer Ehe erzählt, ihm aber auch ein wenig Hoffnung auf eine gemeinsame Zukunft gemacht, da sonst die letzten Tage vor ihrem Abflug von einer Melancholie bestimmt gewesen wären, auf die sie in ihrem ersten Urlaub im neuen Leben überhaupt keine Lust hatte. Im Flugzeug, hoch über Indien, schrieb sie den Abschiedsbrief an Robbie, in ein paar Tagen würde sie ihn aufgeben. Robbie war wichtig gewesen, er hatte ihren Hunger nach Kraft und Jugend wieder geweckt. Wernher war der richtige Mann gewesen, als es ihr schlecht gegangen war, zu dem Zeitpunkt hätte sie keinen besseren finden können – das wusste sie. Und dafür war sie auch dankbar, trotzdem würde sie ihn verlassen, wenn die Gelegenheit dazu käme, und das ohne schlechtes Gewissen. »Ich habe Wernher vor meiner Krankheit mehr gegeben als jede andere Frau in seinem Leben«, hatte sie vor ein paar Wochen einmal zu Romy gesagt, »wenn wir uns jetzt trennen würden, wären wir quitt.«

Cedi schob ihren Trolley mit den Koffern durch die elektrische Schiebetür des Zolls. Wernher kam mit einem Strauß Blumen strahlend auf sie zu. Cedi brüllte laut seinen Namen, sank ihm in die Arme, wobei sie die Blumen zerquetschte. Als sie wenig später auf die Autobahn fuhren, löste Cedi ihren Gurt, legte sich seitlich auf ihren Sitz, sodass ihr Gesicht in Wernhers Schoß lag. Langsam öffnete sie seine Hose.

»So bist du noch nie begrüßt worden, oder?«

Wernher antwortete nicht. Und er war froh, dass es draußen bereits dunkel geworden war. Sie hatten noch eine weite Strecke vor sich, Wernher aber plötzlich alle Zeit der Welt.

Cedis Gelegenheit kam drei Monate später an einem heißen Nachmittag Ende Juli und hieß Frank Nowak. Herr Nowak hatte sich bei Cedi im Reisebüro nach Singlereisen im September erkundigt. Cedi versprach, sich intensiv darum zu kümmern, sie brauche aber ein, zwei Tage zur Recherche. Am nächsten Morgen rief sie ihn vom Büro aus an, verabredete sich mit ihm am Nachmittag auf einen Kaffee im »Andalucia«, das er auch kannte. Sie redeten fünf Stunden über alles, nur nicht über Urlaub. Frank brachte Cedi nach Hause. Sie wollten sich am nächsten Tag wieder treffen, um endlich seinen Urlaub zu planen. Aber nicht im Büro, sondern wieder im »Andalucia«. Als Cedi die Tür zur Wohnung aufschloss, hoffte sie, dass es schon bald morgen wäre. Wernher stand in der Küche, er war schon fast fertig mit Kochen, wie immer, wenn sie nach Hause kam.

»Ich hab' was ganz Besonderes für dich«, begrüßte er sie strahlend, »als Vorspeise Gänseleber auf Weißbrot mit einem Glas Sauternes und danach Gambas provencial. Und im Keller habe ich noch eine Flasche von dem leckeren Rosé aus Grimaud gefunden.«

Cedi blickte ihn stumm an, es war wie damals bei Thesen. Auf einmal konnte sie nicht mehr, definitiv. Der Mann mit seinem ganzen fürsorglichen Getue war ihr plötzlich zuwider. Wie kann er seiner Frau, die die Leber eines Toten in sich trägt, ausgerechnet Gänseleber auf den Tisch stellen und dazu auch noch Alkohol, dachte sie grimmig, obwohl sie bisher auf ihrem Glas Wein am Tag bestanden und sich bis vor zehn Sekunden auch noch nie vor Gänseleber geekelt hatte. Eher schon vor dem Sauternes, sie mochte keinen süßen Wein, nicht mal zur Gänseleber. Wernher Römer war für seine Frau Mercedes in diesem Moment zur Geschichte geworden. Er wusste es nur noch nicht.

Cedi seufzte. »Danke, für mich aber bitte nur die Gambas.« Sie rang sich ein Lächeln ab, küsste Wernher flüchtig auf die Wange und setzte sich an den wie immer festlich gedeckten Tisch.

»Hattest du einen harten Tag?«, fragte Wernher.

»Nein, nicht besonders, ich bin nur ein bisschen müde.«

In den nächsten zwei Wochen traf sie sich außer an den Wochenenden täglich mit Frank, aber sie schlief nicht mit ihm, weil sie wissen wollte, ob er an mehr Interesse hatte als an einer durchvögelten Nacht. Frank lud Cedi fast jeden Mittag zum Essen ein, küsste sie zum Abschied auf die Wangen, hielt sich aber ansonsten zurück. Er spürte, dass er von Cedi getestet wurde und gab den perfekten Galan. Auch weil er fühlte, dass Cedi das bisschen Mühe durchaus wert sein könnte.

Für Cedi war Frank schon bald die Idealbesetzung an ihrer Seite. Neununddreißig Jahre alt, geschieden, wobei seine Trennung finanziell abgewickelt war, sagte er wenigstens. Franks Ehe war kinderlos geblieben, er erklärte Cedi, dass Kinder für ihn nie ein Thema gewesen waren, was seine Ex schließlich in die Arme eines anderen getrieben hatte. Frank Nowak war Bauingenieur mit Hang zu ausgefallener Lebensart. Er hatte sich vor sieben Jahren aus Glas und Holz und unter Umgehung von etwa vierunddreißig Baurichtlinien in einer Peripheriegemeinde vierzig Kilometer von der City entfernt ein Haus in Form eines Trapezes gebaut, gekrönt von einer von außen nicht einsehbaren Lichtkuppel, dem Schlafzimmer. Über seinem Domizil schwebte jetzt aber das Damoklesschwert des Zwangsabrisses, weil sein Kumpel Othmar Roger beim Oberbürgermeister in Ungnade gefallen war. Der Baudezernent der Gemeinde hatte letztlich das Projekt eloquent und mit Ellbogen durch alle kommunalen Gremien geprügelt. Für Frank war es jetzt plötzlich ein Nachteil, mit Roger die Schulbank gedrückt zu haben und auch die Lokalpresse lästerte gerade mitten im Sommerloch mangels attraktiver Geschichten über das »Haus ohne Norm«.

Frank kam zu ihren Treffen in einem über zwanzig Jahre alten dunkelgrünen Porsche Targa, der mit seinen Rostflecken an den Radläufen und den rot gesprenkelten Chromringen um die Scheinwerfer aussah, als würde ihn der TÜV beim nächsten Termin aus dem Verkehr ziehen. Das Auto, erklärte Frank mit glänzenden Augen, müsse so verlottert sein, weil genau so ein rollender und röhrender Schrotthaufen bei »Der große Frust« eine Rolle gespielt habe, und das sei immerhin sein Lieblingsfilm. Cedi hatte noch nie etwas von dem Streifen gehört. Aber egal. Frank war witzig, hatte gepflegte Hände, er war allein und er sah mit seinen langen, schwarzen Haaren und seiner immerbraunen Haut auch noch gut aus. Unter seinen eng anliegenden, meist schwarzen T-Shirts war nur ein winziger Bauchansatz erkennbar. Und das mit dem Pferdeschwanz und den viel zu engen Lederhosen rede ich ihm auch noch aus, dachte Cedi. Auf jeden Fall sah Frank ganz anders aus als Wernher und auch anders als Johannes und damit war er für Cedi in dieser Phase ihres Lebens der Mann schlechthin.

Am ersten Wochenende im August verabschiedete sich Cedi bei Wernher auf ein Frauenwochenende mit ihrer Freundin Romy, deren Eltern eine Berghütte im Montafon hatten, auf der kein Handy funktioniere. Auch in der näheren Umgebung nicht, leider.

»Aber wir wollen ja auch ausspannen, einfach nur wandern, ein bisschen in der Sonne liegen und viel schlafen«, sagte sie zu Wernher. Cedi packte ihren alten Rucksack, vergaß nicht, ihre Bergschuhe dekorativ an eine eigens dafür angebrachte Lasche am Rucksack zu binden und verließ am Freitagnachmittag die Wohnung in der Panoramastraße. Wernher wollte sie mit dem Auto zu Romy bringen, aber Cedi bestand auf ihrer Vespa, wegen des schönen Wetters und wegen des Berufsverkehrs. Romy wusste Bescheid, sie hatte sich schweren Herzens bereit erklärt, bis Montag ihr Handy abzuschalten und damit als Cedis Alibi zu fungieren. Dazu bekam sie noch eine Liste mit den Namen von drei kleinen, feinen Restaurants in der Innenstadt, in denen Wernher vielleicht auftauchen könnte. Da Romy am liebsten bei »Maredo« aß, war die Gefahr aber nicht besonders groß, dass sich die beiden zufällig begegneten. Und wenn doch, dachte Cedi, als sie sich mit ihrer Vespa durch den dichten Feierabendverkehr schlängelte, ist es auch schon fast egal. Wenn das Wochenende so lief, wie sie es sich in ihren Gedanken ausgemalt hatte, dann würde sie Wernher am Montag die Wahrheit sagen und dem Makler das Okay. für die Dreizimmerwohnung mit Südbalkon am südlichen Stadtrand geben, die sie schon vor drei Tagen angesehen hatte und die sofort frei war. Die letzten hundert Daimleraktien hatte sie heute Morgen von ihrem Bankberater verkaufen lassen. Das würde fürs Erste reichen, zumal das »Horizont« sehr gut lief.

Cedi traf Frank im »Ox«, einem neuen Biergarten mitten in der City, der bei der Jugend gerade der Treff war. Cedi hasste Selbstbedienung mit lauwarmem Bier und Flammkuchen aus der Mikrowelle, das »Ox« war aber ideal, da direkt daneben die Universität lag, auf deren Parkplatz sie bis Sonntagabend ihre Vespa parken konnte, ohne dass es irgendjemandem auffallen würde. Frank saß allein an einem winzigen Tisch, vor sich ein Weizenbier. Er schwitzte und lächelte verlegen, als Cedi auf ihn zukam. Seit sie sich am Mittwoch praktisch bei ihm eingeladen hatte, war er unsicher geworden. Frank hatte gerne das Gesetz des Handelns in seinen Händen, er fühlte sich ein wenig überfahren (»Ich möchte gerne dein Haus sehen«), aber andererseits spürte er in Cedis Nähe jene feine Nervosität, die jeden Hunger und jede Müdigkeit tagelang verjagte, und die ihn bisher nur dann gequält hatte, wenn es ihm wichtig war.

»Hallo.« Mercedes küsste ihn leicht auf den Mund, zum ersten Mal. »Komm, lass uns gehen.«

Frank setzte sich gar nicht mehr hin, ließ sein Bier stehen, verzichtete auf das Pfand und zeigte Cedi den Weg zu seinem klapprigen Porsche. Umständlich verstaute er ihren Rucksack im engen Staufach unter der Fronthaube und warf die Bergschuhe, nachdem er sie losgenestelt hatte, auf die Notsitze, weil er sonst die Haube nicht mehr zugebracht hätte. Der Motor vibrierte unangenehm, der Porsche fuhr kreischend und zitternd an, produzierte Töne, als reibe Metall an Metall. Ohne Öl dazwischen. Cedi fragte sich, warum Legionen von Männern dieses nervöse Gekreische geil finden konnten. Auf der Landstraße brummte der Motor dann angenehmer, runder und auch leiser. Frank fuhr neunzig im fünften Gang, er hatte es nicht eilig.

»Frank«, Cedi drehte ihren Kopf nach links, betrachtete Franks Profil, »bevor wir bei dir sind, möchte ich dir was sagen.«

Frank runzelte leicht die Stirn, sah sie aber aufmunternd an, ehe er sich wieder auf die Straße konzentrierte.

»Also gut, äh, ich meine, wahrscheinlich wirst du heute noch eine lange Narbe bei mir sehen.«

Cedi schwieg kurz, es fiel ihr schwer, über ihre Krankheit zu reden. Frank hatte keine Ahnung und schaute stur geradeaus, weil er nicht wusste, was er sonst tun sollte.

»Also, ich war sehr krank, musste eine große Operation über mich ergehen lassen, also, genauer gesagt, eine Organtransplantation, ach, Scheiße, jetzt pass auf: Ich habe seit acht Monaten die Leber eines Toten in meinem Bauch, weil meine eigene vom Hepatitis-C-Virus zerfressen worden war und ich ohne neue Leber jetzt auf dem Friedhof wäre.« Cedi atmete hörbar aus. Es ging ihr besser, jetzt war ihr großes Geheimnis keines mehr. Sie fühlte sich, als hätte ihr jemand einen Betonklotz von der Brust genommen.

Frank zuckte zusammen. »Sag mal«, fragte er plötzlich, »hast du das Virus noch?«

Cedi erschrak. Was will der jetzt wissen? Kein Wort über Wie und Was, nur ob ich das Virus noch habe? Spinnt der? Die Erleichterung über ihre Beichte verpuffte innerhalb einer Sekunde.

»Ja«, sagte sie nach ein paar Sekunden Pause, »warum ist das so wichtig für dich? Du kannst dich nicht anstecken – wenn man ein bisschen aufpasst.«

Frank lachte laut heraus, schüttelte den Kopf, hieb mit der flachen Hand immer wieder aufs Lenkrad.

»Ich fasse es nicht, ich fasse es nicht ...«

»Was fasst du nicht?« Cedi wurde ärgerlich.

»Mach' mal das Handschuhfach auf«, sagte Frank. Cedi wollte etwas sagen, tat dann aber doch, was Frank wollte.

»Und jetzt?«

»Nimm mal die schwarze Mappe ganz links heraus. Darin ist ein Ausweis. Nimm ihn ruhig.«

Ein paar Sekunden später hielt Cedi einen kleinen grauen Karton in der Hand. »Unfallausweis« stand auf dem Deckblatt. Cedi wurde langsam ärgerlich.

»Letzte Seite«, sagte Frank, der gleichzeitig den Porsche auf einen Parkplatz lenkte.

Cedi las: »Blutgruppe 0, Rhesus negativ.« Darunter stand in alter Schreibmaschinentype: »ACHTUNG. Inhaber ist HCV-positiv, Blutkontakt vermeiden.« Cedi brauchte einige Sekunden, bis sie begriff, dass Frank Nowak mit Hepatitis C infiziert war. Frank schaltete den Motor ab, Cedi hörte ihn leise sagen. »Willkommen im Klub.«

Ein paar Sekunden schwiegen beide, Frank fing sich als Erster wieder. Atemlos begann er zu erzählen: Auch er hatte keine Ahnung, wo er sich das Virus gefangen haben könnte.

»Die ganze Zeit habe ich mir überlegt, wie ich dir das erklären soll. Ich rede nicht gerne darüber, ich fühle mich immer so abgestempelt …« – Frank suchte nach dem passenden Wort – »… so minderwertig, ja minderwertig. Ich hasse dieses Scheißvirus weil man einfach nichts dagegen machen kann.«

Von seiner Infektion wusste er erst seit einem Jahr, als er in einer Art vorweihnachtlichem Sozialanfall zum ersten Mal in seinem Leben Blut gespendet hatte.

»Drei Tage später haben die mich angerufen und zu einem Gespräch gebeten. Ich hatte keine Ahnung, um was es ging, ich wusste bis dahin nicht einmal, dass es so etwas wie eine Virushepatitis gibt. Und auf einmal hatte ich sie.«

Frank hatte bis heute keine Erklärung, bei seiner geschiedenen Frau, mit der er neun Jahre zusammen gewesen war, konnte man das Virus nicht nachweisen. Frank war auch nicht krank, er zeigte keinerlei Symptome, fühlte sich stark, seine Leberwerte waren auch nur minimal erhöht, weshalb die Infektion nie aufgefallen war. Vor einem halben Jahr hatte er sich über die Interferon-Therapie informiert, die Ärzte hatten ihm aber geraten, noch zu warten, bis eine neue Kombinationstherapie mit drei Medikamenten zugelassen würde, die gerade weltweit getestet werde.

»Im Moment kann mir keiner sagen, was jetzt kommt. Wenn ich Glück habe, wirkt die Therapie, wenn nicht, kann es immer noch fünfzig Jahre so bleiben wie jetzt, und wenn alles schiefgeht …«, Frank machte eine Pause, »… na ja, wenn ich dich so ansehe, habe ich keine Angst mehr vor der letzten Konsequenz.«

Cedi hatte die ganze Zeit geschwiegen, sie konnte einfach nicht glauben, was da gerade über sie hereinbrach. Sie hatte mit vielem gerechnet. Es hätte sie nicht gewundert, wenn Frank nach ihrer Beichte auf Distanz gegangen wäre, das hätte sie verstanden. Wer lässt sich schon gerne mit jemandem ein, bei dem er sich eine tödliche Krankheit einfangen kann, auch wenn das Risiko sehr gering ist und auch kein Experte seriös sagen kann, wie gefährlich das Virus für den Einzelnen wirklich ist. Aber wer kalt mit der Krankheit konfrontiert wird, sieht natürlich nur das Risiko und den Tod, das ist nun mal so. Und jetzt sagt mir der Kerl, dass er mit mir in einem Boot sitzt.

»Ich muss jetzt sofort was trinken.«

»Na prima«, sagte Frank und lachte, »die Leberkranken geben sich die Kante.«

Die Unterhaltung auf den letzten zwanzig Kilometern zu seinem Haus geriet zu einem medizinischen Fachgespräch, danach verloren sie kein Wort mehr darüber. Zwei Stunden später lag Cedi in Franks Bett. Sie brauchte noch ein paar Minuten, bis sie sich daran gewöhnt hatte, dass sie aus der Lichtkuppel heraus die Spaziergänger auf dem Gegenhang sehen konnte, die aber nur in einen Spiegel blickten. Bis Sonntag verließen sie das Bett nur für ein paar Stunden. Beide spürten, dass dies mehr war als eine flüchtige Affäre. Sie genossen seit langer Zeit wieder einmal das pralle Leben, ohne einen anderen, störenden Gedanken im Kopf. Vögelnde Schicksalsgefährten allein gegen die Welt – das Virus legte ein Band um sie beide, das stärker war als alles, was Cedi bisher erlebt hatte.

Sie trennte sich noch am Sonntagabend von Wernher, wozu sie nicht einmal eine halbe Stunde brauchte. Wernher weinte, wollte Erklärungen, fragte aber nicht den üblichen Mist, wer der andere sei, ob er jünger sei und besser im Bett oder was enttäuschte Männer in Wut und Verzweiflung sonst noch so fragen, ohne es eigentlich wirklich wissen zu wollen. Wernher wahrte seine Klasse als Mensch, Cedi hatte plötzlich Mitleid, fühlte sich mies, unterdrückte aber jeden kleinsten Zweifel. Sie wollte zu Frank, sie wollte wieder ins Bett.

»Wir können später darüber reden, ich muss jetzt los.«

Cedi ging schnell zur Tür, drehte sich auch nicht mehr um. Den Schlüssel nahm sie aber mit. Sie fuhr wieder zu Romy, wo Frank schon wartete. Für ein paar Tage wollte sie bei Frank wohnen, bis ihre neue Wohnung eingerichtet war. Am nächsten Morgen rief sie den Makler an und sagte, dass sie die

Wohnung nun doch nicht nehme. Frank hatte ihr angeboten, bei ihm einziehen, das Haus sei schließlich groß genug und es gäbe auch noch ein kleines Zimmer, das man für Claude einrichten könne. Cedi hatte sofort zugesagt, obwohl sie sich bis jetzt nie vorstellen konnte, auf dem Land zu wohnen, wo man ein Auto brauchte, um in eine Kneipe oder ins Kino zu gehen. Der kleine Garten, den sie mit Johannes im Mühlenweg gehabt hatte, war ihr immer genug Natur gewesen. Manchmal auch mehr als genug. Aber jetzt war eben alles anders. Cedi zog ins Trapez und kaufte sich von den Daimleraktien ein gebrauchtes schwarzes Peugeot-Cabrio. Vierzig Kilometer bis zum Reisebüro waren ihr dann doch zu weit für den Roller. Sie änderte ihre Handynummer und brach den Kontakt zu Wernher völlig ab. Nach vier Wochen schrieb sie ihm einen Brief, weil sie sich schnell scheiden lassen wollte. Wernher lehnte ab, er bestand auf seinem Recht, das Trennungsjahr abzuwarten. Darauf forderte Mercedes Römer von ihrem Mann tausendzweihundert Mark Unterhalt monatlich für getrennt lebende Ehepartner, oder die sofortige Scheidung. Wernher entschied sich für die Zahlung. Cedi legte das Geld direkt in Aktienfonds an, was sich als glänzende Idee herausstellen sollte.

Thesen bog in die Auffahrt zum Mühlenweg ein. Claude kam ihm entgegengerannt, Tine hüpfte in seinem Schlepptau mit. Paul war nicht zu sehen. Ein kritischer Blick in den Rückspiegel, Thesen versicherte sich, dass er keine roten Flecken am Hals hatte. Er dachte daran, dass nun nichts aus dem geplanten Ausflug an den Bodensee werden würde. Er drückte Claude seine Umhängetasche in die Hand, ein eingespieltes Ritual, auf das Claude stolz war. Thesen tätschelte Tine abwesend den Kopf, schenkte ihr ein gequältes Lächeln und ging um das Haus herum auf die Terrasse. Theresa empfing ihn mit abwehrend ausgestrecktem rechtem Arm, ihr linker Zeigefinger lag senkrecht auf ihren Lippen, das Telefon war zwischen Ohr und Schulter eingeklemmt. Offenbar etwas Geschäftliches. Plötzlich wurde Theresa lauter.

»Nein, Herr Landrat, das sehe ich wirklich anders als Sie, ganz anders. Mein Ressortleiter übrigens auch, und Sie können ihm einen schönen Gruß sagen, wenn Sie ihn sicher gleich anrufen. Auf Wiederhören.« Sie legte auf.

»Was für ein Arschloch.«

»Ärger?«, fragte Thesen.

»Nicht mehr als sonst, gestern hat sich der OB beschwert, jetzt der Landrat. Weißt du, was der gesagt hat? Ich soll mich lieber um Frauenthemen kümmern als um Politik. Was für ein Riesenarschloch.«

Theresa Küpper hatte vor drei Tagen einen kritischen Artikel über ein geplantes Industriegebiet geschrieben, für das der Oberbürgermeister die letzten Bauern am westlichen Stadtrand vertreiben und etwa achtzig Hektar Land zubetonieren wollte. Theresa hatte sehr viele Gründe dagegen aufgezeigt und eigentlich keinen einzigen dafür. Jetzt wehrten sich die Granden, die es nicht gewohnt waren, in der sonst so handzahmen Heimatzeitung angegriffen zu werden. Schon gar nicht von einer Frau. Theresa fragte sich, wie lange Lokalchef Weber ihr noch den Rücken frei halten würde und woher die erbosten hohen Herren ihre Telefonnummer hatten, wo sie doch schon seit vier Jahren nicht mehr im Telefonbuch stand. Wahrscheinlich von Weber, dachte sie, aber gut, es war schließlich seine Idee gewesen, sie auf das Thema anzusetzen. Weber wollte frischen Wind, wie er in seinem Büro bei geschlossener Tür gesagt hatte, nicht den langweiligen Nachrichtenstil seines Lokalpolitikers Henze. Jetzt pfiff ihm der Sturm ins Gesicht, zumal auch schon der Chefredakteur über seinen Stellvertreter nachfragen ließ, seit wann denn die Küpper über Kommunalpolitik schreibe und was das, verdammt noch mal, solle.

»Na ja, aber wenigstens fahren wir morgen weg, endlich zwei Tage Ruhe.«

»Daraus wird leider nichts, Claude geht zu seiner Mutter.«

»Das ist jetzt nicht dein Ernst? Warum denn das? Es ist unser Wochenende.«

»Sie will ihn haben, sie hat mir gedroht, dass sie das alleinige Sorgerecht beantragt, wenn ich mich weigere.«

»Du weißt genau, dass sie damit keine Chance hätte. Also lass dich nicht immer so einschüchtern, bitte nicht, wir haben uns jetzt alle darauf gefreut.«

»Natürlich hat sie damit keine Chance, aber ich will, dass sie es nicht einmal versucht. Sie soll Claude in Frieden lassen, verstehst du, wenn ich jetzt hart bleibe, hetzt sie wieder bei Claude gegen mich. Der ist doch jetzt schon jedes Mal völlig durch den Wind, wenn er nach drei Tagen bei seiner Mutter wieder zu uns kommt.«

Theresa wusste zwar, dass Thesen recht hatte, aber sie hatte keine Lust, schon wieder vor der allmächtigen Mercedes zu kuschen. »Claude, Claude, immer nur Claude. Und was ist mit uns, mit mir, mit Tine und mit Paul? Also wir fahren morgen auf jeden Fall, das ist jetzt schon so lange ausgemacht, das Wetter ist noch gut, das Wasser warm und wir freuen uns.«

»Ich fahre nicht mit, du weißt, dass Claude das nicht will und er wieder traurig wird.«

Theresa biss sich auf die Lippen. Ja, sie wusste, dass er nicht mitfahren würde, wenn sein stolzer, kleiner, verzogener Sohn es nicht wollte. Theresa schluckte wie so oft, obwohl sie spürte, dass sie nicht mehr lange ertragen konnte, immer das Opfer der unberechenbaren Launen von Claudes Mutter zu sein. Am Anfang, als sie vor gut zwei Jahren hierher gezogen war, schien das Abenteuer Patchwork gar keines zu werden. Ihr Leben lief ziemlich ruhig, die Kinder fetzten sich zwar manchmal heftig, aber nach einem halben Jahr schien sich alles ganz langsam zu normalisieren. Selbst der fahrige Johannes wurde ruhiger, allerdings wusste sie heute, dass diese Ruhe monatelang aus der Pillendose kam; und Claudes Mutter, mit der sie bis heute nicht viel mehr als »Hallo« und »Auf Wiedersehen« geredet hatte, war gerade erst aus dem Krankenhaus in ein neues Leben gespült worden, ließ sich durch die Zeit treiben und war zufrieden, wenn Claude sie einmal in der Woche für ein paar Stunden in Wernhers Wohnung besuchte. Manchmal gingen sie auch ins Kino, aber spätestens nach fünf Stunden war Claude wieder im Mühlenweg. Doch in letzter Zeit war ihr das nicht mehr genug.

»Lass uns wenigstens den Abend retten«, sagte Thesen plötzlich und nahm sie in den Arm, »ich lade euch zu Gianni ein, da gehen die Kinder doch auch gerne hin.«

Theresa nickte, auf Küchenarbeit hatte sie eh keine Lust, nach dem ganzen Theater hier und dem Zoff mit dem Landrat, dem Idioten. Gianni war der Pächter der öffentlichen Gaststätte in einer Kleingärtnerkolonie gleich um die Ecke. Im Sommer konnte man herrlich unter einem uralten, knorrigen Nussbaum sitzen, für die Kinder gab es einen Spielplatz und Gianni war ein exzellenter Koch, auch wenn er für die Kleingärtner »Schnitzel mit Pommes und Salat« und »Allgäuer Kässpätzle« mit auf seine feine Karte nehmen musste – so stand es im Pachtvertrag, den Gianni Thesen einmal gezeigt hatte, weil der nicht glauben konnte, dass es so etwas tatsächlich gab. Geregelt war dort auch, dass er mindestens zwei deutsche Rot- und Weißweine anbieten musste und deutschen Kaffee.

»Und, Kinder, war es gut?« Thesen schaute nach dem Dessert zufrieden in die Runde. Alle nickten.

»Also, passt auf, ich muss euch etwas sagen.« Drei Kinder nahmen ihn erwartungsfroh ins Visier.

»Leider wird aus dem gemeinsamen Wochenende nichts. Claude geht für zwei Tage zu seiner Mami.«

»Warum, wir wollen doch Tretboot fahren.« Claude sah enttäuscht aus.

»Ein anderes Mal, Mami holt dich morgen früh ab.«

»Ich will aber nicht.«

Thesen wollte gerade »aber du musst« sagen, hatte sich jedoch unter Kontrolle. »Die Mami hat eben jetzt gerade Zeit.« Herrgott, dachte er, jetzt musst du die dumme Kuh auch noch verteidigen. Ihm wurde heiß, sein Puls hämmerte, er hatte aber jetzt keine Lust auf entspannende und regulierende Atemübungen und trank schnell einen großen Schluck Montepulciano und dann gleich noch einen.

»Dann gehst du aber auch nicht mit an den See«, quengelte Claude.

»Natürlich nicht, Ehrensache.« Thesen war erleichtert, Claude offenbar nicht wirklich traurig.

»Hurra, wir fahren an den See, wir fahren an den See – und du bleibst zu Hause.« Plötzlich grölte Paul los und streckte Claude die Zunge raus.

»Halt den Mund, Paul.« Theresa wurde sofort laut.

»Nein, er hat mich neulich auch aufgezogen, als er mit seiner Mutter und ihrem Freund im Wellenbad war. Da durften wir nicht mit.«

»Hab' ich nicht, du Lügner«, brüllte Claude.

»Hast du doch«, Pauls Augen funkelten. »Du hast angegeben, wie toll das war und dass ihr hinterher noch bei McDonalds wart und dass der Typ einen Porsche hat.«

»Hat er auch, hat er auch.«

»Und wir fahren dafür an den Bodensee, ätsch.«

Blitzschnell packte Claude seinen leeren Plastikeisbecher und warf ihn nach Paul, traf aber Theresa, auf deren weißem T-Shirt sich eine Restmischung aus Vanilleeis und Schokosoße breitmachte.

»Aufhören«, brüllte Thesen, während Theresa fassungslos auf ihre Brust starrte. »Claude, du gehst nachher sofort ins Bett!«

»Der aber auch«, Claude deutete auf Paul, »der hat angefangen.«

Theresa schwieg.

»Ich weiß, warum der nicht ins Bett muss«, heulte Claude, »weil du ihn viel lieber hast als mich. Immer bin ich der Böse.«

Theresa schwieg.

»Zahlen bitte.« Thesen winkte hektisch einer jungen Bedienung zu. »Wir reden später«, zischte er Claude an.

Theresa schwieg.

Am Nebentisch höhnte ein klobiger Mann ungefragt in Richtung Thesen. »Früher hat man den Kleinen eine auf den Arsch gehauen, wenn sie frech zu ihren Eltern waren.«

Thesen wollte ihm sofort die Meinung sagen, bekam aber in letzter Sekunde die innere Kurve.

»Ich empfehle Ihnen das Wiener Schnitzel«, hörte er sich zuckersüß sagen, »und dazu vielleicht ein Gläschen Lambrusco. Ich bin sicher, das wird ihnen schmecken. Guten Abend.«

Der Klobige schaute ihnen mit offenem Mund nach, seine Frau schüttelte den Kopf.

Drei Stunden später lag Thesen lang gestreckt bäuchlings auf seinem Diwan. Er hatte die Augen geschlossen, genoss seinen leichten Rausch und Theresas Hände, die gerade seine verspannten Schultern mit Arnika-Massageöl lockerte. Es roch ein bisschen nach Altenheim, aber es tat unendlich gut.

»Ich bin stolz auf dich«, sagte Theresa.

»Warum?«

»Das weißt du genau, du hattest dich gut im Griff, als Claude und Paul ausgeflippt sind, und den Sack am Nachbartisch hast du für deine Verhältnisse fast schon geistreich beleidigt.«

Thesen grunzte nur und gab sich weiter dem Genuss hin. Theresa war tatsächlich stolz auf ihn, es gab Zeiten, da hätte er die Kinder niedergebrüllt und dem Spießer nebenan Prügel angedroht oder ihn wenigstens Arschloch genannt. Nerven hatte Thesen nur im Job und im Sattel. Stress zu Hause konnte er nicht ab, deshalb war sie vor über einem Jahr auch stutzig geworden, als Thesen plötzlich die Ruhe selbst war, mit unendlicher Geduld Streit der Kinder schlichten konnte und dabei nie seine gute Laune verlor. Immer wieder fragte sie sich, ob er auf seine alten Tage plötzlich entspannen konnte oder ob er heimlich trank. Sie schnüffelte an ihm herum, wenn er aus der Klinik kam, aber sie fand nichts. An Tabletten dachte sie keine Sekunde, bis Thesen im letzten Jahr am Ostermontag ganz schnell und dringend in die Klinik musste, weil Nidernbühl ihn bei einer Arthroskopie unbedingt dabeihaben wollte. Thesen schlüpfte in der Garderobe schwungvoll in seine Jacke und rannte aus dem Haus, wobei ein kleines Päckchen aus der Seitentasche fiel, das Theresa zwei Minuten später auf dem Fußabstreifer fand. Er hatte seine Valium verloren, Theresa hielt die abgewetzte Schachtel in ihrer Hand und verstand von einer Sekunde auf die andere, was Thesen in den letzten Monaten diese ungewöhnliche Ruhe geschenkt hatte. Ihr wurde schlecht – Johannes Thesen ein Beruhigungspillen-Junkie, für Theresa mit ihrer tiefen Abneigung gegen jede Art von Pharmazie eine unerträgliche Vorstellung. Sie nahm noch nicht einmal Aspirin. Bei Kopfschmerzen versuchte sie es mit schwarzem Kaffee, kalten Tüchern oder Pfefferminzöl, Tine, Paul und Claude wurden, so lange es irgendwie ging, homöopathisch behandelt. Einige Wochen zuvor hatte Thesen einen ganzen Vormittag gebraucht, um sie davon zu überzeugen, dass bei Pauls eitriger Angina mit hohem Fieber jetzt nur ein Antibiotikum helfe. Sie hatte es wie immer mit Zwiebelsäckchen und Salbeitee versucht, willigte aber schließlich in den Penicillinsaft ein, nachdem das Fieber drei Tage lang nicht runterging und Paul nichts mehr essen wollte, weil das Schlucken gemein schmerzte. Am nächsten Morgen war das Fieber weg, Paul hatte in der Nacht drei Schlafanzüge durchgeschwitzt und großen Hunger – sechzehn Stunden nach dem ersten Löffel Penicillin. Trotzdem schloss Theresa keinen Frieden mit der Pharmazie, für sie war künstlich erzeugte Medizin nach wie vor nur das allerletzte Mittel. Und jetzt lebte sie mit einem Mann zusammen, der sich chemisch ruhig stellte. An diesem Abend erklärte sie Thesen mit der Packung Valium in der Hand kurz und knapp, dass es nur zwei Möglichkeiten gab.

»Entweder du hörst damit auf oder ich bin weg. Wenn du willst, helfe ich dir, aber du musst damit aufhören.«

Thesen war irgendwie erleichtert, dass er endlich aufgeflogen war. Die drei Monate, die er sich für die Pille gegeben hatte, waren zwar noch nicht ganz vorbei, aber er hatte sich schon dabei ertappt, wie er sich die Frist über den Sommer hinaus verlängern wollte, so lange, bis sein Leben endgültig auf einem gerade Gleis stand. Sein Verstand sagte ihm jeden Morgen, dass die Pille schon zu seinem Tag gehörte. Thesen war nicht einfältig, täglich erlebte er in der Klinik, was Sucht bedeutete. Er hatte fast jede Woche einen Patienten, der bereits sechs Stunden nach der Operation, wenn Thesen entscheiden musste, ob er noch am gleichen Abend wieder nach Hause konnte oder nicht, schon wieder eine leichte Fahne vor sich her trug. Thesen hatte keine Ahnung, wo die Alkoholiker ihren Flachmann versteckten, er wollte es auch gar nicht wissen. Die Leute taten ihm leid – und er war auf geradem Weg in die gleiche, beschissene Sucht.

Das wusste er, seit er Mitte März an einem Sonntagmorgen hektisch nach seinen Pillen gesucht hatte. Der bittere Moment der Erkenntnis war wie ein Sprung ins eiskalte Wasser gewesen. Er hatte sie vergessen, das Valium lag in der dritten Schublade seines Schreibtisches in der Klinik und es gab keinen Grund, am Sonntag dorthin zu gehen, zumal er bereits in Radklamotten steckte. Theresa wollte mit ihm zwei Stunden fahren, so lange würde Marga auf die Kleinen aufpassen.

Radfahren würde auch ohne gehen, aber dann? Thesen überfiel eine böse Unruhe, er schwitzte, steckte den Klinikschlüssel in sein Trikot und fuhr mit Theresa los. Als sie fast schon wieder zu Hause waren, verabschiedete er sich noch auf ein halbes Stündchen, erzählte Theresa, er wolle noch ein paar Intervallsprints zum Kraftaufbau fahren, damit er im Sommer so gut wie sie den Berg hinaufkäme. Er bog ab und radelte so schnell er konnte in die Klinik. Fünfundzwanzig Minuten später war er zu Hause und wieder entspannt, obwohl er nun genau wusste, was mit ihm los war. Von anfangs einer

Zweimilligrammtablette war er mittlerweile bei vier Tabletten zu je fünf Milligramm anglangt. Aber die große, warme Gelassenheit war zu verlockend, war stärker als sein Verstand. Der Punkt würde schon kommen, an dem er damit wieder aufhören würde. Nur heute nicht, heute bitte noch nicht. Als Theresa an diesem Abend mit der Schachtel in der Hand auf ihn zukam, fuhr ihm ein kalter Schreck unter die Haut, aber er war auch erleichtert.

Sie sprachen die halbe Nacht, am Ende warf Thesen die Schachtel feierlich in den Müll, reduziert um drei Pillen für den nächsten Tag, an dem er unbedingt noch arbeiten musste. Danach wollte er den Rest der Woche freinehmen, lange Spaziergänge machen und er würde auch auf Theresas Vorschlag eingehen und sich zu einem Kurs über autogenes Training anmelden, mit dem Theresa ihn schon seit Monaten nervte. Er hielt nicht viel davon, war bisher auch nicht bereit gewesen sich darauf einzulassen, er spürte aber auch, dass er jetzt an dem Punkt war, wo er jede Möglichkeit überprüfen musste, die sein Leben im Gleis hielt.

Der Entzug war leichter als gedacht, viel leichter sogar. Zwei Tage lang überfiel ihn immer wieder eine plötzliche Unruhe, er zitterte leicht, schwitzte und bekam einen trockenen Mund. Aber das war auszuhalten. Abends gönnte er sich zwei große Gläser Wein und ging früh ins Bett. In der vierten Nacht wachte er um drei Uhr schweißgebadet auf. Sein T-Shirt war triefnass, seine Haare tropften, selbst auf der Decke und dem Kissen breiteten sich große, nasse Flecken aus. Danach war es vorbei. Nach zwei Monaten fragte sich Thesen, warum er überhaupt jemals zu den Pillen gegriffen hatte. Zu seiner großen Verwunderung war er tatsächlich in der Lage, selbst abzuschalten. Autogenes Training funktionierte bei ihm erstaunlich gut, er konnte zur Ruhe finden, indem er die Augen schloss, die Schultern fallen ließ und tief atmete. Mittlerweile ging er gerne in seinen Kurs, was allerdings auch an der Trainerin Angela lag, die ihm von Anfang an gefiel, ohne dass er dafür eine Erklärung gehabt hätte. Ende Juni kaufte er sich aber doch wieder eine Packung Valium, nur um sich zu zeigen, dass er alles im Griff hatte. Die Packung deponierte er in seinem Werkzeugkoffer im Keller, weil er sich sicher war, dass den außer ihm niemand benutzen würde. Er war sich sicher, die Packung nie anzurühren, genoss aber auch das Gefühl, im Notfall nur in den Keller zu müssen.

»Darf ich eine rauchen?« Thesen drehte sich auf den Rücken, nachdem Theresa ihre Massage mit einem Klaps auf seinen Hintern beendet hatte, streckte sich und war glücklich. Fast wenigstens, zwanzig tiefe Züge, dann wär's perfekt.

»Was soll die Frage, du weißt genau, dass ich es nicht leiden kann, aber du machst es ja trotzdem.« Theresa klang nicht wirklich ärgerlich. Thesen nahm sie bei der Hand, ging mit ihr auf die Terrasse. Es war fast Mitternacht, aber immer noch angenehm warm. Er ließ sich in den alten Korbsessel fallen und zündete sich eine Camel an. Theresa fläzte sich in den Stuhl, der am weitesten von Thesen entfernt stand – ihre Form von stummem Protest. Aber sie war nicht böse; seit er an jenem Abend vor fast anderthalb Jahren sofort bereit gewesen war, für ihre Beziehung seine Sucht zu bekämpfen, war sie noch näher bei ihm. Es hatte ihr imponiert, wie stark er sein konnte, wenn er nur wirklich wollte, und dass er wollte, war für sie ein Zeichen seiner Liebe. Etwas, was einem wichtig war, für den Partner aufzugeben, das ist das schwerste überhaupt. Daran glaubte Theresa.

Und er war sauber, da war sie sich sicher, obwohl ihre neue junge Familie immer wieder von heftigen Erdbeben erschüttert wurde. Sie hatte sich getäuscht, oder sich etwas vorgemacht, die Kinder wuchsen nicht einfach so zu einer Einheit zusammen, wie vor allem Johannes immer geglaubt hatte.

»Du wirst sehen«, hatte der ganz am Anfang zu ihr gesagt, »sobald sich die Kinder das erste Mal gegen uns verbünden, ist das ›Ihr‹ und ›Wir‹ Geschichte.«

Tine, Paul und Claude konnten mittlerweile tatsächlich gegen sie zusammenstehen, einen Ausflug ins Wellenbad gegen seinen und Theresas Widerstand durchboxen, aber selbst bei dem minimalsten Ungleichgewicht war es sofort wieder da, das »Ihr« und »Wir«, garniert mit dem Gift schwerster Beleidigungen. Vor zwei Wochen erst war Theresa wieder einmal so weit gewesen, das Patchwork-Experiment abzubrechen und mit Paul und Tine zurück in ihre Wohnung zu gehen. An diesem Tag hätte wahrscheinlich auch sie Valium geschluckt und sie wunderte sich, dass Thesen sich tatsächlich so gut im Griff hatte.

Der Streit hatte sich an einer Nichtigkeit entzündet. Claude vermisste nach seiner Rückkehr von Cedi einen kleinen bunten Ball, der seit etwa drei Jahren unbemerkt und unberührt im Keller lag, weil er zum Spielen eh schon zu wenig Luft hatte und auch über kein Ventil verfügte, über das man ihn wieder hätte aufpumpen können. Der Ball war genau betrachtet Müll, und es ließ sich auch nicht mehr klären, warum Claude ihn plötzlich vermisste. Er tat es einfach.

»Wo ist mein Ball?«, fragte Claude Theresa in einem ziemlich rüden, auf jeden Fall unangemessenen Ton.

»Welcher Ball, Claude«? Theresa blickte von ihrem Laptop auf, unterdrückte den leichten Zorn in sich, obwohl sie etwa eine Million Mal allen Kindern erklärt hatte, dass sie beim Schreiben nicht einfach so unterbrochen werden wollte und vor allem nur dann, wenn es wirklich wichtig war. Wie bei fast allen Regeln hatten die Kinder eifrig genickt und sich nur sehr selten und nach nicht nachvollziehbaren Regeln daran gehalten.

»Der Ball, der im Keller in der Sommerkiste lag. Mein Lieblingsball eben.«

»Ich habe leider keine Ahnung, ich kenne den Ball nicht einmal.«

»Wahrscheinlich hat ihn Paul geklaut, wie immer eben.«

»Paul klaut deine Sachen nicht, das weißt du.« Theresa wurde ärgerlich.

»Außerdem ist der Ball kaputt – und schon gar nicht dein Lieblingsball«, mischte sich Thesen ein.

»Immer hältst du zu denen«, motzte Claude.

»Ich will das nicht hören«, konterte Thesen, »jetzt frag' doch erst mal Paul, ob er weiß, wo der alte Ball ist.«

»Sie soll ihren blöden, doofen Sohn fragen.« Claude blitzte Theresa böse an.

»Sag mal, wie redest denn du …!« Theresa wollte Claude gerade richtig die Meinung sagen, als Paul ins Wohnzimmer kam. Thesen mischte sich ein.

»Sag mal, Paul, hast du den alten, bunten Ball aus dem Keller weggenommen?«

»Ja.«

»Wie, ja?«

»Ich habe damit gekickt, als Louis zu Besuch war, aber das ging nicht, weil kaum Luft drin war, und dann haben wir ihn weggeschmissen.«

»Siehst du«, brüllte Claude, »der Arsch klaut meine Sachen!«

»Selber Arsch, das nächste mal stopf' ich dich gleich dazu in den Mülleimer«, konterte Paul und reckte seinen Mittelfinger. Thesen wollte gerade Luft holen, als Paul auch ihn anblaffte. »Du brauchst jetzt gar nichts zu sagen, du bis nicht mein Vater, also halt die Klappe.«

Theresas Nerven rissen ohne Vorwarnung. »Es reicht, ich halte das nicht mehr aus in diesem Irrenhaus! Du und dein verzogener Sohn, ihr diktiert hier die Bedingungen, ihr seit dermaßen kaputt, dass jetzt auch schon Paul ganz anders ist, als ich ihn kenne. So geht das nicht mehr.«

Thesen wusste im ersten Moment gar nicht, was gerade passierte. Die Kinder fetzten sich, Paul kanzelte ihn ab wie der Meister einen Lehrjungen, aber Theresa ging auf ihn los. Er sollte auf einmal Schuld sein am rüden Ton, an den Beleidigungen, den grundlosen Eskalationen, er und natürlich Claude. Thesen spürte Zorn in sich aufsteigen, Pochen in den Schläfen, den Drang zu brüllen gegen diese ungeheure Unterstellung, aber es gelang ihm, seine Mitte zu halten. Das autogene Training zeigte Wirkung. Er dachte an die Ratschläge seiner Trainerin Angela. Schultern runter, Augen zu, alles abfließen lassen. Er zischte nur: »Ihr habt ja alle zusammen einen Sprung in der Schüssel«, und stürmte aus dem Zimmer. Im Keller zog er sich hastig seine Laufschuhe an und trabte los. Joggen war ihm zwar ein Graus, sinnlose Vergeudung von Zeit, die er lieber im Sattel verbracht hätte, aber es half. Der Rhythmus und die gleichmäßige Atmung lösten den Druck in seinem Kopf, er wurde ruhiger, wieder ein kleines bisschen mehr belastbar.

Als Thesen nach einer halben Stunde zurück war, saßen Claude und Paul einträchtig in Claudes Zimmer, vor sich ein Spiel, bei dem sie sich zusammen gegen einen bösen Zauberer wehren mussten, ein Spiel, das die Teamfähigkeit der Kinder schulte, wie der Verkäufer im Spielwarengeschäft erklärt hatte. Die beiden saßen da, als sei nie etwas geschehen, Theresa schien wieder zu schreiben, zumindest saß sie hinter ihrem Laptop und wirkte konzentriert. Thesen ging Duschen. Als er aus der Kabine kam, stand Theresa im Bad.

»Hör zu, wegen vorhin, war nicht so gemeint.« Sie drehte sich um und ging schnell.

Danach hatten sie nie wieder über diesen Vormittag gesprochen, nie wieder. Thesen ganz bewusst nicht, denn ihm war jetzt klar, dass Theresa es wohl doch so gemeint hatte und wo die Grenzen beim Patchwork verliefen, zumindest bei ihnen. Er war sich sicher, dass es ihnen nie gelingen würde, Streit der Kinder innerhalb normaler Bahnen zu lösen. Nie würde er den Stand bei Paul bekommen, den er bei Claude hatte. Und Theresa war ohne jede Chance gegen die Launen seines Sohnes. Wenn der nicht wollte, wollte er nicht. Claude ließ Theresa spüren, dass sie nicht seine Mutter war; und Theresa ihn, dass sie das auch gar nicht sein wollte. Handlungsmuster, die sich festgefressen hatten, böse Automatismen, gegen die sich Thesen nur wehren konnte, wenn sein Sohn, wie die meisten Scheidungskinder, die allermeiste Zeit bei seiner Mutter leben und zu ihm nur zu Besuch kommen würde. Aber das wollte er nicht.

Am nächsten Morgen holte Cedi Claude wie besprochen pünktlich ab. Theresa fuhr mit Tine und Paul an den Bodensee. Thesen registrierte, dass er allein war, dass er frei hatte und dass der »Keil eines Azorenhochs«, wie der Meteorologe im Radio sagte, »mit einer südwestlichen Strömung warme und trockene Luft heranführt.« Sauber, dachte Thesen, Radwetter. Seine Laune stieg, heute hätte er auch die dämliche Wettershow ertragen, die immer aus dem Radio tönte, wenn Theresa im Bad ihren Jugendsender einstellte. Thesen hasste dieses aufgesetzte Getue von pseudowitzigen Moderatoren, die sich selbst »der putzige Wetterhase« nannten und nüchterne Wetterdaten im dauergutgelaunten Plauderton präsentierten. Je flapsiger, desto besser. Er mochte es nicht, wenn es pisste statt regnete, er wollte auch nichts vom Grillwetter im T-Shirt wissen, sondern von den Celsius-Graden am Nachmittag, aber heute hätte er auch den Radiokasper ertragen, denn die Aussichten waren grandios.

Drei Stunden Richtung Süden, dann wieder zurück, etwa hundertfünfzig Kilometer rollen, so sah sein Plan aus. Thesen radelte aus der Stadt hinaus, wählte die flachste mögliche Route. Kein Stress, nur rollen, den Puls spüren, aber kein Ziehen in den Muskeln. Er fühlte sich großartig, ertrug selbst den typisch regeltreuen deutschen Autofahrer, der ihn von hinten anhupte und beim Passieren mit dem Finger herrisch auf den Radweg an der rechten Seite deutete. Normalerweise zeigte er den Rechthabern seinen gereckten Mittelfinger und brüllte ein paar üble Drohungen hinterher, aber heute lächelte er nur und warf den erregten Autofahrern Kusshände zu.

Thesen verstand nicht, wie ein Mensch nur auf die Idee kommen konnte, mit einen Rennrad einen Radweg zu benutzen. In Holland mochte das ja gehen, aber hier – völlig undenkbar. Radwege in Deutschland waren meist in einem miserablen Zustand, der Belag aufgebrochen, teilweise zugewachsen oder übersät mit Scherben. Alle paar Hundert Meter standen gebogene Stahlrohre als Tempobrecher im Weg, dazwischen tummelten sich Spaziergänger, Familien mit Kinderwagen, Hunde und seit Neuestem eine Spezies, die auf Rollschuhen, die man Inliner nannte, im Wiegeschritt dahinrollte, und die ganze Breite des Weges in Anspruch nahm. Es gab jedenfalls kaum noch Raum für Rennradler, die mit Tempo dreißig gleichmäßig dahingleiten wollen. Thesen versuchte es zwar immer wieder, nach ein paar Minuten hatte er aber genug vom ständigen Ausweichen, Klingeln und Bremsen. Warum, dachte er, kapieren die in ihren Autos eigentlich nicht, dass mir nur die Straße bleibt, und fahren einfach kommentarlos vorbei?

Heute ging der Radweg schon gar nicht, das warme Wetter hatte die Leute in Scharen nach draußen getrieben. Bis zu 26 °C und das Mitte September, das musste ausgenützt werden, und Thesen war auch nicht der Einzige, der mit dem Fahrrad auf der Straße fuhr. Nach fünfundzwanzig Kilometern spürte er plötzlich, dass jemand dicht hinter ihm war. Der Kerl warf keinen Schatten, er schnaufte nicht wie eine Lok, er war einfach da und Thesen spürte ihn, bevor er ihn sah.

»Hallo«, grüßte er nach hinten.

Der andere schwieg, kein Wort, keine Geste, er zeigte einfach keine Reaktion. Thesen ärgerte sich. Er drehte sich noch mal um. Statt Haaren glänzte ein millimeterkurzer Legionärsschnitt, verspiegelte Angebersonnenbrille auf der Nase, Triathlonlenker. Thesen kannte diese Typen und beschloss, ihn nicht zu beachten. Unbeirrt trat er weiter sein gemächliches Tempo, der andere blieb dran. Stumm und doch langsam lästig. Thesen mochte ihn plötzlich nicht mehr haben, diesen Schatten am Hinterrad, der Kerl störte ihn. Er fuhr langsamer, sein Schatten nahm ebenfalls das Tempo raus, blieb stur und stumm an seinem Hinterrad. Ein paar Kilometer weiter bog Thesen von der flachen Straße, die sich am Fluss entlangschlängelte, ab, hinein in eine vier Kilometer lange Steigung auf eine Anhöhe hinauf. Eigentlich wollte er dort gar nicht hin, er hoffte aber, die Zecke endlich abzuschütteln, doch der Schweigsame folgte ihm unbeirrt, immer ganz nah an seinem Hinterrad.

Die Straße wurde steiler, Thesen suchte den passenden Gang, einen entspannten Rhythmus, aber seine Nerven vibrierten, in ihm stieg diese unerklärliche Lust auf, es dem da hinten endlich zu zeigen. Wenn er mit Theresa fuhr, hatte er sich im Griff, aber heute war er alleine und spürte diese nervöse Angriffslust, die Theresa nicht verstehen konnte. Thesen erinnerte sich an das, was er einmal in einem Buch eines Radprofis gelesen hatte. Am Berg musst du schlauer sein als dein Gegner, immer das Gesetz des Handelns behalten, schrieb der Berufsradler. Das heißt, du attackierst ihn, nicht er dich. Du musst plötzlich hart antreten, bis der andere merkt, um was es geht, bist du zwanzig Meter weg. Dann lässt du ihn wieder rankommen und erholst dich in dieser Zeit, so gut es geht. Ist er wieder da, noch einmal voll aufs Pedal. Das ganze dreimal, wenn er den dritten Antritt auch noch kontern kann, hast du verloren, sonst er.

Heute verlierst du, Glatze, dachte Thesen, wuchtete sich aus dem Sattel, beugte den Oberkörper über den Lenker, schaltete zwei Gänge hoch und sprintete los. Nach zwanzig Sekunden konnte er die Kraft nicht mehr aufs Pedal bringen. Er blickte zurück, der andere war wie geplant überrumpelt worden und ein Stück zurückgefallen, aber er kämpfte sich wieder heran. Thesen atmete so tief und so ruhig wie er konnte, dann, Glatze war fast wieder dran, der zweite Antritt. Er stemmte sein Gewicht in die Pedale, als ginge es um sein Leben, und auf einmal, als ob ein Schalter ungelegt worden wäre, fiel es ihm überhaupt nicht mehr schwer. Der andere blieb zurück, stampfte wütend im Stehen, verlor aber Meter um Meter. Eine warme Welle lief durch Thesens Brust, er bekam eine Gänsehaut, aber er fühlte sich grenzenlos stark, trotz einem Puls von 187 und dem fiependen Warnton des Messgeräts. Alles war rund, freundlich, einfach. Freddy Mercury sang in seinen Kopf: »Don't stop me now«. Der andere war weg, hinter der letzten Serpentine verschwunden, geschlagen, gedemütigt, einfach abgehängt. Thesen nahm ein wenig Druck raus, aber nur ein bisschen. Er genoss seinen

Sieg, verspürte riesige Lust an der Last, fuhr einfach weiter schnell und aggressiv, bis die Straße wieder flacher wurde. An einer Tankstelle stieg er ab, lehnte sein Rad so an die blaue Preistafel, dass es der andere sehen musste.

Es dauerte mehr als drei Minuten, bis Thesens Schatten auftauchte. Der Mann blickte starr nach links, als er vorbeirollte, Thesen wollte gerade ein höhnisches »Schönen Tag noch« rufen, als ihn ein Schlag traf, als ob er in eine Steckdose fassen würde. Unter seinen Rippen stolperte sein Herz, plötzlich war alles hell um ihn herum, dann wurde ihm übel, kalter Schweiß auf den Händen, der Pulsmesser fiepte immer höher. Thesen las »219«, eine Sekunde später »178«, dann »204«. Ihm war schwindelig, aber nicht so, dass er sich setzen wollte. Er stand einfach nur da. Wie lange, wusste er nicht, aber so schnell die Attacke gekommen war, so schnell war sie auch wieder weg. Ein leichtes Ziehen in der Brust, ein bisschen Kopfweh waren geblieben, sonst fühlte er sich wie vorher.

Thesen wusste, dass er gerade ein Herzstolpern erlebt hatte, ein heftiges. Harmlos, dachte er, ein bisschen vegetative Stressbewältigung, sonst nichts. Er kaufte sich in der Tankstelle eine Dose Cola und fuhr weiter, zurück ins Tal, noch eine Stunde Richtung Süden und dann wieder zurück. Im Mühlenweg trug er zufrieden hundertneununddreißig Kilometer in sein Trainingsbuch ein. Die Attacke hatte er vergessen, Theresa erzählte er am Telefon nur von seinem Sieg über den Windschattenfahrer, was sie nicht besonders interessierte. Theresa war genervt, der Ausflug war kein Spaß, weil wegen des guten Wetters Tausende die gleiche Idee gehabt hatten. Die Tretboote waren auf Stunden hinaus reserviert, in vier Restaurants wurden sie abgewiesen. »Die hatten alle noch Platz, sagten aber, es sei alles reserviert«, empörte sich Theresa, »aber die haben sicher nur gewartet, bis eine Gruppe Erwachsener kommt, weil die mehr Umsatz machen, da bin ich mir sicher.« Der Tag der drei endete bei McDonalds, wobei sich die Journalistin Theresa Küpper fest vornahm, sich demnächst dem Thema »kinderunfreundliche Gastronomie am Bodensee« zuzuwenden. Thesen wollte davon nichts wissen, sein Tag war schön gewesen und den Abend würde er in einer Gartenwirtschaft ausklingen lassen.

Am Sonntagmorgen schlief er lange. Das Wetter hatte gewechselt. Grauer Himmel, es war kühl geworden. Kurz nach Mittag klingelte das Telefon. Cedi war dran. Sie wolle mit Frank noch in die Sauna und Claude hatte keine Lust. »Kann ich ihn jetzt schon bringen?«, fragte sie. »Immer«, knurrte Thesen, und legte auf. Er hatte keine Lust zum Reden. Erst vermiest sie dir das Wochenende und dann nützt sie es nicht einmal aus. Eine Viertelstunde später war Claude schon da. Thesen überlegte, dass Cedi schon auf dem Weg gewesen sein musste, als sie vorhin angerufen hatte. Was hätte sie wohl gemacht, wenn ich Nein gesagt hätte, dachte er. Aber er wusste auch, dass sie darüber nicht nachzudenken brauchte, weil er ja so gut wie nie Nein sagte, genau genommen überhaupt nicht. Thesen leerte Claudes Rucksack. Zwischen zwei Plastikautos und getragenen Socken fand er ein weißes Briefkuvert, auf dem nur ein wie achtlos hingeworfenes Wort stand: Johannes. »Vom wem ist das?«, fragte er Claude. »Ein Brief von Mama, soll ich dir geben«, antwortete Claude. Thesen zog einen offiziellen Briefbogen des »Reisebüros Horizont« heraus. Cedi hatte ihm einen Brief geschrieben, ganz gegen ihre Gewohnheit auf dem Computer. Sauber und im Blocksatz.

Hallo Johannes,

ich möchte es kurz machen: Wir, also Frank und ich, haben uns überlegt, dass es für Claude wohl besser wäre, wenn er die meiste Zeit bei uns ist. Das ewige Hin und Her tut ihm nicht gut und ich habe auch den Eindruck, dass es für ihn besser ist. Kinder, das ist mir jetzt klar, brauchen ihre Mutter und das nicht nur die halbe Woche. Ich werde also Claude vom kommenden Wochenende an dauernd zu mir nehmen, du hast das Recht, ihn alle drei Wochen am Wochenende zu sehen und drei Wochen in den Sommerferien.

Da ich künftig also unstrittig die Hauptlast der Erziehung auf mich nehmen werde, möchte ich Dich bitten, mir von 1. Oktober 1998 an für Claude Unterhaltszahlungen zukommen zu lassen. Dazu solltest Du bitte eine monatliche Gehaltsabrechnung von Dir an meinen Anwalt Dr. Hochgesandt (Anschrift: siehe Anlage) schicken, damit Dr. Hochgesandt die Höhe des Unterhalts nach der Düsseldorfer Tabelle bestimmen kann. Der Einfachheit halber möchte ich Dich bitten, einen Dauerauftrag zu Gunsten meines Kontos (siehe Anlage) einzurichten.

Ich hoffe, Du zeigst Dich im Interesse unseres Kindes einsichtig und kooperativ. Wie Du weißt, bleibt mir sonst nur der Gang zum Familiengericht, das, laut meinem Anwalt, in jedem Fall in meinem Interesse entscheiden wird. Erspare also Claude unnötige Aufregung und komme meiner Forderung nach.

Mit freundlichen Grüßen
Mercedes Römer und Frank Nowak

Thesen las den Text dreimal. Wie ein Geschäftsbrief, dachte er, und warum unterschreibt auch noch der Kerl, was soll das? So etwas Absurdes, das kann sie nicht ernst meinen. Er schenkte sich ein Glas Rosso ein, sein Kopf drückte wieder. Ihm wurde langsam klar, dass Cedi jedes Wort, das sie ihm in schmucklosen Computerlettern geschrieben hatte, ernst meinte. Sehr ernst sogar.

Der Fehler

»Na, da bin ich aber froh, dass Sie das machen, alter Sportsfreund.« Rudolf Schiefer lächelte Thesen rosig zu. Schwester Marga stülpte dem großen, schweren Mann gerade die grüne OP-Haube über, letzte Vorbereitungen vor dem Eingriff.»Patient: Schiefer, Rudolf, geb. 21.3.1940«, las Thesen von der Ablaufkarte des 23. Februar 1999 ab, sein Gesicht verriet seine Ratlosigkeit. Selbst Schiefer, der so kurz vor der Narkose wie fast alle Patienten trotz Tranquilizer im Blut nervös und angespannt war und dessen Augen unruhig durch den Operationssaal 2 huschten, bemerkte Thesens Fragezeichen im Gesicht.

»Na hör' mal, Doktor, du hast mir doch vor fünf Jahren mein Knie wieder in Ordnung gebracht, wir wollten doch danach zusammen Trondheim–Oslo fahren und haben ganz schön heftig trainiert dafür, ich konnte dann halt leider nicht, familiäre Gründe, du weißt doch noch?«

Thesen erinnert sich: Klar, Schiefer, die Meniskusglättung. Stimmt, sie hatten zusammen trainiert, aber er hatte dann abgesagt. Thesen war ihm nicht wirklich böse. Er hatte es ja auch ohne ihn geschafft und er hatte auf der langen Fahrt im schmalen Rennradsattel Theresa kennengelernt, was wohl nicht passiert wäre, hätte er damals mit dem alten Schiefer ein Team gebildet. Thesen musterte seinen Patienten. Immer noch sah der Mann jünger aus als fast sechzig, seine nackten Oberarme waren massig, aber fein definiert, keinesfalls fett, alles pralle Muskulatur. Thesen hatte Schiefer schon damals in Verdacht gehabt, seiner sportlichen Form pharmakologisch nach-zuhelfen. Und was er gerade sah, roch förmlich nach dem Wachstums-hormon Somatotropin, nach anabolen Steroiden und wahrscheinlich auch noch nach einer Extraladung männlichem Sexualhormon obendrauf. Der Mann war im Rentenalter und besaß eine Schulterpartie wie die eingeölten Gladiatoren in den alten Sandalenfilmen.

Doping war ja durch das neue Medium Internet spielend einfach geworden. Man brauchte nur eine Suchmaschine und eine Kreditkarte. Das Somatotropin, das Muskeln wie bei Jugendlichen wachsen lässt, wird in einer Tarnverpackung per Post nach Hause geliefert. Der Dealer sitzt in Slowenien, das Wachstumshormon kommt aus Litauen und wird dann über Ljubljana und eine Tarnadresse in München ausgeliefert. Eine Tagesdosis kostet etwa hundert Mark, zahlbar vor Lieferung per Kreditkarte, und nach etwa sechs

Wochen erzielt man einen Muskelzuwachs, der mit normalem Eiweißpulver und Kreatin schlicht unmöglich ist – egal, wie viel oder wie hart einer trainiert. Fünftausend Mark Einsatz und du siehst beinahe aus wie Schwarzenegger. Sehr effektiv, aber auch sehr gefährlich. Besonders Somatotropin. Das Wachstumshormon konnte zwar seit Jahren gentechnisch hergestellt werden, der Stoff aus Litauen kam aber meist aus Russland und war aus den Hirnanhangdrüsen von Leichen hergestellt. Korrupte Pathologen verdienten sich so ein Zubrot und die Anwender riskierten böse Nebenwirkungen. Und es war zumindest in der Theorie möglich, sich mit dem weißen Pulver die tödliche Hirnerkrankung Creutzfeldt-Jakob einzufangen. Das ist kein Spaß, dachte Thesen, dein Hirn baut sich langsam zu Brei um, du bist immer weniger Herr über dich, stirbst am Ende als zuckender Fleischklumpen ohne jedes Ich, grauenhaft.

»Na, was ist los, erkennst du mich nicht oder bist du müde?«

Schiefer riss Thesen aus seinen Gedanken. Doping oder nicht, er würde ihn jetzt operieren, auch wenn er sich nicht mehr daran erinnerte, dass sie beim Du angekommen waren.

»Tschuldigung, doch, doch, ich weiß noch wer du bist, obwohl das jetzt auch schon fünf Jahre her ist. Aber sag mal, wie kommst du plötzlich zu einer Schulterverletzung? Ich denke, du fährst nur Rennrad?«

Thesen war zurück im Job, auch wenn ihm das Du sichtlich schwerfiel. Auf einmal konnte er Schiefer nicht mehr leiden. Mein Gott, warum muss der alte Sack jetzt auch noch Tennis spielen und sich ganz offenbar die Muskeln chemisch aufpeppen?

»Das Rennrad war mir auf Dauer dann doch zu langweilig«, antwortete Schiefer. »Ich habe wieder mit dem Tennis angefangen, ich war als Jugendlicher schon mal ganz gut mit dem Schläger. Jetzt dachte ich, Tennis ist doch geselliger, und es gefällt auch meiner Frau besser, die ja immer gemosert hat, wenn ich lange Ausfahrten mit dem Rad gemacht habe. Ich spiele jetzt bei den Senioren in der Mannschaft, da geht es ganz schön zur Sache. Die alten Herren sind topfit, du musst mit allen Tricks arbeiten, da habe ich es wohl mit dem Training für die kommende Verbandsrunde im Frühjahr ein bisschen übertrieben. Und gestern, auf einmal, war da der Stich in der Schulter«, erklärte Schiefer.

Du hast nicht nur mit dem Training übertrieben, dachte Thesen mit Blick auf Schiefers Schulterpartie, die Schwester Marga gerade mit der orangefarbenen Desinfektionslösung einpinselte. In zehn Minuten würde Schiefer schlafen und Thesen die eingerissene Rotatorenmanschette in Schiefers gewaltiger rechter Schulter wieder zusammennähen. Reine Routine, der Eingriff war keine aufregende Sache, die Nachbehandlung, bis die Schulter wieder zum Tennisspielen taugte, sehr viel aufwendiger, wenn sie denn überhaupt gelang. Aber das ist nicht mein Problem, dachte Thesen, und in einer Stunde liegt schon der Nächste hier. »Können wir?«, fragte der Anästhesist, weil Thesen seltsam unentschlossen dastand. »Ja klar, fangen Sie ruhig an.«

Thesen hatte seit einiger Zeit Probleme, sich auf einen Punkt hin zu konzentrieren. Nicht jedoch, wenn er operierte, am OP-Tisch fühlte er sich wie zu Hause, aufgehoben wie in einem Kokon, an dem die hektische Welt abprallte und der mit flüssiger Energie gefüllt war. Das hier war sein Metier, seine Welt, seine Kompetenz, aber sein Leben drum herum verlor die Leichtigkeit der letzten Jahre. Cedis Brief vor fünf Monaten, die Attacke aus heiterem Himmel, war noch längst nicht verdaut. Thesen hatte sich bei Ines Gründler von Pro Familia beraten lassen und danach eine Kopie seines Vertrages, den er mit Cedi vor ihrer Scheidung geschlossen hatte, an Cedis Anwalt Dr. Hochgesandt geschickt. Darin war alles geregelt worden. Gemeinsames Sorgerecht, gegenseitiger Verzicht auf Elternunterhalt, das Wohnrecht für Claude bei ihr und bei ihm jeweils zur Hälfte.

Hochgesandt hatte kurz darauf anrufen lassen. Eine Frau, die sich hörbar mühte, ihren hessischen Akzent zu verleugnen – Thesen konnte sich am Telefon ihr graues Designerkostüm und ihre perfekt hochgesteckten Haare vorstellen – meldete sich mit »Kanzlei Burrows, Hochgesandt, von Holstmann und Partner, Herr Dr. Hochgesandt hätte Sie gerne gesprochen. Darf ich Sie durchstellen?« Er sagte nur kurz »Ja« und hörte nach einem leichten Knacken »In The Mood« von Glenn Miller.

Besser als das übliche »Für Elise«, dachte Thesen, der sich etwa fünfzehn Sekunden Musik anhören musste, die Andachtszeit, die signalisieren sollte, wie wichtig und viel beschäftigt der Anrufer war. Hochgesandt hatte eine angenehme, ungekünstelte Stimme am Telefon. Er bedankte sich bei Thesen für dessen Brief und schlug ein Treffen in seiner Kanzlei vor, um in Ruhe über die Angelegenheit zu sprechen. »Meine Mandantin muss beim ersten Gespräch auch nicht dabei sein«, schlug Cedis Anwalt vor. Thesen sah nicht ein, dass es überhaupt etwas zu bereden gab. Die Rechtslage war für ihn eindeutig, Cedi hatte die Scheidungsfolgenvereinbarung unterschrieben, der Richter in dem Papier keine sittenwidrigen Paragrafen gefunden und den Vertrag mit der Scheidung sozusagen abgesegnet. Aber gut, warum nicht, dachte Thesen, vielleicht lässt sich Cedis Attacke ohne große Not in Luft auflösen. Treffen wir uns, aber nicht so, wie du willst.

»Hören Sie«, sagte Thesen, »ich habe viel zu tun, Ihre Kanzlei ist mir zu weit entfernt von meiner Klinik – er sagte ganz bewusst: meiner Klinik – wir können uns aber morgen Nachmittag um drei Uhr im ›Café Exit‹ treffen.« Hochgesandt willigte nach einer aufwendigen Terminprüfung durch seine hessische Vorzimmerdame ein. »Also gut, morgen um fünfzehn Uhr im ›Exit‹.« Thesen beschloss, Hochgesandt fünfzehn Minuten warten zu lassen und heute Abend seine alte Hornbrille zu suchen, die ihm einen Hauch »Businessman« verlieh – das hatte zumindest Anja früher immer behauptet. Wie erkenne ich ihn eigentlich?, fragte sich Thesen, machte sich aber darüber keine Sorgen. Das »Exit« war nicht besonders groß, und am Nachmittag sicher nicht viel los. Den werde ich schon finden.

Thesen ging pünktlich zu dem Treffen, das Spiel mit Gesten erschien ihm dann doch zu dumm. Nur die Hornbrille hatte er auf. Hochgesandt trug edles, schwarzes Tuch und einen weißen Rolli zu seiner akkuraten Frisur. Keine Krawatte, und er war deutlich jünger, als Thesen vermutet hatte. Maximal Mitte dreißig. Der Anwalt redete nicht lange um die Sache herum. Rein faktisch betrachtet, hätte Mercedes Römer keine Chance, etwas am Status quo zu ändern. »Der Vertrag, den sie beide miteinander haben, ist eindeutig formuliert und auch nicht sittenwidrig«, sagte er. Thesen spürte, wie die zitternde Unruhe, die sich auf dem Weg hierher aufgebaut hatte, langsam wich. Er zündete sich eine Zigarette an.

»Es ist aber auch so«, sagte Hochgesandt, ohne den Blick von Thesen zu wenden, »dass solche Verträge durchaus anfechtbar sind. Und Frau Römer hat gute Argumente. Als sie sich von Ihnen trennte, war sie bereits krank. Sie wusste zwar noch nichts davon, aber das Hepatitisvirus kann über die schleichende Schädigung der Leber hinaus auch durchaus die Psyche beeinflussen. Da gibt es Untersuchungen, die das belegen. Frau Römer wird sich also, wenn sie tatsächlich nicht einlenken sollten, darauf berufen, den Vertrag in nicht voll handlungsfähigem Zustand unterschrieben zu haben. Und außerdem, Herr Dr. Thesen« – Hochgesandt machte eine bewusste Pause und faltete ein wenig affektiert seine Hände vor dem Kinn – »ist meine Mandantin die Mutter. Und in diesen Fällen sind deutsche Gerichte nicht gerecht, noch nie gewesen, das sollten Sie wissen. Ich kenne keinen einzigen Richter in diesem Land, der sich bei Streitfällen zwischen Vater und Mutter nur auf Grund eines Vertrages für den Vater entscheidet, da müsste die Mutter schon auf den Strich gehen oder Drogen nehmen. Glauben Sie mir, Sie können nur verlieren, und dann sehen Sie Claude erst wieder, wenn er vierzehn ist – wenn er dann noch will.«

Thesen krampfte es den Magen zusammen. Der freche Kerl hatte ihn schlicht bedroht, ihm kühl in den Magen geschlagen.

»Und, geht Frau Römer tatsächlich so weit, wenn ich nicht einlenke?«, fragte Thesen. Hochgesandt zuckte nur mit den Schultern und stand auf. »Auf Wiedersehen, Herr Dr. Thesen«, sagte er und ging. »Arschloch, aufgeblasenes«, zischte Thesen so laut, dass der Anwalt es hören musste. Aber der reagierte nicht. Als Thesen zahlen wollte, waren sein Espresso und das kleine Mineralwasser schon beglichen. Zur Freude des Kellners bestand Thesen auf nochmaliger Bezahlung und gab auch noch Trinkgeld. »Ich brauche dringend auch so einen taffen Kerl als Anwalt«, dachte er sich und ging. Am Abend entschloss er sich zusammen mit Theresa, die Sache durchzufechten. Am nächsten Tag saß er in der Kanzlei von Klaus Burger, einem Spezialisten, den ihm sein Kollege Mahnhorst empfohlen hatte, der gerade erst geschieden worden war. »Der Burger hat das Beste für mich rausgeholt, der Mann ist okay«, hatte der Labormediziner gesagt. Jetzt hörte sich Burger die Geschichte an, las die Scheidungsfolgenvereinbarung und den Brief von Cedi und verabschiedete sich von Thesen mit den Worten. »Das sieht nicht schlecht aus für Sie, aber bei Familiensachen weiß man leider nie, wie es ausgeht.«

Claude hatte in den folgenden Wochen Glück. Thesen und Cedi verständigten sich über ihre Anwälte, den Sechsjährigen nicht mit hineinzuziehen. Bis zur Entscheidung sollten die alten Regeln gelten.

Vom Krieg der Schriftsätze bekam Claude nichts mit. Cedis Eilantrag auf das alleinige Sorgerecht wurde vom Jugendamt schon nach sechs Wochen abgelehnt, die Sache vor Gericht verwiesen. Thesen feierte den kleinen Erfolg mit einem Kurztrip nach Mallorca im November für alle fünf. Weihnachten musste er Claude aber seiner Mutter lassen, sie war dran, so stand es im Vertrag. Kurz vor Claudes Geburtstag im Januar lehnte das Familiengericht die Klage von Mercedes Römer im Namen des Volkes in allen Punkten ab. Es sei nicht zu erkennen, so der Richter, »dass sich die Situation des Kindes durch eine Änderung des Sorgerechts verbessern würde«. Er habe im Gegenteil den Eindruck gewonnen, dass die Regelung dem Kind guttue, schließlich lebe es auch beim Vater in einem familiären Verbund. »Und wenn es Ihrem Sohn dort schlecht ginge, Frau Römer«, wandte sich der Richter direkt an Cedi, »hätten Sie doch sicher beantragt, dass sich Beamte vom Jugendamt mit dem Kind darüber unterhalten. Das wäre als Mutter dann doch ihre Pflicht gewesen.«

Im Foyer des hässlichen Amtsgerichtsgebäudes schüttelte Klaus Burger seinem Mandanten euphorisch die Hand. »Alle Wetter, besser hätte es wirklich nicht für uns laufen können«, schwärmte er und drückte Thesen ein weißes Kuvert in die Hand. »Das ist meine Kostennote, wenn Sie gelegentlich daran denken würden, vielen Dank.« Burger verschwand und Thesen konnte nachlesen, dass ihn die Abwehr einer völlig sinnlosen Attacke seiner Exgattin 12 345,84 Mark kosten würde. Die Hälfte der Gerichtskosten würde auch noch dazukommen, weil er dieser Regelung vorher zugestimmt hatte.

Er zahlte grimmig, war aber auch froh, dass nun endlich die Verflechtungen seiner Ehe abschließend geklärt waren. Kein Stress mehr, nie mehr, dachte er, als er die Überweisung auf die Bank trug, und in meinem nächsten Leben werde ich auch Anwalt.

Die Ruhe hielt gerade vier Wochen. Gestern Abend hatte Cedi angerufen, das erste Mal seit fünf Monaten.

»Hör zu«, fauchte sie nach einem kurzen Hallo und offenbar sehr erregt, »du hast zwar vor Gericht gewonnen, aber ich will Claude trotzdem haben.«

»Kannst du ja, so wie die vergangenen vier Jahre auch«, antwortete Thesen ruhig.

»Nein, ganz, so, wie ich es will. Pass auf, du hast zwei Wochen Zeit, dir das zu überlegen, dann gehe ich zum Jugendamt und erzähle denen, dass du Claude angefasst hast, hörst du? Sexuell angemacht, meine ich. Ich habe hier noch ein paar Bilder von Claude aus dem Kindergarten. Männer hat er gemalt, nackte Männer mit riesigen Dingern. Du weißt ja, was die beim Jugendamt da alles hineindeuten, und du weißt auch, was so eine Auseinandersetzung für dich bedeutet – du wärst gesellschaftlich tot, keiner würde dich mehr anschauen oder sich von dir operieren lassen. Du siehst, ich habe alle Trümpfe auf meiner Seite, also tu jetzt endlich, was ich sage.«

Cedi knallte einfach den Hörer hin, Thesen wurde flau im Magen. Er wusste wirklich, was das bedeuten konnte. Einem Bekannten von ihm, Ebse Krömer, war es genauso ergangen. Beim Streit um das Sorgerecht hatte seine Ex behauptet, er habe seine zehnjährige Tochter vergewaltigt. Die Geschichte klärte sich zwar nach elf Monaten als haltlose Lüge auf, Krömer hatte aber seinen Job bei der Bank verloren, Morddrohungen erhalten und war schließlich weit weg nach Hamburg geflohen. Jetzt, drei Jahre später, begann er gerade wieder, eine Beziehung zu seiner Tochter aufzubauen. Seine Frau kam ungeschoren davon, sie habe unter psychisch unerträglichem Druck gelogen, hatte das Gericht befunden.

Thesen dachte gerade an Krömer, als er die Wunde von Schiefer zunähte. Die Operation war glatt verlaufen, in vier Stunden würde er sich den Patienten noch einmal ansehen und ihn, wenn alles in Ordnung war, nach Hause entlassen. Er nickte dem Anästhesisten zu und verließ den OP. Eine Viertelstunde Pause, dann wartete ein Meniskus in der Drei.

Am Nachmittag stand er vor dem Bett von Rudolf Schiefer. Offenbar ein Privatpatient. Schiefer lag allein, die Blumen auf dem geschmackvollen Tisch stammten von Professor Ulf Nidernbühl persönlich, aus der leicht geöffneten Verandatür strömte die erste Frühlingsbrise in das helle, himmelblau gestrichene Zimmer. Thesen hatte keinen Blick für hübsche Krankenzimmer, er wollte nur schnell weg hier, er musste sich mit Anwalt Burger treffen, dringend.

»Na, wie geht es dir?«, fragte er Schiefer und setzte sein berufsmäßiges Lächeln auf.

»Nicht so gut, tut mir leid.«

»Wo fehlt's, Sportsmann?«, erkundigte sich Thesen und dachte an den Weg zu Burgers Kanzlei.

»Schmerzen in der Schulter und die ziehen bis in die Brust und mir ist auch nicht so gut.«

Thesen schaute sich die Wunde an, alles war in bester Ordnung. Ihm fiel auf, dass Schiefer stark schwitzte, aber es war auch warm in Zimmer 14. Diese gedopten Leistungsopas sind doch ziemliche Mimosen, dachte er. Thesen hatte jetzt einfach keinen Nerv auf Schiefers Gewimmer. Er musste weg, er hatte was zu klären, was ausnahmsweise wichtiger war als sein Job.

»Geben Sie ihm noch eine Schmerzspritze und dann kann er von mir aus nach Hause gehen«, sagte Thesen zur Stationsschwester, die neben ihm das Behandlungsprotokoll führte. Zu Schiefer gewandt sagte er: »Immer schön aufrecht sitzen, nur zum Schlafen bitte hinlegen. Für die Schmerzen geben wir dir auch noch Tabletten mit, aber die erst in vier Stunden einnehmen. So lange wirkt die Spritze. Wir sehen uns morgen zur Kontrolle, es sei denn, es wird schlimmer. Dann rufst du bitte sofort hier an. Thesen nickte dem Patienten kurz zu und hastete aus dem Zimmer. Schiefer stöhnte leise.

Der Anwalt war nicht in seiner Kanzlei. Thesen machte einen Termin für den nächsten Nachmittag aus und fuhr nach Hause. Zum ersten Mal seit langer Zeit rauchte er im Auto, aber es musste jetzt einfach sein. Theresa wusste noch nichts, er wollte nach dem Abendessen mit ihr reden.

Sie saßen gerade um den Tisch, als das Telefon klingelte. Thesen war ärgerlich, ging aber doch ran, als er die Nummer der Klinik erkannte. Am anderen Ende war sein Chef Professor Nidernbühl.

»Himmelnochmal, Thesen, was glauben Sie, was passiert ist?«, herrschte er viel zu laut und ohne große Förmlichkeiten ins Telefon. Er ließ Thesen nicht einmal Zeit zum Luftholen und brüllte weiter. »Schiefer liegt auf der Intensivstation der Maximiliansklinik, der Mann ist zwei Stunden, nachdem er zu Hause war, ohnmächtig geworden. Lungenembolie, sie haben ihn nur mit Mühe und viel Glück am Leben gehalten, verdammt noch mal. Sie hätten doch sehen müssen, dass es ihm schlecht ging, als Sie ihn entlassen haben.«

»Er klagte nur über den ganz normalen Wundschmerz«, sagte Thesen, der seine Stimme wie durch Watte hörte.

»Von wegen, er hat deutlich gesagt, dass er nur schwer Luft bekommt.«

»Wer sagt das?«

»Stationsschwester Angela war dabei und sie hat es auch so im Protokoll aufgeschrieben«, antwortete Nidernbühl ein bisschen ruhiger.

Thesen konnte sich nicht daran erinnern, aber er hatte vor ein paar Stunden derart unter Strom gestanden, dass er Schiefers Klagen vielleicht tatsächlich überhört hatte. Und Schiefer hatte stark geschwitzt, das stimmte schon. Fehler, donnerte es in Thesens Hirn, elender Fehler.

»Auf jeden Fall«, sagte Nidernbühl eisig, »hätten Sie ein EKG machen und seine Atmung überprüfen müssen. Dann hätten Sie ihn sicher nicht entlassen und Spezialisten verständigt. Das war Ihre Pflicht, verdammt noch mal, das reine Handwerk, das muss ich Ihnen doch nicht sagen. Danken Sie Gott, dass er noch lebt. Wir sehen uns morgen.« Nidernbühl hängte grußlos ein.

»Ist was in der Klinik passiert?«, fragte Theresa.

Thesen stand nur da, er hatte den Telefonhörer immer noch in der Hand, er spürte wieder diese seltsame Blockade, einfach nicht reagieren zu können, sprach- und bewegungslos zu sein, obwohl seine Gedanken frei, klar und grausam durch sein Gehirn flossen. Du hast versagt, dachte er, du hast einen beschissenen Anfängerfehler gemacht.

Für ihn mehr als ein schlichter Fehler. Thesen war immer stolz auf seine Fähigkeit, bei der Arbeit perfekt zu funktionieren. So unruhig und fahrig er auch sein mochte, in der Klinik verwandelte er sich, er konnte sich zwingen, seine Handlungen in eine ruhige, planvolle Abfolge zu bringen. Verdammt noch mal, Schiefer klagt, dass er schwer Luft bekommt, und du entlässt ihn einfach, dachte er, das kann einfach nicht wahr sein. Du darfst dein Theater mit Cedi nicht so an dich ranlassen, dass du Anfängerfehler machst.

Er legte den Hörer langsam auf und ging zurück zum Tisch. Theresa stand die Frage immer noch ins Gesicht geschrieben, aber sie blieb stumm. Sie kannte seine seltsamen Abwesenheitsmomente, wenn er durch sie hindurchsah, einfach gar nichts tat, sich für lange Sekunden in einen Fels verwandelte, der schon eine Million Jahre genau so dalag und noch einmal eine Million Jahre so liegen bleiben würde.

»Ich habe in der Klinik Mist gebaut, aber lass uns später darüber reden, wenn die Kinder im Bett sind«, sagte er schließlich leise.

Theresa nickte nur, obwohl Geduld nicht ihre Stärke war. Thesen sah elend aus, er hatte schon heute Morgen diese tiefen, harten Falten gehabt, die fast senkrecht von seinen Mundwinkeln nach unten liefen und die immer dann besonders auffielen, wenn er angespannt war und den Mund zusammenkniff. Manchmal meinte Theresa zu ahnen, wie Thesen in zwanzig Jahren aussehen würde. Wie ein alter, grimmiger Raubvogel.

Als Theresa Tine noch eine Gutenachtgeschichte vorlas, stahl sich Thesen die Kellertreppe hinunter. Er suchte die alte, blaue Werkzeugkiste, die aber nicht am angestammten Platz stand. Er wurde unruhig, in seinen Schläfen pochte es. Schließlich fand er den Koffer hinter dem Heizungsbrenner. Im unteren Fach, verdeckt von einer Packung Fahrradflickzeug und einem kleinen Fläschchen Nähmaschinenöl, lag das Päckchen Diazepam. Fast zwei Jahre schlummerten die Pillen schon in ihrem Versteck, sie waren aber noch gut sieben Monate haltbar. Seit dem Ostersonntag 1997, als Theresa ihn ertappt hatte, war er sauber. Bis jetzt.

Ich brauche dringend ein paar Tage Ruhe, dachte er, nur ein paar Tage, bis die Packung leer ist. Zwanzig Tabletten à fünf Milligramm – das müsste reichen. Thesen brach zwei der kleinen weißen Pillen aus der Verpackung und schluckte sie mit einem Schluck Apfelsaft hinunter. Er trank aus der Flasche, was er den Kindern immer verbot.

Zurück in der Küche, öffnete er eine Flasche schweren sizilianischen Rotwein, stellte zwei Gläser auf den Küchentisch und wartete auf Theresa. Das Fenster zum Garten war gekippt. Von draußen roch es nach feuchter Erde, nach Frühling. Seit zwei Tagen war es ungewöhnlich warm für Ende Februar, die Sonne hatte den tiefgefrorenen Boden angetaut, im Dämmerlicht schwirrte ein Schwarm winziger Mücken vor dem Fenster.

Theresa kam und setzte sich zu ihm. Sie redeten bis kurz vor Mitternacht, Thesen blieb dank der Pillen und dreier Gläser Wein ruhig. Theresa riet ihm, wieder zu Anwalt Burger zu gehen, und zwar bevor Cedi ihre ungeheure Drohung wahr machen würde.

»Ich habe doch schon einen Termin, morgen Nachmittag, wegen Schiefer.« Thesen wirkte mutlos.

»Bei der Nummer mit Schiefer weiß ich auch nicht, was ich sagen soll. Vielleicht solltest du ihn besuchen und dich entschuldigen«, sagte Theresa.

Thesen hatte kein Problem damit, seinen Fehler bei Schiefer einzugestehen, er wusste aber nicht, ob Nidernbühl damit einverstanden sein würde.

»Vielleicht sollte ich das wirklich tun, aber da rede ich erst mal mit dem Chef.«

Er ging ins Bett, einigermaßen ruhig, aber diese gewaltige Zuversicht, die ihm die Pillen früher geschenkt hatten, konnte er nicht spüren. Er schlief sofort ein. Zwei Stunden später erwachte er ruckartig, weil er unentwegt schlucken musste. Blut rann ihm durch den Hals, als er sich aufrichtete, schoss ein roter Strahl aus seinem rechten Nasenloch. Schniefend stolperte Thesen ins Bad, drückte sich hastig mit Klopapier die Nase zu. Die Blutung hörte sofort auf, er wusch sich vorsichtig Gesicht und Hände, wischte mit einem feuchten Handtuch die schon leicht angetrockneten dunkelroten Tropfen vom Boden. Das Bett würde er morgen früh abziehen, so schlimm war es nicht, nur ein Fleck, der auf der dunkelblauen Decke nicht besonders auffiel. Theresa war nicht wach geworden. Merkwürdig, dachte Thesen, Nasenbluten hatte ich noch nie. Wahrscheinlich die trockene Luft. Er überlegte, ob er ein nasses Handtuch über die Heizkörper hängen sollte und schlief darüber ein.

Seitensprünge

Mit einem Ruck blieb die Gondel stehen. Theresa spürte ihren Magen, als die Kabine heftig vor- und gleich wieder zurückschwang. Sie schloss die Augen und unterdrückte die Angst, die in ihr aufstieg. »Keine Sorge«, sagte der fremde Mann ihr gegenüber. Theresa öffnete die Augen, blickte in ein gebräuntes, unrasiertes Gesicht. Der Mann trug einen dieser knallroten Anoraks, die nur schlanke Menschen tragen können, und lächelte sie an. Skilehrer, ganz klar, und er spürt deine Nervosität, dachte sie.

»Das ischt nur ein kurzer Stromausfall, das passiert hier öfter mal, wenn viel los ischt, das haben sie noch nicht richtig im Griff«, sagte ihr drahtiges Gegenüber mit Tiroler Akzent. »Mogscht a Schnapserl?«

Theresa lächelte dankbar, schüttelte aber stumm den Kopf und sah sich um. Hinter den Eisblumen der Plastikscheiben schien die Wintersonne, die für Ende Januar schon sehr kräftig brannte, aus einem fast schon kitschig blauen Himmel. Rechts unten, in schwindelerregender Tiefe, sah sie das weiße Band der Sylvesterabfahrt, die sich wie eine Schlange vom Gipfel des Kronplatzes durch den dunklen Wald hinunter nach Reischach schlängelte. Schnell blickte sie wieder nach vorn. Natürlich muss das blöde Ding an der höchsten Stelle hängen bleiben, dachte Theresa, der große Höhen immer schon Angst gemacht hatten. Sie konnte nicht einmal an ein sicheres Geländer gestützt in die Tiefe schauen, ohne einen Stich im Magen zu spüren.

Jetzt das hier, die Kabine hing so ziemlich an der höchsten Stelle, ein Mast, an dem man zur Not hinuntersteigen konnte, war nicht einmal in Sicht. Theresa zwang sich, tief und ruhig zu atmen, und beruhigte sich mit Fakten. Sie saß in einer supermodernen, vollautomatischen, gerade erst am Neujahrsfeiertag 2001 eingeweihten Umlaufgondelbahn, die in ihren Achterkabinen dreitausendsechshundert Skifahrer pro Stunde auf das zweitausend Meter hohe Plateau baggern konnte. Ein Wunderwerk der Technik, eine der modernsten Anlagen in Europa und so sicher wie das eigene Bett. Zumindest hatte das gestern Abend der Betriebsleiter der Anlage beim Pressegespräch voller Stolz behauptet. Theresa hatte es notiert, fester Boden unter den Füßen wäre ihr jetzt aber trotzdem lieber gewesen. Renate, die links neben Theresa saß, bot ihr einen Kaugummi an. Renate Kocher war Reiseredakteurin bei der »Süddeutschen Zeitung« in München und eine von sechsundzwanzig Journalisten, die seit gestern für vier Tage hier am Südtiroler Kronplatz unterwegs waren. Pressereise nannte man diese Einladungen, bei denen sich die Tourismusgemeinden im besten Licht darstellen wollten und die Gäste deshalb in Watte packten. Die Gruppe wohnte in einem der besten Hotels von Reischach, wurde perfekt umsorgt. In einer Stunde waren auf der anderen Seite des Berges, auf der Abfahrt nach Olang, schon wieder zwei lange Tische auf der Sonnenterrasse einer urigen Hütte reserviert. Drei Gänge und ausgesuchter Rotwein warteten, obwohl Theresa beim Skilaufen mittags eine heiße Suppe und ein Mineralwasser völlig genügt hätten. Aber noch stand die Gondel, der Skilehrer hatte eine Orange aus einer seiner vielen Taschen genestelt und begann, sie mit seinen kräftigen Händen zu schälen. Es roch gut, besser jedenfalls als der Dicke rechts neben ihr, der gestern, als sich die Gruppe in der Lobby des Hotels zum ersten gemeinsamen Drink nach der Ankunft traf, keine Viertelstunde gebraucht hatte, bis jeder wusste, dass er als freier Journalist für »Die Zeit« arbeitete. Danach hatte er gegessen für drei und vor allem viel zu viel Knoblauchbutter aufs Weißbrot gestrichen. Eine Böe pfiff um die Gondel, die leicht zu schwanken begann. Theresa erschrak, aber der Skilehrer tröstete sofort. »Keine Angst, nur a bisserl Wind. Geht sicher glei weiter.«

Theresa hatte keine Ahnung, wie das »Tagblatt« zu der Einladung gekommen war. Ihre Zeitung hatte noch nicht einmal einen Reiseteil und bekam solche Angebote ganz selten. »Wahrscheinlich wollen die Südtiroler in unserer Region bekannter werden«, hatte Weber vermutet. Der Lokalchef war es auch, der sich bei der Chefredaktion dafür starkgemacht hatte, dass die freie Mitarbeiterin Theresa Küpper den Termin bekam. »Sie kann Ski fahren und hat eine leichte Schreibe«, hatte Weber in der Ressortleitersitzung erklärt, »das ist die ideale Voraussetzung, um eine schöne, bunte Geschichte für die Wochenendbeilage zu schreiben.« Weber hatte nicht ohne Eigennutz gehandelt. Die Wochenendbeilage war sein Kind und er wollte seinem Intimfeind, Wirtschaftschef Neustein, wieder mal zeigen, wer der wahre Chef war. Neustein, an den die Einladung adressiert war, wäre gern selbst gefahren, musste sich dann aber der Anweisung des Chefredakteurs beugen, der Webers Idee gut fand. »Oder haben Sie was dagegen, Neustein«, fragte er. Neustein verneinte pflichtschuldigst und jetzt war Theresa Küpper im Auftrag des »Tagblatts« auf einer viertägigen Pressereise im winterlichen Südtirol unterwegs. Sie hatte sich vorgenommen, trotz der ganzen Hofiererei eine faire, aber distanzierte Geschichte zu schreiben. Und eine lange – Theresa freute sich schon auf das Zeilengeld. Vielleicht würde es für einen Ausflug in einen Freizeitpark für alle reichen.

Die Gondel stand noch immer, gute zehn Minuten schon, schätzte Theresa, die aber keine Angst mehr hatte. Der Skilehrer ihr gegenüber hatte den Kopf in den Nacken gelegt, die Augen geschlossen und den Mund leicht geöffnet. Der Mann hat Nerven, ein Nickerchen im schwindligen Niemandsland, dachte Theresa, die sich jedoch auch müde fühlte. Der Grund dafür saß links neben Renate, am Rand der Viererreihe. Atze Müller, freier Journalist aus Kiel und ihr Lover vergangene Nacht. Heute Morgen, beim Frühstück im Hotel, hatte er zwar so getan, als sei nie etwas gewesen. Kein Hallo, kein Nicken, nichts. Atze war später gekommen, hatte sich Orangensaft und Eier mit Speck geholt und sich an einen anderen Tisch gesetzt, obwohl auch bei Theresa noch ein freier Platz gewesen wäre. Aber die Nacht nimmt er dir nicht mehr, dachte sie. Das war genau das, was ich gebraucht habe, und wenn es sich heute Abend noch einmal ergibt, warum nicht? In ein paar Monaten würde sie fünfunddreißig, sie war alt genug, um zu wissen, was sie wollte. Und sie wollte noch mal mit Atze Müller ins Bett. In drei Tagen würde sie nach Hause zu Thesen fahren, sie würde Müller nicht schreiben, ihn wahrscheinlich nicht einmal vermissen, aber jetzt und hier war der Kerl wichtig, auch wenn er einer der üblen Sorte war, die vor Pressereisen ihre Eheringe in den Geldbeutel steckten. Zumindest hatte Theresa den verdächtigen weißen Hautring an der richtigen Stelle seiner Hand schnell bemerkt. Und eigentlich war er ihr auch viel zu alt, sie schätzte ihn auf Mitte fünfzig.

Theresa entspannte sich, obwohl die Gondel wieder von einer Böe geschaukelt wurde. Von oben, wo der Greifer der Kabine am Tragseil verpresst war, knarzte deutlich hörbar Metall, aber der Skilehrer schlief und auch Theresa entspannte sich nach einem kurzen Blick nach links. Herr Müller besah sich stumm die Landschaft.

Wann fing das eigentlich an, dass es mit Johannes nicht mehr so richtig lief?, überlegte Theresa. Sie erinnerte sich an die Wintertage vor fast zwei Jahren, an Thesens fatalen Fehler nach der Operation von Rudolf Schiefer. In dieser Zeit war auch bei ihnen irgendetwas kaputtgegangen.

Als Thesen am Morgen nach Schiefers Operation in der Klinik ankam, fand er eine Notiz auf seinem Pult, dass er sich umgehend beim Chef melden sollte. Seine sieben Operationen für heute würde Heinz Kuttig übernehmen, Thesens Kollege, mit dem er im Wechsel operierte, und der eigentlich heute freihatte. Thesen fand Nidernbühl hinter dessen Schreibtisch und der redete nicht lange darum herum.

»Hören Sie, Thesen, Sie sind mein bester Mann für die Kniegelenke und auch sonst ein sehr guter und vor allem korrekter Arzt. Ich hätte nie gedacht, dass Ihnen so etwas passieren kann. Aber ich kann Sie beruhigen, ich will auch künftig nicht auf Sie verzichten. Also, was schlagen Sie vor?«

»Danke Chef. Als Allererstes möchte ich Schiefer besuchen, mich entschuldigen und versuchen, die Sache so aus der Welt zu schaffen.«

»Das lassen Sie mal lieber bleiben. Noch ist der Mann schwer krank, er hat noch nicht reagiert, der Vorfall ist ja auch nicht einmal vierundzwanzig Stunden her. Vielleicht kommt Schiefer überhaupt nicht auf die Idee, uns für die späte Diagnose seiner Embolie verantwortlich zu machen. Wenn Sie aber jetzt zu ihm gehen, ist das wie ein Schuldanerkenntnis und Sie wissen so gut wie ich, dass die Embolie mit Ihrer Operation nichts zu tun hatte. Der Mann trug genug andere Risikofaktoren mit sich herum.«

Doping, dachte Thesen, man weiß ja, was vor allem Testosteron für üble Nebenwirkungen hat. Aber darüber schwieg er, davon hatte Nidernbühl keine Ahnung. Sein Chef meinte wohl auch eher Schiefers hohen Blutdruck.

»Trotzdem, Herr Professor«, sagte Thesen, »ich habe Schuld, dass er nicht sofort richtig behandelt wurde. Ich habe es nicht einmal wahrgenommen, dass er über Atembeschwerden klagte.«

»Stimmt, aber wo kein Kläger ist, da ist auch kein Richter. Schiefer ist über den Berg, die Kollegen in der Maximiliansklinik übernehmen auch die Nachsorge seiner Schulter-OP, die, wie bei Ihnen nicht anders zu erwarten war, ja perfekt gelaufen ist.«

Thesen überlegte, was Nidernbühl ihm da gerade angeboten hatte. So eine Art Schwamm drüber und erst mal in Deckung bleiben. Modernes Krisenmanagement, das er seinem Chef, den er für eine ehrliche Haut hielt, so nicht zugetraut hätte. Sicher, in seiner Situation wäre es wohl das Beste, Nidernbühls Rat anzunehmen, daran führte kein Weg vorbei. Thesen musste sich einer neuen, brutalen Attacke von Cedi erwehren, er hatte keine Ahnung, wie diese Geschichte weitergehen würde, Cedi hatte ihn in der Hand. Wenn sie ihre Lüge von dem angeblichen sexuellen Missbrauch tatsächlich hinausposaunte, hatte er mehr Probleme am Hals als in seinem ganzen bisherigen Leben. So abwegig und hanebüchen der Vorwurf auch war. In seiner jetzigen Lage war ein sicherer Job wichtig. In ein paar Monaten würde er achtunddreißig, er war beruflich etabliert, Nidernbühl hatte sein Gehalt immer großzügig angepasst. Thesen wusste, dass er auf dem besten Weg war, eines Tages Teilhaber der Klinik zu werden. Nidernbühls Frau Sarita hatte das schon mal bei einem Ärzteessen sachte anklingen klassen. Aber er konnte sich jetzt nicht einfach so davonstehlen. Thesen war gewiss kein Heiliger. Er ließ sich gern vom Hersteller des neuesten Arthrosemittels für vier Tage nach Kenia zu einer sogenannten Fortbildung einladen, obwohl man dort nach einem zweistündigen Vortrag den Rest der Zeit nur am Strand lag und er für sich schon lange zuvor entschieden hatte, dass es auch im Jahre 2000 kein Präparat gab, das bis auf den Knochen abgeschabten Gelenkknorpel ersetzen konnte. Er verschrieb seinen Patienten trotzdem die seiner Meinung nach sinnlosen Präparate, allerdings erst, nachdem er ihnen klipp und klar erklärt hatte, dass es nichts nützen würde, und dann auch nur auf Privatrezept.

Aber die Sache mit Schiefer war etwas ganz anderes. Der Mann war sein Patient gewesen, er hatte die deutlichen Warnzeichen der Embolie ignoriert oder übersehen – und Schiefer damit beinahe ins Grab gebracht. Es war ihm zwar auch klar, dass Cedis Attacken ihn fahrig werden ließen, aber dafür konnte Schiefer nichts. Thesen ging es gegen den Strich, jetzt darauf zu hoffen, dass der alte Mann froh war, noch am Leben zu sein und keine Fragen stellte. Er fühlte sich verantwortlich und in dem Punkt war er nicht fähig zu einem faulen Kompromiss. Die Kraft der zwei kleinen, weißen Pillen, die er vor einer halben Stunde eingeworfen hatte, half ihm dabei.

»Nett von Ihnen«, sagte Thesen, »aber ich muss mit Schiefer reden. Sonst kann ich meinen Job nicht mehr machen.«

Nidernbühl erhob sich rasch. »Thesen, wir warten jetzt erst mal in aller Ruhe ab. Glauben Sie mir, wahrscheinlich wird er sich nie melden. Wenn Sie jetzt aber zu diesem Schiefer gehen, kann ich nichts mehr für Sie tun. Ich kann mir keinen im Team leisten, der derartige gravierende Fehler macht. Nicht einmal Sie.«

Wahrscheinlich willst du dir eher keinen leisten, der einen Fehler einräumt, dachte Thesen, das ist nicht gut für das Image der Klinik. Hier werden keine Fehler gemacht, niemals. Er atmete laut aus.

»Manchmal«, sagte er zu Nidernbühl, »muss jeder das tun, was er tun muss.«

Vor der Tür hätte er sich am liebsten selbst geohrfeigt. Mein Gott, was für ein pathetischer Mist, MANCHMAL MUSS JEDER DAS TUN, WAS ER TUN MUSS. Ich rede schon wie ein blonder Revierförster im Heimatfilm. Was bin ich nur für ein Idiot. Einen kurzen Moment lang wollte er auf dem Absatz umkehren, zurück zu seinem Chef und sich entschuldigen, aber er ging doch weiter. Thesen verließ die Klinik, zündete sich eine Zigarette an und fragte sich, wie man am schnellsten zur Maximiliansklinik fuhr.

Das Klinikum lag mitten in der Stadt, eine moderne Medizinfabrik, die vor zwei Jahren eine Art Glaspalast als Eingangshalle bekommen hatte. Die

Dame am Empfang war aber eines der Modelle, die den Wandel der Zeiten überdauerten, sie glich einer dieser gelangweilten, schnippischen Zicken vor dreißig Jahren. Thesen fiel das Schlagwort von der Dienstleistungswüste Deutschland ein, als er nach der Zimmernummer von Schiefer fragen wollte. Die Frau am Empfang ließ ihn mindestens zwei Minuten warten, weil sie gerade ein Telefonat führte. Sie sprach so laut, dass Thesen gar nicht weghören konnte. Es ging um einen Last-Minute-Flug nach Sri Lanka, wobei die Dame gerade die meteorologischen Daten für Mitte Februar recherchierte.

Thesen half sich mit einem bewährten Trick. Demonstrativ fingerte er eine Zigarette aus der Schachtel, räusperte sich ein bisschen zu laut und schnippte sein Feuerzeug an. Der Zerberus der Klinik legte den Hörer mit einem »einen Augenblick bitte« rasch zur Seite.

»Hallo, Sie, hier ist absolutes Rauchverbot.«

»Kein Problem«, sagte Thesen und steckte die Zigarette langsam wieder in die Schachtel zurück, »wenn Sie mir bitte sagen könnten, wo der Patient Schiefer liegt?«

»Wann gekommen und Schiefer wer?«

»Schiefer, Rudolf – gestern Abend, Notaufnahme.«

»Notaufnahme, sind Sie ein Angehöriger des Patienten?«

»Nein, ich bin sein Arzt, ich habe ihn gestern noch an der Schulter operiert.«

Thesen meinte ein schnippisches Lächeln bei der Empfangsdame zu erkennen. Sie hat sofort kapiert, dass du Mist gebaut hast, wenn dein Patient hier in der Notaufnahme landet, dachte er. Aber wenigstens schaut sie nach.

»Chirurgie, Zimmer B135, 3. Stock im roten Sektor. Folgen Sie der roten Linie auf dem Boden bis zum Fahrstuhl.« Sie griff wieder zum Telefonhörer und sah durch ihn hindurch.

Thesen war erleichtert. Er ist nicht mehr auf der Intensivstation, das ist ein gutes Zeichen. Er sah auf die Uhr: Viertel nach zehn. Die perfekte Zeit für einen Besuch im Krankenhaus. Die Visite war schon durch, die Putzkolonne und der Seelsorger auch, und die Schwestern bekamen jetzt gerade auf riesigen Rollwagen das Mittagessen angeliefert, das sie von elf Uhr an verteilen mussten. Bis dahin würde sie wohl keiner stören.

Rudolf Schiefer lag wieder in einem Einzelzimmer, er sah blass aus, in seiner linken Hand lag eine Dauerinfusion. Als Thesen nach kurzem Klopfen eintrat, lächelte er.

»Hallo, Doktor, was verschlägt dich denn hierher? Meine Schulter spüre ich kaum noch.« Er deutete mit seinem Kinn nach rechts. Seine Stimme klang schwach.

»Freut mich, aber deshalb bin ich nicht gekommen. Es tut mir leid, Rudolf, aber ich habe gestern ganz klare Warnsignale der Embolie übersehen. Man hätte dir viel früher helfen können.«

Es war still im Zimmer, Schiefer sagte lange Sekunden nichts, dann bat er Thesen, sich zu setzen.

»Ich weiß, dass du schneller hättest reagieren können, aber vergiss es. Die eigentliche Schuld liegt bei mir.«

Thesen blieb stumm. Schiefer seufzte.

»Du weißt doch, dass ich im Sport immer vorne sein muss. Ich kann einfach nicht verlieren, deshalb bin ich damals auch nicht mit dir zu Trondheim–Oslo gefahren. Mit meiner Frau hatte das nichts zu tun. Das habe ich nur zu dir gesagt, als ich im Training gespürt habe, dass du in Norwegen schneller unterwegs sein wirst als ich. Und das wollte ich nicht, auf keinen Fall.« Schiefer trank mühsam einen Schluck aus einer Schnabeltasse.

»Mein Gott, Rudolf«, sagte Thesen ärgerlich, »ich bin fast zwanzig Jahre jünger als du, natürlich hätte ich schneller fahren können bei gleichem Training. Wenn es anders wäre, wärst du ein biologisches Wunder. Das ist doch nur normal. Aber wir hätten das als Team durchgezogen. Zusammen los, zusammen ins Ziel …«

Rudolf Schiefer unterbrach ihn mit einer fahrigen Handbewegung.

»Darum geht es heute auch nicht mehr«, stöhnte er. »Was ich eigentlich sagen wollte – als ich mit dem Tennis angefangen habe, hat mir die nötige Kraft in den Armen gefehlt, um die alten Säcke im Klub wegzuhauen. Ich habe mir deshalb Testosteron besorgt und auch eine große Packung Nandrolon und nach ein paar Monaten, weil ich so begeistert vom Erfolg war, noch eine Dreiwochenkur mit Somatotropin. Das Wachstumshormon hat mir übrigens mein Hausarzt besorgt, falls dich das interessiert. Und du kannst mir glauben, ich bin nicht dumm, ich kannte das Risiko für die Durchblutung, ich weiß vom Leberkrebs und Schlaganfall und ich hab' es trotzdem geschluckt und gespritzt, weil es mich angemacht hat, weil ich mir selbst gefallen habe. Weißt du, ich werde bald sechzig und ich war so verdammt stolz auf meinen Körper und auf meine Power. Aber ich hätte dir oder dem Narkosearzt das vorher sagen müssen, dann hättet ihr um das Risiko gewusst.«

Stimmt, dachte Thesen, besser hätte ich es nicht sagen können. Sein Zorn auf den alten Mann verrauchte. Er konnte ihn ein bisschen verstehen, Thesen war ganz ähnlich gestrickt, testete jeden Morgen vor dem Spiegel seine Figur, wog sich zweimal am Tag und ließ sofort das Abendessen weg, wenn er ein Kilo zu viel hatte, oder er begann mit Bauchaufzügen und Liegestützen, wenn er meinte, sein Bauch sei zu dick oder seine Arme ein wenig zu dünn. Thesen blickte wieder zu Schiefer. Sicher, wenn er uns über sein Hormon-doping eingeweiht hätte, wären wir gewarnt gewesen. Soll ich ihn jetzt fragen, ob er auf Kunstfehler klagt?, dachte Thesen.

Rudolf Schiefer nahm ihm die Grübelei ab. »Hör zu, du brauchst dir keine Sorgen zu machen. Ich bin dir nicht böse und ich werde auch nichts gegen eure Klinik tun. Vielleicht habe ich diesen Warnschuss einfach gebraucht. Mit den Muskelpillen bin ich jedenfalls durch, höchstens noch ein bisschen Kreatin. Das macht doch nichts, oder?« Schiefer lächelte, sah aber immer noch elend aus.

Sie redeten noch ein paar Minuten über die Reha seiner Schulter. Thesen empfahl Schiefer eine Physiotherapeutin, die sich auf Schultermobilisierung spezialisiert hatte.

»Ich wünsch' dir gute Besserung«, sagte Thesen, »ruf' mich mal an, wenn du wieder im Sattel sitzen kannst. Dann drehen wir eine Runde. Aber ganz entspannt, mit einem Boxenstopp in der Gartenwirtschaft.«

Rudolf Schiefer lächelte matt und winkte ihm mit seiner Linken zum Abschied. Thesen war erleichtert, er schlenderte am Aufzug vorbei und nahm die Treppe, zwei Stufen auf einmal. In der Halle zündete er sich direkt neben der Empfangsdame eine Zigarette an, warf ihrem empörten Blick eine Kuss-hand entgegen und stürmte neben der riesigen Drehtür durch den offen stehenden Lieferanteneingang nach draußen. Es würde alles gut werden, er spürte eine unbändige Lust, nach Hause zu fahren, sein Rad zu holen und einfach loszufahren. Für heute Nachmittag waren bis zu 20 °C angesagt, der Frühling war da, mitten im Februar.

Auf der Wiese vor der Klinik blühten die Krokusse, das Grün war übersät von von gelben und lila Punkten. Es reicht, wenn ich morgen wieder in die Klinik gehe und mit Nidernbühl rede, dachte Thesen. Heute habe ich sowieso nichts mehr zu tun. Theresa erwartete ihn im Mühlenweg schon an der Tür. Sie hatte sein Auto kommen hören. Sie küsste ihn flüchtig und zog ihn ins Haus. Auf dem großen Holztisch in der Küche lag demonstrativ ein großes, weißes Kuvert, auf dem sein Name und seine Anschrift standen. »Das hat vor einer halben Stunde ein Kurierdienst vorbeigebracht. Ich musste den Emp-fang quittieren.«

Thesen war sofort klar, dass in dem Kuvert keine Röntgenbilder waren. Nidernbühl hat dich rausgeschmissen, dachte er, der Patriarch duldet keinen Widerspruch. Du hast es ihm ja praktisch vorgesagt: Jeder muss das tun, was er tun muss, du dummer Idiot. Fahrig riss er das Kuvert auf und las seine Kündigung. Fristgerecht zum 1. April, stand da, aus betrieblichen Gründen, und dass man für die langjährige vertrauensvolle Mitarbeit freiwillig auch noch die Gehälter für April und Mai zahlen wolle, sozusagen als Dankeschön, vorausgesetzt, dass er seine Entlassung ohne Aufhebens akzeptieren würde. Ohne Aufhebens, dachte Thesen, er schreibt: ohne Aufhebens, als ob es um den Garantieverzicht bei einer Waschmaschine gehen würde. Mein Gott, was soll ich denn machen ohne Job?

Er fuhr fort zu lesen: Auf eine weitere Mitarbeit lege die Klinik aber von sofort an keinen Wert mehr, ein Zeugnis würde in den kommenden Tagen mit seinen persönlichen Sachen von der Spedition Wanninger zugestellt werden. Hochachtungsvoll Prof. Dr. Dr. Ulf Nidernbühl. Auf Nidernbühls Unterschrift war plötzlich ein roter Klecks, gleich darauf noch einer und dann immer mehr. »Johannes, du blutest!«, schrie Theresa. »Nicht schlimm«, gluckste er, »nur ein bisschen aus der Nase.« Er warf seine Kündigung auf den Tisch und rannte aufs Klo. Aus seinem linken Nasenloch pulste ein dicker Strahl hellrotes Blut.

Theresa schreckte hoch, sie musste eingenickt gewesen sein. Die Gondel schaukelte wieder, aber sie stand immer noch an derselben Stelle. Dünne, hohe Wolken hatten sich vor die Sonne geschoben, die nur noch eine milchige, blassgelbe Scheibe war. Der Wind fegte heulend um die Kabine. Auch der Skilehrer war wieder wach, sah aber immer noch entspannt aus. Er gähnte herzhaft. »Jetzt hängen wir schon fünfundzwanzig Minuten, wenn das so weitergeht, kommen wir vor dem Mittagessen gar nicht mehr auf die Ski«, jammerte der freie Mitarbeiter der »Zeit« und sonderte dabei eine dicke Knoblauchwolke ab. »Dös ist noch gar nix, Freunderl«, sagte der Skilehrer und reckte seinen Kopf in Richtung der Gestanksquelle, wahrscheinlich machte es ihm nichts aus. »Neulich gings a ganze Stund, bis der Saft wieder da war. Aber gstorbn ischt deshalb keiner hier drinnen.« Der »Zeit«-Mann schwieg. Theresa sah kurz zu Atze hinüber. Dessen Kopf lag seitlich an der Scheibe, er schlief. Wundert mich nicht, nach der Nacht, dachte sie.

Gestern Abend, drei Stunden, bevor sie mit ihm ins Bett ging, hätte sie sich ein Abenteuer mit diesem Mann nie vorstellen können. Sie war jetzt seit fast sechs Jahren mit Thesen zusammen, länger als mit jedem anderen Mann zuvor, und hatte in der ganzen Zeit nur einmal mit einem anderen geschlafen. Für Theresa eine außergewöhnlich geringe Quote. Sex war für sie eine Form von Zuneigung und auch sonst keine verquaste Geschichte. Für den außergewöhnlichen Sex, wie sie ihn mit Thesen hatte, musste sie einen Menschen aber auch lieben und ihm vertrauen. Trotzdem – ein bisschen Abenteuervögeln war für sie früher ganz normal gewesen und nichts, was einer Beziehung schaden könnte. Nur Thesen zuliebe, der seine körperliche Treue als eine seiner hervorstechendsten Charaktereigenschaften empfand, hielt sie sich zurück. Sie brauchte es auch nicht, Sex mit ihm war wunderbar, aber ab und zu ein anderer Mann, ein anderer Geruch, ein anderer Kick – das hatte sie sich früher einfach so gegönnt, wie andere einen Tag im Wellness-Hotel mit Vollmassage und Aromatherapie. Einmal in der ganzen Zeit mit Thesen hatte sie mit Tines Papa Thomas geschlafen. Es hatte sich einfach so ergeben als Thesen auf einer seiner Pharmareisen war, Claude bei seiner Mutter und Paul bei einem Freund übernachtete. Sie wollte Tine nur kurz bei Thomas abholen, war dann aber auf eine Flasche Wein geblieben, weil die Kleine schon eingeschlafen war. Danach war sie auch dageblieben und sie hatten sich einfach gegenseitig verführt – wie früher eben, aber ohne jede Konsequenz, außer einem schlechten Gewissen bei Theresa. Thomas hatte danach einen schüchternen Versuch gewagt, über eine Beziehung zu reden, aber nach einem ganz kurzen Gespräch war das geklärt, für alle Zeit.

Heute drückte sie kein schlechtes Gewissen. Der Zufall hatte Atze Müller gestern Abend an ihren Tisch gespült. Der Mann war eigentlich nicht ihr Typ. Dichte, schwarze, fast schon strubbelige Haare, nicht dick, aber schwer, und offenbar ohne große Ansprüche an seinen Körper. Unter dem Pulli drückte ein kleines Bäuchlein, aber ihr gefielen seine Hände, die stark und ruhig auf dem Tisch lagen. Atze strahlte eine gewisse Gelassenheit aus, er aß langsam und mit Genuss, drängte sich nicht in den Mittelpunkt und wusste auch nicht zu allem etwas zu sagen, wie seine zwei lärmenden Kollegen, die auch noch mit am Tisch saßen und die offenbar den Reisejournalismus in Deutschland erfunden hatten. Kurz nach elf waren Theresa und Atze bereits die Letzten an der Hotelbar. »Trinken wir noch einen Absacker?«, hatte sie ihn gefragt. »Gerne, aber wenn es dir nichts ausmacht, bei mir und aus meiner Minibar. Ich mag diese ausgestopften Tiere hier nicht.« Theresa lachte laut. »Spinnst du eigentlich?«

»War nur so eine Idee, sorry.«

»Gehst du immer so ran?«

»Wenn ich etwas will, warum denn nicht? Schau mal, es ist schon spät, wir haben wirklich genug getrunken und ich hätte ehrlich noch Lust auf eine Fortsetzung. Aber wenn wir uns hier jetzt noch bis um drei den wunderbaren Wein reinkippen würden, wäre die Nacht vorbei und ich hätte nicht gewusst, ob ich Frau Küpper noch zu etwas anderem überreden könnte. Jetzt weiß ich es, Schwamm drüber.«

Theresa gefiel das. Kein Schmus, kein Getue. Er will mit dir ins Bett und er sagt es wunderschön indirekt direkt. Sie spürte die Wirkung des Südtiroler Weins und eine warme Welle zwischen ihren Beinen.

»Also gut, Herr Müller, lassen Sie uns mal nachsehen, was es so alles gibt in ihrer Minibar.«

Atze lächelte und ging voran. Den Inhalt seiner Minibar kannte sie immer noch nicht, aber sie bekam jetzt noch eine Gänsehaut, wenn sie an gestern dachte. Atze Müller war der perfekte Mann für diese Nacht. Er ließ sich wahnsinnig viel Zeit, war ausdauernd, ohne langweilig zu werden, und er kannte offenbar keine Müdigkeit, was überhaupt nicht zu seiner etwas behäbigen Ausstrahlung passte. Als er endlich einschlief, war eine Latte des Bettrosts zerbrochen und das Leintuch sah aus, als hätten sie vier Wochen darauf gevögelt. Theresa ging ins Bad. Ich sehe furchtbar aus, dachte sie. Die Haare zerwühlt, rote Flecken am Hals, auf ihrem Bauch überall weiße Krusten seines Spermas. Er hatte keine Ahnung, wie Kondome funktionieren. Theresa lächelte, raffte ihre Sachen unterm Arm zusammen, zog seinen Bademantel an und schlich sich in ihr Zimmer. Auf dem Gang begegnete sie einem ihrer Kollegen, der sich offenbar ebenfalls aus einem fremden Zimmer stahl. Sie nickten sich blöde zu und gingen stumm weiter. Theresa fragte sich, ob das üblich sei bei Pressereisen, öffnete mit der Chipkarte ihre Zimmertür und fiel in das noch unberührte Bett.

Das ist noch keine sieben Stunden her, dachte sie, und jetzt tut er die ganze Zeit so, als hätte er dich noch nie gesehen. Die Gondel hing beharrlich still hoch über dem Hang, aber wenigstens hatte der Wind ein wenig nachgelassen. Renate fragte in die Runde, ob es jemanden stören würde, wenn sie eine Zigarette rauchen würde, was der Skilehrer mit einem knappen: »Spinnst du, wenn's hier drin raucht, geht der Alarm an« abschmetterte. Er deutete auf einen Rauchmelder über der automatischen Tür und schüttelte nur den Kopf. Theresa musste an Thesen denken, er hätte jetzt sicher auch gerne eine Camel rauchen wollen. Davon kommt er wohl nie los, dachte sie und es fiel ihr wieder ein, wie er damals nach der Kündigung an einem Abend fast eine ganze Schachtel gequalmt hatte, wie er ruhelos vor dem Kamin auf- und abgegangen war, bis er schließlich etwas tat, was sie ihm nie zugetraut hätte.

Thesen rannte auf die Toilette, das Blut aus seiner Nase hatte eine dicke, rote Spur auf seinen weißen Pullover gemalt, sein Kinn war verschmiert, an den Rändern begann das Blut dunkel zu werden, während es aus der Nase immer noch rann, wenn auch nicht mehr so heftig. Thesen hatte den Kopf weit in den Nacken gelegt, tastete mit der Hand nach der Klorolle, riss eine Bahn ab und drückte sich mit dem Papier in der Hand fest die Nase zu. Langsam nahm er den Kopf wieder nach vorn, schaute in den Spiegel. Als ob du dich geprügelt hättest, dachte er. Er suchte nach einer medizinischen Erklärung, warum ihm jetzt schon zum zweiten Mal, einfach so, das Blut aus der Nase schoss, fand aber keine. Er hatte sich heute morgen vor dem Gang in Nidernbühls Büro in der Klinik den Blutdruck gemessen. Das Nasenbluten in der Nacht hatte ihn erschreckt. 120 zu 75, der bestmögliche Wert. Daran kann es nicht liegen, dachte er jetzt und lockerte den Griff um seine Nase. Die Blutung hatte aufgehört, vorsichtig wusch er sich am Waschbecken Hände und Gesicht und ging zurück in die Küche, wo die blutbesudelte Kündigung immer noch auf dem Boden lag. »Ich geh' mich rasch umziehen«, sagte er zu Theresa, nahm auf dem Weg zum Schlafzimmer aber den Umweg über den Keller, wo er sich aus dem Werkzeugkoffer noch einmal vier Pillen holte. Zwei für jetzt, zwei für heute Abend. Er knickte die Folie an der Naht und steckte zwei noch eingeschweißte Pillen in sein Portemonnaie. Die anderen beiden würgte er trocken hinunter und versenkte die leere Folie in einem gelben Sack. Thesen achtete darauf, dass sich ein paar Joghurtbecher über die verräterische Folie legten, dabei hatte er die Treppe ständig im Blick. Theresa darf nichts merken, dachte er.

Eine Viertelstunde später kam er zurück in die Küche. Noch war es ruhig, aber gleich würden die Kinder nach Hause kommen. Zuerst Tine aus dem Kindergarten, heute würde sie von einer Mutter in der Nachbarschaft nach Hause gebracht, morgen hatte Theresa wieder Abholdienst. Gegen eins kamen dann Paul und Claude aus der Schule. Paul war ein guter Schüler, ohne viel dafür tun zu müssen. Vor einer Woche hatte Theresa die Empfehlung der Grundschule bekommen, Paul für das kommende Schuljahr im Gymnasium anzumelden. Was hier so beiläufig passierte, war in anderen Familien oft ein Drama, eine Empfehlung selbst für die Realschule wurde mancherorts als größtmögliche Katastrophe angesehen, die Hauptschule galt sowieso als der Ort des sozialen Abstiegs, an dem nur noch der Lehrer der deutschen Sprache mächtig war und deren Absolventen geradewegs in die Perspektivlosigkeit entlassen wurden. Thesen konnte nur mit dem Kopf schütteln, als ihm ein Kollege in der Klinik erzählte, dass er seinen Anwalt beauftragt hatte, die Realschulempfehlung seiner Tochter anzufechten. »Und wenn das nicht klappt, geht sie auf eine Privatschule«, hatte Anästhesist Schierer gesagt, »ohne Abi sind die Kinder heute doch praktisch chancenlos.«

Auch Theresa wusste von seltsamen Auswüchsen. In Pauls Klasse war ein Junge, der an drei Nachmittagen in der Woche zur privaten Nachhilfe musste. Und das in der Grundschule. Der arme Norbert musste sich fürs Gymnasium qualifizieren, sein Vater war irgendetwas Höheres bei der örtlichen Bank, Kassier im Sportverein und ein wichtiges Mitglied im Kirchengemeinderat. Was anderes als das Gymnasium komme für sein Kind nicht infrage, hatte er auf einem Elternabend unverblümt gesagt. Natürlich wurde der energische Vater zum Elternsprecher gewählt, er war aber auch der Einzige gewesen, der sich bereit erklärt hatte, das Amt zu übernehmen. Norbert hatte es tatsächlich geschafft, wenn auch gerade so und mit viel Nachhilfe. Er würde nach Meinung der Klassenlehrerin jetzt neun lange Schuljahre zu kämpfen haben. Sie entschied sich trotzdem für die gymnasiale Empfehlung, weil Norberts Noten gut genug waren und sie bei der Empfehlung, die sie eigentlich für sinnvoll hielt, mit dem Vater massiv Ärger bekommen hätte. »Eltern haben leider das Recht, ihre Kinder zu überfordern«, hatte die Lehrerin einmal zu Theresa gesagt, als die sie auf Norbert und die Nachhilfe ansprach, »wissen Sie, vor zehn Jahren hätte ich noch dagegengehalten, aber die Eltern heute werden immer aggressiver, drohen sofort mit ihren Anwälten. Das tue ich mir nicht mehr an, wer die Noten hat, bekommt den Stempel, ob es Sinn hat oder nicht.« Theresa schätzte die Pädagogin auf Mitte fünfzig. Und sie konnte nachvollziehen, was sie aushalten musste, wenn sie plötzlich mit ihr offen über eine andere Familie sprach, was ihr eigentlich streng verboten war. Mit Norberts Vater wollte auch Theresa keinen Streit.

Thesen blieb noch etwas Zeit, ehe er sich mit Schulfragen quälen musste. Claude war erst im vergangenen Herbst eingeschult worden, für ihn war Schule noch Malen, Singen, Spielen und das kleine Einmaleins. Noten gab es noch keine, aber Thesen hatte das Gefühl, dass sein Sohn keine Schwierigkeiten mit dem Stoff hatte. Er ging jedenfalls gerne morgens aus dem Haus und hatte noch nie gejammert. Für die Kinder würde es eine Überraschung sein, dass Thesen heute Mittag zu Hause war. Das passierte sonst nur an seinen freien Tagen. Normalerweise stand er um diese Zeit noch im OP.

»Ich habe keinen Hunger«, sagte er zu Theresa, »ich gehe mit Hrubesch noch eine Runde.« Der Hund hatte seinen Namen gehört und stand schon schwanzwedelnd vor ihm. Thesen war immer wieder überrascht über die Energie des kleinen Kerls. Niemand wusste, wie alt die Promenadenmischung war, der Tierarzt schätze ihn aber auf mindestens zehn Jahre. Hrubesch war nicht mehr jung, aber immer noch unermüdlich. Vor zwei Wochen war er noch eine Stunde neben Thesen durch den Wald gerannt. Thesen saß im Sattel seines Mountainbikes, Hrubesch wetzte nebenher. Aber jetzt keinen Stress, nur ein bisschen spazieren gehen, den Kopf auslüften. Und danach würde er zu Anwalt Burger fahren und fragen, wie er sich schon im Vorfeld gegen Cedis Attacke wehren könne. Vielleicht, dachte Thesen, kann er dir auch bei der Kündigung helfen. Ich habe keine Ahnung, ob das so einfach geht. Er nahm Hrubeschs Leine von der Garderobe und hängte sie sich wie eine Kette um den Hals. »Komm, Dicker, lass uns gehen.« Der Hund stand schon neben ihm und wedelte hektisch mit dem Schwanz.

Klaus Burger empfing Thesens ein paar Stunden später mit einem strahlenden Lächeln. Mandanten wie ihn hatte er gerne. Thesen hatte die Rechnung für den Sorgerechtsstreit vier Tage nach Erhalt in voller Höhe bezahlt. Solch eine prompte Bedienung war der Fachmann für Familienrecht kaum gewohnt. Oft waren seine Mandanten nach Scheidungen oder Sorgerechtsstreitereien pleite oder sie kürzten eigenmächtig die Rechnung, weil sie vor Gericht nicht das erreichen konnten, was sie sich vorgestellt hatten. Burger hatte regelmäßig Scherereien und stellte seine Kostennoten, die eh kein Mensch verstand, immer deutlich überhöht aus. Genau gesagt so hoch, dass er erst dann tätig wurde, wenn sein Mandant mehr als fünfundzwanzig Prozent der Rechnung einbehielt. Thesen hatte voll bezahlt und war seither Premiumkunde mit drei Sternchen auf dem Aktendeckel. Für ihn würde er sich viel Zeit nehmen und sich viel dafür bezahlen lassen.

Burger hörte sich Thesens Sorgen an und seine gute Laune schwand. Der Mann hatte Probleme, bei denen fast nichts zu machen war, und wenn er jetzt seinen Job los war, wurde vielleicht auch seine Zahlungsmoral eine andere. Trotzdem lächelte er und nickte, als Thesen fragte, ob er eine Zigarette rauchen dürfte.

»Gut«, sagte Burger, »beginnen wir mit Ihrer Kündigung. Gibt es schriftliche Aufzeichnungen darüber, dass der Patient über Atembeschwerden geklagt hat, als Sie bei ihm waren?«

»Ja, die Stationsschwester führt das Protokoll und da steht es drin.«

»Kann es sein, dass diese Schwester Sie nicht leiden kann und deshalb die Geschichte ganz einfach erfunden hat. Sie sagen ja, Sie selbst haben nichts gehört?«

»Blödsinn«, Thesen wurde zornig, »die Frau hat nicht den geringsten Grund, mir eins auszuwischen. Ich habe Ihnen doch schon erklärt, dass es wohl so war, dass Schiefer geklagt hat. Ich war einfach nicht bei der Sache, weil mich der Anruf meiner Ex ein bisschen aus der Spur geworfen hat, wie Sie sich vielleicht vorstellen können.«

»Versuchen wir es anders. Besteht eine Chance, dass dieser Schiefer zu Ihren Gunsten aussagt und behauptet, er hätte nie über Atembeschwerden geklagt?«

»Natürlich nicht, ich will das auch nicht. Ich bin froh, dass er mich in Ruhe lässt. Zu meinen Gunsten zu lügen, wäre doch ein bisschen zu viel verlangt.

Und wenn er es täte, wäre ja wieder Schwester Angela in der Bredouille, und die kann nun wirklich nichts dafür. Das will ich auf keinen Fall.«

»Nun ja«, seufzte Burger, »dann weiß ich auch nicht so genau, wie ich Ihnen helfen kann. Wenn Sie den Fehler einräumen, ist die Kündigung berechtigt. Ich kann natürlich versuchen, eine höhere Abfindung für Sie herauszuholen. Zwei Monatsgehälter erscheinen mir ein bisschen dürftig, zumal Nidernbühl offenbar ein Interesse daran hat, dass der Fehler nicht öffentlich wird, sonst hätte er Ihre Kündigung viel deutlicher formuliert.«

Thesen dachte kurz nach. »Lassen Sie mir Zeit bis morgen, ich denke darüber nach. Was mich aber noch mehr interessiert – was kann ich gegen Cedis Vorhaben tun?«

Norbert Burger lehnte sich zurück, Thesen tat ihm ein wenig leid, aber er würde ihn jetzt nicht schonen, sein Premiumkunde hatte es nicht verdient, beruhigt zu werden, während eine Katastrophe auf ihn zuraste.

»Hören Sie«, sagte er, »das große Problem ist, dass Ihre Ex Sie mit so einem Vorwurf schlicht vernichten kann. Beruflich, aber da kann sie gerade nicht viel anrichten, und vor allem auch gesellschaftlich. Väter sind Täter, das wissen Sie doch. Wenn Mercedes Römer vor dem Jugendamt eine Show abzieht, sind Sie ihren Sohn fürs Erste los. Da nützt Ihnen nicht einmal der gerade erst gewonnene Prozess etwas. Natürlich ist der Vorwurf nicht besonders glaubwürdig und natürlich wird man Ihre Ex fragen, warum sie erst jetzt und nicht bei dem Verfahren diesen Vorwurf erhoben hat, aber das wird Ihnen nicht viel nützen. Ich habe Ihre Frau als sehr geschickte Selbstdarstellerin erlebt, die bringt die Story zunächst so rüber, dass man sie ihr glaubt. Ihnen wird dann bis zur Klärung der Vorwürfe der Umgang mit Claude untersagt. Und das kann dauern, leider. Wie man es auch sieht – ich kann zum jetzigen Zeitpunkt überhaupt nichts machen. Oder was denken Sie – sollen wir eine Unterlassung für einen Vorwurf verlangen, der noch überhaupt nicht erhoben wurde?«

Burger erwartete keine Antwort, er sprach sofort weiter.

»Natürlich nicht, das wäre ein klassisches Eigentor, jeder Richter würde nur sagen, da muss doch was dran sein, wenn er sich so in Position bringt, wenn noch überhaupt keine Vorwürfe im Raum stehen. Ich fürchte, in diesem Fall können Sie nur alle Heiligen anflehen, dass Ihre Exfrau das vorgestern nur als üblen Scherz gemeint hat, der Ihnen den Schreck in die Glieder fahren lässt. Ich meine, das hat sie ja geschafft, vielleicht reicht ihr das ja auch. Ich kann hier im Moment gar nichts für Sie tun.«

Thesen knetete nervös seine Hände, er spürte trotz seiner Pillen einen heftigen Druck auf der Brust, seine Ohren glühten.

»Ich danke Ihnen trotzdem«, sagte er und stand langsam auf, »wegen der Sache mit der Kündigung melde ich mich bei Ihnen. Ich muss erst einmal in Ruhe darüber nachdenken. Wissen Sie, ich kann auch woanders arbeiten. Und wegen Cedi – da bleibt wirklich nur abwarten?«

»Ich fürchte, ja«, sagte Burger, der ebenfalls aufgestanden war, »ich würde mir jetzt aber nicht allzu viele Sorgen machen, vielleicht hatte sie nur einen wirklich schlechten Tag und denkt schon gar nicht mehr daran.«

Thesen verließ das Büro und Burger öffnete schnell das große Fenster und ließ die milde Luft herein. Er hasste den Gestank von Zigaretten. Der Anwalt sah auf seine Uhr. Fünfundzwanzig Minuten, ich werde ihm eine Stunde aufschreiben, dachte er. Ach was, eine halbe tut es auch, der Mann hat echt Probleme. Und das nicht nur mit seiner Ex. Thesen mochte ja ein guter Arzt sein, aber wenn sich der Grund seiner Kündigung herumsprach, und dafür würden die lieben Kollegen zuverlässig sorgen, blieb sicher so manche Tür zu. Burger kannte diesen Kreislauf, und wenn dann noch der Missbrauchvorwurf dazukommen würde, hätte der Herr Doktor Thesen keine Chance, hier in der Stadt wieder einen Fuß auf den Boden zu bekommen. Burger schloss das Fenster und sprach eine Aktennotiz auf sein Diktiergerät.

»Mandant Thesen hat sich eine Bedenkzeit wegen einer durch uns zu stellenden Abfindungsforderung erbeten. Wenn er sich bis in drei Tagen, also bis zum 27. Februar, nicht meldet, prompte Rechnungsstellung wegen eingehender Beratung, Beratungsdauer – Burger überlegte kurz – fünfundvierzig Minuten.«

Er legte das Diktiergerät zurück und sah auf seinen Timer, was als Nächstes zu tun war. Er hatte noch eine halbe Stunde Pause, dann hatte sich eine Frau Severin angekündigt, die sich über eine Scheidung informieren wollte. Routine, auf jeden Fall viel angenehmer als das hier gerade, dachte er, und wahrscheinlich auch erfolgreicher für mich. Anwalt Burger beschloss, noch ein paar Minuten spazieren zu gehen, und zwar ohne seinen Mantel. Es war wirklich ungewöhnlich warm.

Thesen saß in der offenen Tür seines Kombis und blies eine Rauchwolke auf die Straße hinaus. Die Tür warf einen langen Schatten auf den Gehweg, die Sonne stand schon wieder tief, obwohl es noch nicht einmal vier Uhr am Nachmittag war. Die Wärme gaukelte Frühling vor, aber Februar ist doch noch Winter. Zum Radfahren würde es jedenfalls nicht mehr reichen. Thesen war die Lust darauf aber auch vergangen, er hatte sich mehr versprochen von seinem Besuch bei Burger, viel mehr. Aber statt ihn zu beruhigen, hatte ihn der Kerl eher geschockt. Du bist ausgeliefert, dachte er, ausgeliefert den Launen einer Unberechenbaren. Er wollte ja gerne glauben, dass sie nicht ernsthaft daran dachte, ihm Claude mit einer perfiden Lüge wegzunehmen. Aber er wusste es eben nicht genau, und diese Unsicherheit war Gift für seine Nerven. Da spürte er, tief in sich, einen bösen Druck hinter den Rippen und er war sich nicht einmal sicher, ob er die nächste Zeit mit Pillen überstehen würde. Ohne sowieso nicht. Du bist wieder drauf, dachte er, nach nur einem Tag. Wenn Theresa das mitbekommt, ist sie auch noch weg, also pass auf. Thesen schnippte die Kippe auf den Gehweg, der noch übersät war von dem Splitt, den die Stadtwerke nach dem letzten Schneefall gestreut hatten. Du musst das klären, dachte er, diese Spannung hältst du nicht aus und morgen gehst du auch noch zu Nidernbühl, ob es ihm passt oder nicht. Von Schiefer droht seinem untadeligen Ruf keine Gefahr mehr, also hat er auch außer gekränkter Eitelkeit keinen Grund mehr, auf der Kündigung zu beharren. Vorher musste Thesen aber das Problem mit Theresa lösen, das war dringender.

Auf jeden Fall brauchte er einen klaren Kopf. Er fuhr nach Hause, zog sich rasch um und holte seine alten Radschuhe aus dem Schrank, die aus einer Zeit stammten, als es noch keine Klickpedale gab. Die Schuhe passten in ein paar alte Campagnolo-Pedale, die an ein Peugeot-Rad aus dem Jahr 1978 geschraubt waren. Ein echter Oldtimer, nur zehn Gänge, Unterrohrschaltung und noch ein echtes Lederband am Lenker. Thesen fuhr fast nie damit, nur dann, wenn er sehr viel Ruhe brauchte und sich ausnahmsweise nicht mit anderen Radlern messen wollte. Den Helm ließ er, wie immer, unbeachtet im Regal.

Gemächlich fuhr er los, genoss die Luft und seinen gleichmäßigen Atem. Er rollte sich warm, normale Gänge, kein Druck, kein Stress. Zwei junge Männer auf High-Tech-Möhren mit grellbunten Trikots rasten an ihm vorbei, einer grinste dabei dreckig, aber Thesen nahm ihn gar nicht wahr. Er brauchte Ruhe und er brauchte eine Idee. Zwei Stunden später war er wieder zu Hause. Nach fünfzig Kilometern hatte er die Lösung – oder zumindest einen Plan.

Thesen schichtete Holz in den offenen Kamin. Vier Scheite Birke, zwei Scheite Buche, wie immer zu einem verschränkten Turm aufgebaut, durch den die Flammen lodern konnten, bis er nach etwa einer halben Stunden knisternd zusammenbrach und nur noch rote Glut eine angenehme Wärme abstrahlte. Theresa wollte zwar heute Abend nicht vor dem Feuer sitzen, es sei doch immer noch so lau draußen, hatte sie gesagt, aber Thesen brauchte noch einen Grund, um in den Keller und an seine Werkzeugkiste zu kommen. »Ich gehe noch mal nach unten, die Kaminanzünder sind alle«, rief er und hastete die Kellerstufen hinab. Die Wirkung des Diazepams von heute Mittag ließ immer mehr nach und das konnte er sich jetzt nicht leisten, nicht in den nächsten Stunden. Sein Plan stand fest, er war ihm eingefallen, als er von Burger nach Hause gefahren war. Wenn dir einer richtig an die Eier will, musst du schneller sein – irgendwie hatte sich die alte Schulhofregel in sein Gehirn gegraben. Er würde nicht warten, bis Cedi ihn zur Schlachtbank führte, sicher nicht. Heute Abend würde er sich das Gesetz des Handelns zurückholen, das war ihm im Sattel klar geworden, und er wollte, dass Theresa dabei war. Hastig würgte er zwei Tabletten hinunter und stieg langsam die Treppe wieder hinauf. Er war schon fast wieder an der Tür zur Wohnung angekommen, als ihm einfiel, dass er die Anzünder im Regal stehen lassen hatte. Kreuzteufel, pass doch auf, dachte er und ging noch einmal zurück.

Das Feuer loderte fast perfekt. Gelbliche Flammen umzüngelten die Birke, die Buchenscheite brannten langsamer und mit einem bläulichen Feuerschimmer. Thesen musste noch warten, bis Theresa aus Tines Zimmer kam, sie las gerade noch ein Kapitel aus den Abenteuern des Sams vor, wie jeden Abend. Paul und Claude lagen ebenfalls schon in ihren Betten, in einer Viertelstunde würde im ersten Stock das Licht ausgehen. Neun Uhr – Feierabend. Theresa kam ein bisschen später, Tine hatte noch etwas zu trinken gewollt. Theresa wusste, dass Thesen mit einer Idee schwanger ging, hatte aber keine Ahnung, was er vorhatte.

»Also, bei was soll ich dir helfen?«, fragte sie.

»Setz dich einfach da hin und hör mir zu. Ich rufe jetzt Cedi an.«

Theresa gefiel das nicht. Normalerweise ging sie immer aus dem Zimmer, wenn er mit seiner Ex telefonierte, und auch Thesen ließ sie allein, wenn Thomas anrief. Das hatte sich so eingespielt, ohne dass sie es ausgemacht hatten. Aber gut. Sie ließ sich auf den Diwan fallen und schenkte sich ein Glas Wein ein. Thesen sah noch einmal nach, ob hinter der Tür nicht doch noch ein Kind saß und lauschte. Man weiß ja nie, dachte er und nahm dann das Telefon, wählte Cedis Nummer und drückte auf die Lautsprechertaste, damit Theresa mithören konnte. Nach dreimaligem Klingeln hob Cedi ab.

»Ja, hallo.«

»Hallo, ich bin es, Johannes.«

»Was willst du denn. Mach es bitte kurz.«

»Ich habe über deinen Anruf von vorgestern nachgedacht – das war doch sicher nicht dein Ernst?«

»O doch, mein voller Ernst sogar.« Cedis Stimme wurde schärfer.

»Kannst du mir wenigstens sagen, warum du Claude die ganze Zeit haben willst?«

»Könnte ich schon, aber ich will nicht, weil es dich nichts angeht. Ich will ihn einfach haben, das muss dir reichen.«

»Das sehe ich anders, Cedi, ich bin immerhin Claudes Vater, aber es ist auch nicht wichtig, dass du es mir erklärst, weil wir es weiter genau so machen werden, wie es sich die letzten fast fünf Jahre bewährt hat.«

»Ganz sicher tun wir das nicht«, keifte Cedi, »entweder du gibst ihn mir oder ich bin in einer Woche beim Jugendamt und erzähle denen eine Geschichte, von der du dich nicht erholen wirst.«

Thesen zwang sich, ganz ruhig zu antworten.

»Gut, ich kann dich wohl nicht daran hindern, aber für dich bedeutet das das Ende der Vorstellung Lady. Und das ist so sicher, wie das Amen in der Kirche.«

»Was soll das denn jetzt. Drohst du mir? Mach' dich bloß nicht lächerlich.«

Cedi klang nicht besorgt, eher überrascht.

»Du kapierst schnell. Und jetzt pass mal gut auf. Wenn du auf die Idee kommst, zu behaupten, ich hätte Claude sexuell missbraucht, dann bis du tot, weg von diesem Planeten, game over, Frau Römer. Ich mach' dich platt, hörst du, und ich habe als Arzt Mittel und Wege, von denen du nicht die Spur einer Ahnung hast. Ich sorge dafür, dass du dir deine neue Leber stückchenweise aus dem Leib pisst oder du verreckst recht zügig an einer seltsamen Abstoßungs- reaktion, die auch dein Superprofessor Dunnert nicht mehr in den Griff kriegt. Dazu brauche ich dich noch nicht einmal zu sehen oder dir etwas zu geben. Glaub' mir, ich weiß, wie das funktioniert, und wenn du mir den Boden wegziehen willst, geht's dir an den Hals.« Er machte eine kleine Pause.

»Du machst mich jedenfalls nicht ungestraft fertig. Sicher nicht.«

Cedi sagte lange Sekunden nichts, dann legte sie auf.

Thesen war sehr zufrieden mit sich, er war ruhig geblieben, hatte mit fester Stimme, aber geschäftig, fast kühl gesprochen. Es hatte kein bisschen panisch geklungen, seine Story kam überzeugend rüber, obwohl die Drohungen schlichter Unsinn waren. Er war schließlich nicht Gott, er wusste nicht ein- mal, wie er Cedis Leber hätte schaden können, aber das war ihm egal, weil er ihr sowieso nie etwas tun könnte. Bingo, dachte er, während Theresa mit auf- gerissenen Augen ihr Weinglas auf den Tisch plumpsen ließ.

Ein paar Sekunden lang wusste Theresa überhaupt nicht, wie sie reagieren sollte. Thesen hatte in ihrer Gegenwart eine Morddrohung ausgesprochen. Ruhig, kalt, ohne jede Emotion in der Stimme. In den fast fünf Jahren, die sie nun zusammen waren, hatte Thesen höchstens einmal einem Autofahrer den Stinkefinger gezeigt, wenn der ihn von hinten anhupte und recht- haberisch mit seiner Hand auf den Radweg deutete. Ansonsten hatte sie nie etwas von dieser ungeheuren Gewaltbereitschaft gespürt, die er gerade gezeigt hatte. Und jetzt lächelte er auch noch wie ein kleiner Junge.

»Beruhige dich«, sagte er und trank einen großen Schluck aus seinem Weinglas. Er zündete sich eine Zigarette an und blies zufrieden den Rauch in Richtung Kamin. Theresa war immer noch wie gelähmt.

»Pass auf«, sagte Thesen schließlich vergnügt, »das war natürlich alles nur heiße Luft, verstehst du? Ich werde ihr natürlich nichts tun, ich bin ja nicht verrückt. Ich wollte Cedi verunsichern, einmal ihre ganze, großkotzige Überlegenheit wegblasen. Sie hat jetzt einfach Angst vor mir und das hat sie nach ihrer unfairen, beschissenen Drohung auch verdient. Sie soll einfach einmal spüren, dass sie sich nicht aufführen kann, wie sie will. Claude ist mein Sohn und ich will ihn bei mir behalten. Das lasse ich mir von Cedi nicht kaputt machen. Und mein Leben schon gar nicht. Und wenn sie irgendjemand von der Drohung erzählt, werde ich es einfach abstreiten. Aber sie wird sich sehr genau überlegen, ob sie nun eine Schlammschlacht eröffnen will, bei der ihr Leben bedroht ist.«

»Ist es dir eigentlich egal, dass dich deine Ex für einen potenziellen Mörder halten könnte?«, fragte Theresa, die sich wieder einigermaßen gefangen hatte.

»Glaub' mir, das ist mir wirklich scheißegal, ich habe das Theater nicht angefangen.«

Theresa sah Thesen lange an. Er wirkte tatsächlich viel ruhiger als gestern noch. Sie hasste zwar Gewalt, aber dass ihr Partner sich endlich einmal gegen eine Attacke seiner Ex wehrte, gefiel ihr, was sie ihm aber nicht sagen würde. Das wäre doch ein bisschen zu viel. Seine Demutshaltung Mercedes Römer gegenüber ging ihr allerdings auch schon lange auf die Nerven. Eine Morddrohung war ihr zwar zu heftig, so weit wäre sie wahrscheinlich nie gegangen, aber es gefiel ihr, dass er endlich mal nicht nur schweigend den Kopf einzog.

»Ich wusste gar nicht, dass du so ein schlimmer Finger bist.« Theresa lächelte. Sie wollte ihn gerade fragen, warum er sie bei dem Gespräch hatte dabeihaben wollen, als das Telefon klingelte. Bevor Theresa überhaupt nachdenken konnte, wer das sein könnte, hielt Thesen den Hörer schon in der Hand und meldete sich. Mercedes war dran, Thesen hatte damit gerechnet.

»Sei froh, dass die Polizei noch nicht bei dir ist«, sagte Cedi ohne Begrüßung, »ich gebe dir jetzt eine einzige Chance, deine Drohung zurückzunehmen und dich zu entschuldigen. Wenn nicht, rufe ich die Polizei an, und zwar heute noch.«

»Was für eine Drohung?«, fragte Thesen.

»Komm mir jetzt bloß nicht so, vor ein paar Minuten hast du mir noch damit gedroht, dass du mich umbringen wirst.«

»Entschuldigung, nimmst du Drogen oder hast du zu viel getrunken? Ich dich umbringen, sag mal, was redest du denn da für einen Unsinn. Warum sollte ich so etwas tun wollen?«

Jetzt wird es spannend, dachte Thesen. Er hatte damit gerechnet, dass sie wieder anrufen würde. Und er ging davon aus, dass sie dieses zweite Telefonat auf Band mitschneiden würde, darüber war er sich heute Nachmittag schon im Klaren gewesen, als er den Plan gefasst hatte. Sie würde jetzt entweder die Aufnahmekassette des Anrufbeantworters laufen lassen oder ein Diktiergerät an die Muschel halten, was zwar umständlich war, aber auch ging. Natürlich würde er aus dem letzten Gespräch keine Silbe wiederholen, und wenn sie ihre Missbrauchsdrohung jetzt auch nicht mehr ins Spiel brachte, war er sich sicher, dass ein Band mitlief.

Cedi war schon ziemlich lange still, er hatte also recht, da lief ein Band mit.

»Hallo, bist du noch dran?«, fragte Thesen.

»Ja, äh, so geht das nicht weiter.«

»Könntest du mir bitte sagen, was nicht weitergeht und warum?«

»Du hast mich doch vorhin angerufen.« Cedi versuchte es noch einmal.

»Ja doch«, antwortete Thesen, »natürlich habe ich dich angerufen. Vor ein paar Minuten erst. Ich hatte dich gefragt, ob ich Claude am Freitag eine Stunde früher bringen kann, weil ich noch einen Termin habe. Ich hoffe, du erinnerst dich, du hast nämlich Ja gesagt. Aber wenn das jetzt ein Problem für dich ist, könnte auch Theresa …«

Thesen hörte ein Klicken, dann tutete es. Cedi hatte wieder wortlos aufgelegt.

Doppelbingo – Thesen strahlte. 2:0 für dich, dachte er. Er stellte sich vor, wie sie jetzt ratlos neben dem Telefon stand, wie sie sich fragte, ob ihr Exmann sie tatsächlich auf eine geheimnisvolle und rätselhafte Art töten wollte, und wie sie keine Antwort darauf finden konnte. Sie traut dir zwar keinen Mord zu, aber sie weiß es nicht sicher. Er meinte, ihre Furcht spüren zu können. Und ihren kalten Zorn, dass er, ausgerechnet er, ihr ehemaliger Mann, offenbar keinerlei Gefühle mehr für sie hatte, sie mit unflätigen, ordinären Worten bedrohte wie ein schmieriger Mafioso. Das, dachte Thesen, ist für sie genau so schlimm wie die Drohung. Dass ein Mann sie wie ein Stück Dreck behandelt und einfach entsorgen will, ist ihr in ihren siebenunddreißig Jahren auf diesem Planeten noch nicht vorgekommen.

Thesens Blick fiel auf die Tür zur Veranda und auf einmal fluteten Erinnerungen sein Gehirn. Genau da, an der Küchentheke neben der Tür, hatten Cedi und er in der Dämmerung oft gestanden und zugesehen, wie die untergehende Sonne die alte Eiche in ein Licht tauchte, die dann aussah, als würde sie in Flammen stehen. Ein junges, glückliches Paar mit glänzender Perspektive. So lange war das noch gar nicht her, nicht einmal fünf Jahre. Und jetzt drohte er der Frau, die er einmal geliebt hatte, mit dem Tod. Fast noch brutaler – er wollte einer bewundernswerten Kämpferin, die mit unbändigem Willen eine schwere Krankheit bezwungen hatte, die Krankheit zurückzubringen, und das als Arzt. Mein Gott, Thesen, bist du jetzt auch noch stolz auf dich, dachte er. Die Euphorie der vergangenen halben Stunde wich schlagartig einer kalten Ernüchterung. Er ahnte, dass dies wohl auch auf die Pillen zurückzuführen war, die nicht selten die Gefühle beutelten, aber er hatte jetzt keinen Nerv, darüber nachzudenken.

Thesen fühlte sich nur noch müde – und schäbig. Gerade noch voller Konsequenz, beschlich ihn eine zittrige Unsicherheit. Wie hatte er nur so brutal sein können, was würde Cedi Claude erzählen, was er für ein Vater sei, und was würde eigentlich passieren, wenn sie schon das erste Gespräch aufgezeichnet hatte? Beruhige dich, dachte er, wenn sie deine Drohung auf Band hätte, wäre die Polizei schon lange hier. Der Gedanke beruhigte ihn ein bisschen. Trotzdem – er hatte genug für heute. »Hör zu, Theresa, die letzte Zeit war kein Spaß für mich, ich bin fix und fertig, ich gehe ins Bett.« Ehe Theresa etwas sagen konnte, hatte er sich schon umgedreht, ging auf die Treppe zu und stieg langsam nach oben. Theresa wollte gerade noch fragen, warum er sie eigentlich unbedingt bei der Nummer dabeihaben wollte, war aber zu überrascht über seinen plötzlichen Abgang und blieb mit einem vollen Aschenbecher und ihrem Glas Wein alleine zurück.

Knarzend schoben sich die beiden Schiebetüren zur Seite, die Gondel gab ihre acht Insassen in der Bergstation am Kronplatz frei. Fast eine Dreiviertelstunde hatten sie bis hier oben gebraucht, normal dauerte die Fahrt von Reischach herauf knapp acht Minuten. Atze stolperte als Erster auf seinen klobigen Skistiefeln aus der Kabine, die anderen folgten, wobei der Skilehrer Theresa galant und mit einem neckischen Lächeln den Vortritt ließ. Die Ski ließen sich leicht aus den Halterungen ziehen, die Anlage war nagelneu und schon ausgelegt auf die breiten Enden der Carver, die wie Entenschnäbel aussahen. Bei alten Gondeln mussten die neuen Bretter manchmal mit ins Innere gequetscht werden, aber hier roch alles noch nach frischer Farbe und neuer Technik. Theresas Blick fiel auf Atzes rechte Hand, als er gerade seine Ski aus der Halterung zog. Wo gestern nur weiße Haut zu sehen gewesen war, blitzte jetzt ein polierter, goldener Ehering in der Sonne.

Zorn stieg in ihr auf. Was für ein Idiot, wahrscheinlich hatte er extra die Handschuhe ausgezogen, damit sie den Ring auch ja sehen würde. Beim

Frühstück hatte er noch keinen angehabt, da war sie sich sicher. Damit hättest du doch auch noch bis übermorgen warten können, dachte sie. Theresa wurde einfach nicht schlau aus Atze. Gestern Abend hatte er sie ohne Scheu und Umwege direkt angemacht und jetzt wedelte er verschämt mit seinem Ehering, zeigte ihr, ohne ein Wort zu sagen, dass er kein Interesse an einer Wiederholung hatte.

»Schon kapiert, Arschloch«, zischte sie ihm leise ins Ohr, warf sich ihre Ski ein bisschen zu heftig auf ihre Schulter, drehte sich mit Schwung um, wobei die Enden ihrer Carver heftig auf Müllers Rücken krachten. »Oh, Entschuldigung, tut mir leid«, sagte sie, ohne sich umzudrehen, und stapfte mit großen Schritten Richtung Ausgang der Bergstation. Vor der Tür stand bereits der Tourismusdirektor von Bruneck auf dem Plateau aus gelochtem Stahlblech, das fünf Meter weiter vorne in die Piste überging. Der Mann war der Einzige hier oben, der keine Skikluft trug. Er wirkte ein bisschen verloren in seinem braunen Ledermantel und er sah auch nicht besonders glücklich aus. Ausgerechnet wenn sechsundzwanzig Journalisten aus Deutschland in der nagelneuen Bahn sitzen, bleibt die hängen. Als Hubert Brugger die ersten Schreiber auf sich zukommen sah, breitete er theatralisch die Arme aus und blickte in den Himmel.

»Mei, was habt's ihr für ein Pech, aber glaubt's mir, die Bahn ist nit schuld. Wir hatten Stromausfall in halb Südtirol. Irgendein Defekt in einem großen Kraftwerk, aber schaut's nur, wie die Sonnen wieder scheint. Das wird noch ein super Skitag.«

Theresa tröstete den Mann. Sie habe nicht vor, über einen Stromausfall zu schreiben, so was könne schließlich überall passieren. Brugger strahlte, bekam aber einen Dämpfer, als der Dicke von der »Zeit« in gewählten Worten fragte, ob er heute Abend ein »technisches Protokoll der Bergbahn zum Zwischenfall« haben könne. »Das würde mich einfach mal interessieren«, sagte er, »und wenn Sie mir noch sagen könnten, wo das Kraftwerk steht, das Sie hier mit Strom beliefert? Ich würde heute Nachmittag dort gerne mal anrufen. So ein langer Ausfall ist doch ungewöhnlich.« Brugger lächelte weiter, aber es sah jetzt sehr gequält aus. »Sicher, klar, i schau mal nach, welches Kraftwerk des is. Ich weiß es im Moment selbst nit so genau. Und bei der Bergbahn frag' ich auch und meld mi dann bei Ihnen«, stammelte er. Theresa konnte den Wichtigtuer zwar nicht leiden, erkannte aber an, dass er seinen Job gut machte und ernst nahm. So wie Brugger reagiert hatte, war klar, dass die Geschichte mit dem Stromausfall in der ganzen Region wohl erfunden war, um von einem anderen Problem abzulenken. Wahrscheinlich war doch etwas am Antrieb der Bergbahn kaputtgegangen. Aber außer dem Dicken schien das keinen zu interessieren. Die meisten waren schon talwärts verschwunden, auch Atze hatte sich mit drei Kollegen aus Norddeutschland grußlos abgesetzt. Sie sah gerade noch, wie er sich mit kräftigen Schlittschuhschritten Richtung Sylvesterabfahrt schob, der einzigen schwarzen Piste hier.

Theresa nahm sich vor, ihren Auftrag hier ab sofort ernster zu nehmen und sah sich nach Renate um. Sie hatten in der Gondel verabredet, zusammen zu fahren. Zu ihnen gesellte sich noch ein Pärchen aus Nürnberg. Tanja war Fotografin, ihr Mann Peter schrieb für Fachmagazine. »Da hinunter«, Renate deutete auf die Pfeile zur Sylvesterabfahrt, »fahre ich jetzt sicher nicht. Ich habe keine Lust, noch mal in der Gondel stecken zu bleiben.« Mit ihrem Stock deutete sie auf den letzten Mast der Gondelbahn. Theresa sah, dass die supermoderne Bahn schon wieder stand, die feuerroten Gondeln schaukelten sacht im Wind. Theresas Blick fiel auf die gläserne Betriebskanzel der Anlage. Vier Männer beugten sich über eine gewaltige Schalttafel, einer ruderte heftig mit den Armen, ein fünfter telefonierte. Die anderen Lifte um sie herum waren in Betrieb. Von wegen kompletter Stromausfall, dachte sie und suchte nach Brugger. Der war aber schon weg, vor einer Minute unter lautem Getöse auf einem Motorschlitten davongebraust. Brugger wollte schnell zur Hütte, um die allerbesten Tische mit Blick über das ganze Tal für die Schreiber frei zu halten. Er hatte zwar reserviert, aber der Vater des Hüttenwirts war ein kauziger, eigenwilliger Bergbauer, der seinem Sohn oft Probleme machte, wenn »Gschtopfte« kamen. Der Alte hasste besonders Journalisten, die ihm ein Loch in den Bauch fragten und am Ende seiner Meinung nach doch nur zum Schnorren da waren. Brugger erschien es ratsam, sich persönlich darum zu kümmern, dass alles klappte. Besonders nach der Panne am Morgen. Der Manager hoffte, dass ihm der kühle Fahrtwind auf dem Weg zur Hütte noch eine gute Geschichte zuwehen würde, mit der er den hartnäckigen Journalisten zufriedenstellen konnte. Die anderen hatte das Malheur zum Glück eh nicht beeindruckt.

Sie entschieden sich für die Hänge hinunter nach St. Vigil. Um diese Zeit hat es auf der Seite die meiste Sonne, hatte Renate gesagt und war vorausgefahren, Tanja und Peter hinterher. Theresa setzte vorsichtig die ersten Schwünge in den festgewalzten Schnee. Die Ski ließen sich völlig ohne Kraft steuern, die weiten Pisten waren leicht zu fahren, perfekt präpariert und jetzt in der Zwischensaison ziemlich leer. In zwei Wochen, an Fasching, würden hier Tausende über die kahle Glatze des Berges rutschen. Aus dem Flugzeug heraus würden sie aussehen wie Ameisen, die über einen weißen Hügel wuselten, aber heute hatten sich nur wenige auf die Skier gewagt. Es waren keine Ferien und die Fungeneration würde erst im März kommen, wenn der eisige Wind in zweitausend Metern Höhe nicht mehr so auf der Haut brannte und wenn man sich an den Schneebars feiern konnte, ohne nach einer Viertelstunde kalte Füße zu bekommen.

Theresa suchte nach Renate und sah sie weit unten warten. Sie ließ es laufen, lange schnelle Schwünge, die neuen Carvingski glitten wie auf Schienen über den Kunstschnee. Theresa schwang bei Renate ab, die sagte nur »Auf geht's« – und die drei rasten weiter. Theresa seufzte, ignorierte das leichte Zittern in ihren Oberschenkeln und fuhr hinterher, verlor aber sofort wieder den Anschluss. Immer wenn sie den Ski ein wenig quer stellte, um so das Tempo wenigstens ein bisschen zu brechen, hielten die anderen ihr Tempo ungeniert hoch. Besonders Renate, bei der Skifahren so aussah, als schwebten ihre Carver schwerelos über den Hang, als koste es sie nicht die geringste Kraft, die Bretter bei ihrem Höllentempo auf Spur zu halten. Die Frau und ihre Ski waren eine Einheit, sie spielten zusammen mit dem Gelände, als hätten sie nie etwas anderes getan. Wenn Theresa auf einer der wenigen eisigen Stellen ihre Ski fast quer stellte, um die Kontrolle zu behalten, fuhr Renate einfach geradeaus drüber. Theresa hielt sich für eine passable Skifahrerin, aber die drei da vorne bewegten sich in einer anderen Liga. Unten, in St. Vigil, musste sich Theresa erst einmal auf ihre Stöcke stützen, ihre Beine zitterten, sie hatte keine Kontrolle mehr, sie spürte, wie ihr ohne die Kühlung des Fahrtwinds der Schweiß ausbrach und ihr Skihemd tränkte. Dampfend stand sie im kühlen Wind, während die anderen schon ihre Ski in die Talstation trugen. »Beeil dich«, rief Renate, »wir kommen sonst zu spät in die Hütte zur Mittagsjause. Das ist noch ein ganzes Stück von hier und ich habe langsam Hunger.«

Theresa ließ sich in der Gondel auf die harte Sitzbank fallen, öffnete ihre Jacke und trocknete sich mit einem Papiertaschentuch das Gesicht. Die Bahn hier war älter, die Scheiben verkratzt, die Innenwände von Leuten, denen die Fahrt zu langweilig gewesen war, mit doofen Sprüchen bemalt. Aber sie lief, leider. Wenn es nach Theresa gegangen wäre, hätten sie ruhig ein wenig stecken bleiben können. Ich brauche eine Pause, dachte sie.

»Fahrt ihr eigentlich immer so wild?«, fragte sie.

»Wieso wild«, antwortete Tanja. Dann lachten die drei los. »Mach' dir nichts draus«, sagte sie, »wir sind früher alle Skirennen gefahren, da kannst du nicht mithalten. Und die da – Tanja deutete auf Renate – war bis vor acht Jahren noch im B-Kader der deutschen Ski-Nationalmannschaft. Renate fuhr am liebsten Abfahrt, das merkt man heute noch.«

»Aber warum, zum Teufel, habt ihr mich dann mitgenommen?« Theresa keuchte immer noch.

Diesmal antwortete Renate. »Ich habe vor einigen Monaten eine Geschichte von dir in ›Global‹ gelesen. Du bist mit dem Fahrrad auf dem Mont Ventoux gewesen und auch die Serpentinen hinauf nach Alpe d'Huez hast du geschafft. Ganz ehrlich, ich bin da im vergangenen Sommer abgestiegen, vier Kilometer vor dem Ziel konnte ich nicht mehr, keinen einzigen Tritt. Ich wollte doch mal sehen, wie sich so eine Radkanone auf Skiern macht. Außerdem – Renate machte eine Pause – hatte ich auf dem Gipfel das Gefühl, dass du keine große Lust dazu hast, mit Atze Müller zu fahren.«

Theresa stöhnte: »Nun ja, jetzt weißt du ja, dass ich auf Skiern nicht gerade viel hermache.«

Zu Atze Müller sagte Theresa kein Wort. Da schau her, dachte sie, so schnell spricht sich so was rum. Wahrscheinlich bin ich einfach viel zu naiv für solche Pressereisen. Sie sah Renate an, die ihren Blick mit einem Zwinkern erwiderte. Die anderen beiden beugten sich bemüht über den Pistenplan. Mist, die wissen alles, dachte Theresa. Und sie lesen deine Geschichten. Es stimmte schon, sie hatte mal im »Tagblatt« über Rad fahren in den französischen Alpen berichtet. Den Artikel musste wohl einer von »Global« gelesen haben. Auf jeden Fall bekam sie die Anfrage, ob sie zu dem Thema eine Vierhundert-Zeilen-Reportage schreiben könne. Natürlich konnte sie, ganz Deutschland wusste schließlich, wie außergewöhnlich gut »Global« honorierte, und vierhundert Zeilen Platz waren für einen Zeitungsjournalisten auch neben dem Geld wie ein Kurzbesuch im Paradies.

Den Rest der Fahrt blieb es ruhig in der Gondel, die keine fünf Minuten später ratternd in die Bergstation einlief. Sie waren wieder auf dem Gipfel, diesmal nur von einer anderen Seite her kommend. Theresa wäre gerne noch etwas sitzen geblieben, aber sie musste schnell raus, sonst wäre sie mit der Gondel wieder nach unten gefahren. Als sie sich aus der Kabine quälte, schmerzten ihre Oberschenkel an Stellen, die sie bis heute noch nie bewusst wahrgenommen hatte. »Keine Sorge«, sagte Peter, der offenbar ihren schweren Gang bemerkte, »die Hütte ist nicht weit von hier. Es geht ein kleines Stück ins Tal Richtung Olang, dann noch einmal einen Sessellift hoch und dann sind wir auch schon da. Wenn du willst, fahre ich dir voraus.« Theresa wollte und war froh, dass Peter die Navigation für sie übernahm. In großen Schwüngen, aber doch eher gemächlich glitten sie von der Bergglatze in einen Hang, der links und rechts von Wald begrenzt wurde. Am Ende des Hangs stiegen sie in einen Sessellift, der hier, im Hightech-Skizentrum, wie ein Relikt aus dem Museum anmutete. Renate und Tanja waren nicht mehr zu sehen. »Die sind sicher schon weiter vorn«, sagte Peter und half Theresa in den Sitz. Schweigend fuhren sie einige Minuten durch den schattigen Wald, ehe sie mitten darin zum Ausstieg kamen. Der Lift endete an einem Ziehweg. »Wir sind gleich da«, sagte Peter und ließ seine Ski den flachen Weg hinunterlaufen. Theresa fühlte sich besser und nach ein paar Sekunden öffnete sich der Wald in eine Piste, die in der strahlenden Sonne glitzerte. Auf der gegenüberliegenden Seite tauchte die Hütte auf, ein Südtiroler Berghof mit einer gewaltigen Terrasse, der man ansah, dass sie nachträglich gebaut worden war, auch wenn sich der Architekt durchaus Mühe gegeben hatte. Ein Teil der mit schweren Holzbohlen belegten Plattform ragte auf Stelzen über den Hang. Ganz vorne, da, wo die Sicht nach unten am besten war und die Sonne am längsten hereinschien, war für die Journalisten reserviert. Peter und Theresa waren die Letzten, die anderen saßen schon vor gewaltigen Platten mit Kaminwurzen, Salami und Selchfleisch und hatten volle Rotweingläser vor sich. Theresa meinte, einen Blick von Atze zu spüren, ging aber mit Peter weiter zu Renate und Tanja, die an einem anderen Tisch für sie frei gehalten hatten.

»Mein Gott, wer soll das denn alles essen?«, fragte Theresa erstaunt in die Runde.

»Na wir, und das ist erst die Vorspeise«, sagte ein hageres Kerlchen, das für eine Berliner Tageszeitung arbeitete. Theresa wusste nicht mehr, ob beim »Tagesspiegel« oder bei der »Berliner Zeitung«, aber sie erinnerte sich noch gut, dass der dürre Mann mit dem strähnigen Haar gestern Abend schon gewaltige Mengen gegessen hatte, sogar mehr als Atze Müller, dem man ansah, dass es ihm oft gut schmeckte.

Theresa dachte an einen Witz, aber nach den Wurstplatten kamen Lasagne und verschiedene Pasta, danach der Hauptgang: zartes Kalbfleischschnitzel mit Zitronensauce und Gemüse. Theresa stieg schon nach einem kleinen Stück Lasagne aus, die Vorspeise hatte sie nicht mal angerührt. Immer wieder musste sie den netten Kellner abwimmeln, der sofort Rotwein nachgießen wollte, sobald sie auch nur einen Schluck getrunken hatte. In ihrer Not legte sie einen Bierdeckel auf ihr Glas, als ob Wespen über den Tisch flögen. Es ist sowieso besser, wenn ich mehr Wasser trinke, sagte sie sich. Der Wirt kam an ihre Tische, begrüßte sie, wobei einige nicht einmal von ihren Tellern aufsahen und nur locker mit der Hand winkten. Das wäre mal eine ganz andere Geschichte, überlegte Theresa, die unabhängige Presse tobt in den Bergen. Sie begann, sich einige Notizen zu machen, Block und Stift hatte sie außer bei sich selbst nur noch bei dem Freien der »Zeit« und bei vielleicht zehn anderen Kollegen gesehen. Der Rest, also fast die Hälfte, schien hier bezahlten Urlaub zu machen. Theresa nahm sich vor, die Geschichten zu suchen, die ihre Kollegen in den kommenden Wochen schreiben würden. Ich bin wirklich gespannt, was die aus diesen drei Tagen so machen, dachte sie.

Der Wirt trat nun an ihren Tisch, ein unscheinbarer Mittvierziger, der so gar nichts Alpines an sich hatte, nicht einmal einen Bart. Ehe Theresa etwas fragen konnte, lobte der Leptosom aus Berlin überschwänglich den Wein und fügte unschuldig die Frage an, wo man denn ein, zwei Flaschen kaufen könne. »Warten's kurz«, sagte der Wirt und ging in den Gastraum. Er kam mit zwei Flaschen des gelobten Weines zurück, die das Kerlchen flugs in seinem Rucksack verschwinden ließ. »Was bin ich schuldig?«, fragte er scheinheilig. »Isch scho gut«, sagte der Wirt, »wenn es Ihnen geschmeckt hat, empfehlen Sie mich einfach ihren Lesern.« Der Dünne nickte und erhob sein Glas. »Prost, Herr Wirt.« Wahrscheinlich hätte er nicht einmal genug Geld dabeigehabt, dachte Theresa, die nun auch keine Lust mehr hatte, sich über die Konstruktion der Terrasse zu informieren. Außerdem war ihr das Thema ihrer Geschichte gerade eingefallen. Sie würde über die Hüttenkultur in Südtirol schreiben. Südlich des Brenners, in Italien, war die Skiwelt wirklich noch in Ordnung.

Theresa erinnerte sich mit Schaudern an ein verlängertes Wochenende im vergangenen Winter im österreichischen Ischgl. Ein Hersteller von Stützbandagen und Krücken hatte Thesen zu einem Seminar-Wochenende eingeladen, wobei der offizielle Teil mit einem fünfundvierzigminütigen Vortrag und der Übergabe von ein paar Kilo Infomaterial zügig beendet war. Danach waren sie zwei Tage auf Kosten der Firma Orthopädiebedarf Sensek Ski gefahren. Theresa waren noch die unüberschaubare Weite des Gebiets und der gewaltige Après-Rummel in Erinnerung. Und die grauenhaften hochalpinen Rasthäuser, in denen die Leute an Selbstbedienungstheken teures und schlechtes Essen kaufen konnten. Der kulinarische Tiefpunkt war auf der Idalpe erreicht, wo sich Thesen an einer der Theken Tiroler Kässpätzle bei einem grimmig dreinschauenden Koch bestellte. Der stark verschnupfte Mann nahm einen Teller, griff mit seiner rechten Hand, die in einem Küchenhandschuh steckte, in eine Metallwanne, die randvoll war mit vorgekochten Billignudeln. Er griff sich eine Handvoll davon und patschte die Nudelmasse auf den Teller, wobei ihm ein Tropfen aus seiner geröteten Nase gleich dazufiel. Theresa wollte gerade protestieren, aber der Mann hatte sich schon umgedreht, aus einer etwas kleineren Wanne mit dem gleichen nudelteigverpappten Handschuh Streukäse gegriffen und achtlos auf die Nudeln geworfen. Zur Krönung holte er, diesmal wenigstens mit einem Holzlöffel, fertig getrocknete Röstzwiebeln und drapierte ein paar davon auf der Käse-Nudel-Pampe.

Zufrieden grunzend stellte er den Teller in einen Mikrowellenofen, drehte das Zeitrad auf zwei Minuten und drehte sich wieder zu Theresa und Thesen um. »Das dauert jetzt ein bisschen, noch was?« Thesen wollte gerade etwas sagen, aber Theresa fiel ihm energisch ins Wort. »Nein danke, wirklich nicht – und die Pampe in ihrer Mikrowelle, die können sie auch behalten.« Der Koch schaute nur dämlich, also protestierte Theresa gleich weiter. »Das hat mit Kässpätzle überhaupt nichts zu tun. Dazu bräuchten sie erst mal Spätzle und keine Nudeln, einen anderen Käse und frisch gedünstete und dann gebräunte Zwiebeln. Und dann müssten sie das Ganze wie einen Auflauf im Backofen backen, am besten in einem Steintopf, aber auf gar keinen Fall in der Mikrowelle.« Dem Koch klappte der Mund herunter, von seiner Nasenspitze löste sich ein weiterer Tropfen. Als er sich wieder gefangen hatte, waren die beiden schon am Gehen, Theresa zerrte Thesen einfach weg. »Bei uns in Tirol macht man aber Kässpätzle genau so, gnä Frau«, höhnte der Koch, »und wenn Ihnen das nicht passt, müssen sie's halt lassen.«

So etwas gibt es hier nicht, zumindest habe ich es noch nicht gesehen, dachte Theresa. Natürlich sehen Tiroler Kässpätzle ganz anders aus, aber das wusste selbst der unfreundliche Ischgler Koch, dem es aber offenbar wurscht war, mit was für einem Fraß er die Touristen auf zweitausend Meter Höhe abfütterte. Und das noch für neunzig Schilling den Teller, umgerechnet fast fünfzehn Mark. Theresa nahm sich vor, in den nächsten Tagen die Hütten im Skigebiet noch genauer anzuschauen. Das würde ihre Geschichte werden – Genuss am Rand der Piste, das war wohl das Besondere hier neben den weiten, mit Kunstschnee präparierten Hängen. Sie bestellte sich einen doppelten Espresso, der Wein und die rasante Fahrt von vorhin steckten ihr im Kopf und in den Beinen. Ihr Blick fiel auf den Rücken von Atze Müller am Nachbartisch. Er unterhielt sich angeregt mit seinen Kumpels, gestikulierte mit den Händen. Theresa sah wieder den Ring blinken. Mein Gott, dachte sie, du ärmlicher Wicht, den hättest du auch gestern Abend dranlassen können. Wäre mir doch egal gewesen. Atze Müller, Idiot hin oder her, würde aber trotzdem in der Bilanz dieser Tage unter die Rubrik Genuss fallen. Es war gut mit ihm gewesen, aber auch einmalig. Heute Abend liege ich um zehn im Bett und zwar allein, dachte sie.

Einsamkeit im Bett war nichts Neues für sie. Johannes lag zwar jeden Abend neben ihr, aber seit zwei Jahren war ihre Beziehung ein wenig eingeschlafen, nach wie vor intakt, aber nicht mehr so prickelnd wie in den ersten Jahren. Theresa nahm einen Schluck des heißen, starken Kaffees und erinnerte sich, wie sie nach Thesens abruptem Abgang noch lange auf dem Diwan sitzen geblieben war.

Theresa trank langsam ihr Glas Wein zu Ende. Warum wollte er mich unbedingt dabeihaben?, fragte sie sich, warum hat er mich zur Zeugin eines derart widerlichen Spiels gemacht? Ich verstehe ja seinen Zorn, aber die Nummer konnte er eigentlich nicht bringen. Sie ging nach oben ins Schlafzimmer, Thesen lag auf seiner Seite, das Gesicht zur Bettkante gewandt. Er schlief tief und fest. Theresa zog sich leise aus. Früher hätte er jetzt mit dir geschlafen, dachte sie, immer, wenn ihre Beziehung von außen unter Druck kam, wenn die Kinder Zoff machten, Theresa Ärger in der Redaktion hatte oder Nidernbühl Thesen etwas verweigerte, vögelten sie sich einfach weit weg aus dieser Welt. Danach ging es ihnen beiden besser, aber heute war Thesen einfach so ins Bett gegangen und alleine mit seinem Ärger eingeschlafen. Theresa hakte den Abend ab. Sie war sich immer noch nicht im Klaren, was sie von der Szene am heutigen Abend halten sollte.

Drei Tage später, an einem grauen Freitagmorgen, rief Cedi wieder an. Thesen war allein zu Hause und las gerade die Stellenangebote im »Tagblatt«.

»Hallo, ich bin's, in der Klinik haben sie mir gesagt, du wärst zu Hause. Was ist los?«

Thesen hatte keine Lust auf lange Erklärungen: »Ich muss Resturlaub abbauen, also, was kann ich für dich tun?«

»Ich habe nachgedacht, ich denke, unsere bisherige Regelung für Claude ist das beste für alle. Also lassen wir es dabei.«

»Gerne, ich hatte nie etwas anderes vor.«

Cedi schwieg ein paar Sekunden. »Sag mal, deine Drohung von Dienstag, das war doch nicht dein Ernst, oder?«

Thesen wollte sie schon beruhigen, aber er besann sich gerade noch. »Cedi, ich habe dir das vor drei Tagen schon gesagt, ich weiß nicht, wovon du sprichst.« Seine Ex tat ihm zwar seit dem Telefonat leid, aber er wusste auch, wie clever sie sein konnte. Vielleicht lief ja schon wieder ein Band. Und selbst ohne Band – wenn er sich jetzt entschuldigte, würde sie ihren Missbrauchsvorwurf vielleicht ja doch noch erheben. Nein, er musste sie in der Ungewissheit belassen, zumindest so lange, bis Claude alt genug war, auch solch eine Auseinandersetzung auszuhalten.

»Aber, hör mal, wenn du willst, können wir ja in nächster Zeit mal einen Kaffee trinken gehen.«

»Irgendwann mal, aber nicht in nächster Zeit. Also lassen wir alles beim Alten, ja?«

Cedi legte auf, ohne auf eine Antwort zu warten. Thesen lächelte zufrieden und wartete, dass sich ein unbeschreibliches Glücksgefühl einstellen würde. Aber er fühlte sich nur normal, ruhig, fast ein bisschen teilnahmslos. Vielleicht sollte ich die Pillen jetzt gleich wieder weglassen, dachte er, verschob dann aber den Vorsatz auf die Zeit, wenn er einen neuen Job haben würde. Und den brauchte er. Nidernbühl hatte ihn vorgestern nicht sehen wollen, Thesen hatte keine Chance, über seine Kündigung mit seinem Chef zu reden. Dessen Frau Sarita hatte ihn im Vorzimmer empfangen. Ihr tat es leid, das spürte Thesen, aber sie hatte den Alten nicht umstimmen können. »Er hat dir aber ein sensationelles Zeugnis geschrieben«, sagte sie und übergab ihm eine schwarze Dokumentenmappe, »wenn du damit keinen neuen Job findest, dann weiß ich es auch nicht.« Thesen hatte sich bedankt und war langsam zum Ausgang gegangen. Es tat ihm weh, jetzt erst spürte er, wie gerne er hier gearbeitet hatte. Ein Kloß drückte auf seinen Hals, er schwitzte an den Händen und er fühlte sich schwindlig. Vor der Klinik setzte er sich auf eine Parkbank, rauchte eine Zigarette, las sein Zeugnis und ging nach Hause. Ihm war zum Heulen, was ihm seit hundert Jahren nicht mehr passiert war.

Der Espresso war kalt geworden. Theresa bestellte sich noch einen, die meisten anderen waren im Aufbruch begriffen, in zwei Stunden sollte schon die Führung durch die Wellnessabteilung des Hotels beginnen, mit anschließenden Freimassagen. Theresa hatte keine Lust, sie wollte über Hütten schreiben und jetzt noch ein bisschen hier in der Sonne sitzen. Danach würde sie noch nach anderen alpinen Gasthäusern oder Berghöfen schauen. »Fahrt ruhig schon mal los, ich finde schon alleine zurück«, sagte sie zu Renate.

Ihre Gedanken fielen wieder zurück in die Zeit vor zwei Jahren. Johannes hatte sich verändert, aber sie sich auch. Die Lust am Sex war schnell wiedergekommen, nach dem Tag, an dem Cedi einlenkte, hatten sie sich die halbe Nacht geliebt. Aber von da an wurde es weniger, zur Zeit schliefen sie höchstens noch zweimal in der Woche miteinander – wenn überhaupt. Aber das war schon okay – seit gestern wusste sie, dass sie ohne schlechtes Gewissen ausbrechen konnte. Und das Wissen darum würde ihr reichen, meistens wenigstens. Andere Dinge waren wichtiger. Theresa war es nie besonders wichtig gewesen, ein perfektes Familienidyll aufzubauen. Eine ganz normale Patchwork-WG, in der die Leute ein bisschen Rücksicht aufbrachten und vor allem Respekt vor den anderen hatten, würde ihr ja schon genügen. Aber Johannes strebte immer nach der Fassade, er konnte sich drei Tage darüber aufregen, wenn Paul nicht mit zum Geburtstag seiner Schwester wollte. »In einer normalen Familie passiert so was nicht«, tönte er dann immer, wenn Paul sagte, Margas Geburtstag interessiere ihn nicht, sie sei schließlich nicht seine richtige Tante und außerdem würde Marga Claude zu Weihnachten immer viel mehr schenken als ihm. Theresa fand solche Aktionen nicht schlimm, weder das mit den Geschenken, noch dass Paul nicht immer Lust auf Familienfeste hatte, aber Johannes machte aus solchen Lappalien immer ein Drama.

Theresa lebte in dem Gefühl, der Mann an ihrer Seite sei ständig auf der Suche nach dem perfekten Idyll. Thesen war ihrer Meinung nach der festen Überzeugung, dass dies nur in Familien zu finden sei, in denen es ausschließlich eigene, leibliche Kinder gab. Das war natürlich Quatsch, Theresa wusste, dass auch in sogenannten normalen Familien manchmal Krieg herrschte, sich auch leibliche Geschwister aus tiefstem Herzen hassen und eine Stunde später wieder lieben konnten. Ihr Problem war, dass sich Paul nichts von Thesen sagen ließ. Tine war dagegen ein Engel, sie fühlte sich auch wohl als das Kind von beiden und sah in Thesen den Papa. Sie war ja noch nicht einmal drei Jahre alt gewesen, als sie zusammengezogen waren. Claude war schwieriger und sie musste sich eingestehen, dass sie mehr und mehr ein Problem damit bekam, wie der kleine Kerl sie behandelte. Claude ließ sie die Gastrolle spüren. Wenn er zornig war, konnte es sein, dass er ihr einen altklugen Vortrag hielt, dass alles viel besser war, als seine Mutter noch hier gewohnt hatte. Egal, ob es um das Kindergartenvesper, die Jeans oder ein Fernsehverbot ging. Claude ließ sie manchmal spüren, dass sie nur geduldet war. Eine Stunde später konnte er aber auch wieder auf ihrem Schoß sitzen und sie sogar in den Arm nehmen. Theresa wurde nicht schlau daraus und das zerrte an ihren Nerven. Von Thesen fühlte sie sich zu wenig unterstützt. Der tat ihre Klagen immer mit dem gleichem Konter ab: »Paul macht auch nicht, was ich sage.« Erst vor einer Woche hatte Claude einen großen weißen Zettel an seine Tür gepinnt. »Zutritt gesperht für Teresa Küper und ihre Kinder« hatte er draufgeschrieben – nur weil sich Theresa geweigert hatte, ihn am frühen Nachmittag vor den Hausaufgaben Fernsehen zu lassen, was ihre Kinder ja auch nicht durften und was auch Johannes nicht wollte. Aber der war ja nur selten da. An diesem Abend hatte sie den Eindruck gehabt, dass sich Johannes nur über die falsche Rechtschreibung aufregte und darüber, dass sie den Zettel nicht einfach abgerissen hatte. Der Vorfall selbst schien ihn nicht zu interessieren.

Theresa war darüber immer noch ein bisschen verärgert und deshalb ganz froh, als sie vor zwei Tagen in den Bus nach Südtirol steigen konnte. Johannes hatte sich für sie freinehmen müssen, jetzt konnte er mal wieder für vier Tage die Blagen bändigen. Vielleicht würden sie ja doch noch eine gemeinsame Linie finden, sonst war ihr Patchwork-Projekt vielleicht tatsächlich gefährdet. Die Sonne versank hinter einer schwarzen Felswand, es wurde sofort empfindlich kühl. Theresa ging zu ihren Skiern und fuhr hinunter nach Olang.

Kurz nach fünf schlurfte sie in ihr Zimmer, durchgefroren, aber glücklich. Sie hatte am Rand der Piste noch eine kleine Traumhütte entdeckt. In der Mitte des einzigen, hohen Gastraums schwebte über einem offenen Feuer eine riesige, gusseiserne Pfanne an langen Ketten. Der Wirt brutzelte, wonach seinen Gästen der Sinn stand. Lammkoteletts oder Fisch, am nicht so heißen Rand der Pfanne schmorte er Gemüse, in einem Topf köchelte ein fruchtiges Ratatouille. Sie hatte alles probiert, morgen würde sie Peter bitten, ein paar Fotos in der rauchdunklen Stube zu machen. Vor allem auch vom Wirt, der mit seinem Bart und seiner gegerbten Haut schon eher wie einer aussah, den ihre Leser als Tiroler in der Zeitung sehen wollten. Lust auf Wellness hatte sie keine mehr, sie fühlte sich satt und müde. Und ihr war kalt. Vielleicht ein kurzer Saunagang, aber nein, da saß dann sicher Atze, und bei Licht wollte sie den nicht sehen. Und außerdem war in drei Stunden schon wieder Abfahrt zu einem in ganz Italien gerühmten Sternerestaurant.

Theresa ging auf ihr Zimmer, auf dem Tisch lag ein Kuvert. Sie zog ein Blatt Papier heraus und las ein paar hastig hingekritzelte Zeilen:

Hallo Theresa,
sicher bist du jetzt sauer auf mich, aber ich habe heute ganz früh am Morgen einen Anruf von einem Kollegen aus Hannover bekommen. Er wollte erst gar nicht kommen, fliegt jetzt aber doch noch ein. Und deshalb habe ich ein Problem – Theo ist nämlich der jüngere Bruder meiner Frau. Du verstehst hoffentlich, dass ich jetzt so tun muss, als sei nichts geschehen. Schade, weil es war sehr schön mit Dir heute Nacht.

Sorry, Atze

Theresa las den Zettel noch mal, nahm einen Stift und schrieb darunter:

Hi Atze,
kein Problem – nur die Nummer mit dem abgezogenen Ehering hättest Du Dir schenken können. Aber keine Angst, ich falle Dir heute Abend nicht um den Hals – so toll war es auch wieder nicht.

Theresa

Sie faltete den Bogen wieder zusammen, steckte ihn in den Umschlag und ging noch einmal zur Rezeption. »Wenn Sie das bitte Herrn Müller geben würden.« Theresa überreichte der Empfangsdame den Brief. Langsam ging sie zurück auf ihr Zimmer. Eine Stunde schlafen, dann würde sie sich für das Sternerestaurant richten. Sie wollte gut aussehen heute Abend, einfach so.

St. Tropez

Die junge Frau legte einen gefalteten roten Zettel auf den Tisch, der mit einer gelben Kordel zusammengebunden war. Sie lächelte Cedi stumm zu und blieb stehen. Ihre Augen deuteten auf Cedis Hände, dann auf das Papier. Cedi öffnete die Kordel und faltete das schon etwas abgegriffene kartonartige Papier auseinander. Darauf war ein kurzer Text in Französisch, Englisch und in Deutsch geschrieben. Cedi las laut, damit Frank es auch verstehen konnte:

»Ich bin eine taubstumme Künstlerin. Darf ich Ihnen meine Bilder zeigen?«

Frank verzog gequält das Gesicht, aber Cedi nickte der hübschen Frau in dem einfachen Sommerkleid aufmunternd zu. Strahlend drückte die Frau Cedi eine Mappe in die Hand, die sie unter den Arm geklemmt getragen hatte. Cedi bedeutete ihr mit der Hand, sich auf den freien Stuhl an ihrem Tisch zu setzen. Die Unbekannte lächelte ungläubig, ließ sich aber schüchtern auf dem weißen Stahlrohrstuhl nieder und nickte Frank zu, der sich als Antwort ein Lächeln abrang. »Wollen Sie ein Glas Wein?«, fragte Cedi, wobei sie darauf achtete, dass die Frau ihre Lippen sehen konnte. Die zog trotzdem die Stirn in Falten und schaute Cedi fragend an. »Pardon, un verre du vin?« Cedi versuchte es in ihrem holprigen, spanisch gefärbten Französisch und deutete auf die Flasche Rosé, die in einem Kühler aus Ton mitten auf dem kleinen runden Tischchen stand. Die Frau nickte strahlend, Frank nahm ein unbenutztes Rotweinglas, schenkte es halb voll und stellte es vor sie hin. »Santé«, die drei prosteten sich mit den Augen zu und nahmen einen Schluck, die Unbekannte trank in einem Zug aus. Cedi stellte ihr Glas ab, öffnete die Mappe und betrachtete die Zeichnungen. Technisch sehr gut, dachte sie, aber sie gefallen mir nicht. In der Mappe waren Kohlezeichnungen von Landschaften der Provence, ein Dorf, das sie an Ramatuelle erinnerte, nein, das war Ramatuelle, schließlich waren sie ja hier in dem kleinen pittoresken Örtchen, das sich nur ein paar hundert Meter von der Côte d'Azur entfernt an einen Osthang schmiegte. Die Frau hatte den Blick gezeichnet, der sich dem Betrachter bot, wenn er oberhalb des Marktplatzes über die Dächer Richtung Süden blickte. Eine freundliche Perspektive, aber in grauen, unruhigen Strichen festgehalten, bedrohlich und düster, als ob unter den Dächern das Grauen wohnen würde. Selbst das heitere Panorama, wenn man Richtung Osten hinunter auf den Plage de Pampelonne blickte, den wohl schönsten Strand der Côte d'Azur, geriet bei ihr zu einem novemberdüsteren Moment in Grau.

Cedi kaufte trotzdem eine Häuserszene für fünfundsiebzig Euro und das Porträt eines jungen Mädchens, das abwesend lächelte und deren langes Haar unter einem Sommerhut herausfloss. Das kleine Porträt sollte fünfzig Euro kosten. »Du musst jetzt aber handeln«, zischte Frank und versuchte dabei, seine Lippen so wenig wie möglich zu bewegen, »das erwarten die hier regelrecht.« Cedi lächelte nur: »Spinnst du, das ist doch keine Strandverkäuferin, die dir billige Uhren oder Modeschmuck andrehen will. Das ist Kunst, auch wenn sie mir nicht besonders gefällt.« Sie sprach laut, sie glaubte nicht, dass die Frau deutsche Worte von den Lippen lesen konnte. Cedi holte aus ihrer Handtasche ein winziges Portemonnaie, faltete mühsam einen Hunderteuroschein auseinander, ihre eiserne Reserve, die sie immer dabeihatte. Aus einer größeren Börse kramte sie noch eine Zwanzig- und eine Fünfeuronote heraus und gab die drei Scheine der Frau, die strahlte, sich schnell erhob und Cedi die Hand gab. Bevor sie ging, holte sie aus ihrer Tasche noch einen kleinen Schmetterling aus weißem Papier und legte ihn vor Cedi auf den Tisch. »Merci, Thank you, Danke« stand in einer schönen, geschwungenen Handschrift in einem hellen Grün auf den Flügeln.

»Das war heute sicher ihr Glückstag«, sagte Frank und beobachtete, wie die Künstlerin am nächsten Tisch nicht einmal die Chance bekam, ihren roten Karton zu präsentieren. Die zwei Pärchen schüttelten fast synchron energisch die Köpfe, die Frau lächelte freundlich und versuchte es am nächsten Tisch mit demselben Ergebnis. Cedi lehnte sich zufrieden zurück, ließ ihren Blick durch den Garten des kleinen Landhauses schweifen, in dem sie gerade ein außergewöhnlich gutes Menü genossen hatten: einen fein angemachten Salat mit warmem Schafskäse und frischem Brot aus dem Holzofen als Vorspeise, danach Loup de Mer mit provenzalischem Gemüse und Couscous, gefolgt von Käse. Dazu kühler Rosé, der wahrscheinlich in Sichtweite gereift war. Das »La Ferme Ladouceur« lag inmitten der Weinfelder, die sich vom Plage de Pampelonne und vom Golf von St. Tropez in wilden Terrassen den Hügel heraufzogen. Ein fast schon kitschig schöner Ort, dachte Cedi. Sie saßen an kleinen Tischen im Garten des Landhauses unter einer gewaltigen alten Platane, umgeben von Oleanderbüschen, die von unzähligen Windlichtern sanft illuminiert wurden. Keine aufgesetzten Strahler, keine Musik aus Lautsprechern, der Wirt hatte ein feines Gespür für eine angenehme Umgebung. Es war ein heiterer, warmer Abend, Anfang September 2002, deshalb hatte sie hier auch noch heute Vormittag reservieren können. In der Hochsaison war das La Ferme mindestens drei Tage im Voraus ausgebucht. Aber die Ferien der Franzosen waren vor ein paar Tagen zu Ende gegangen, das Meer gehörte jetzt den Familien mit ganz kleinen Kindern und vor allem den Singles und den Kinderlosen, die nur noch halb volle Strände, normal gefüllte Lokale und freie Straßen präsentiert bekamen – und das auch noch für deutlich weniger Geld, als die Familien im Juli für Essen und Unterkunft aufbringen mussten.

Cedi atmete tief ein. Herrlich, gleich würde es noch eine Crème Brouiller geben, danach einen Espresso und vielleicht sogar noch eine Zigarette oder zwei. So lässt es sich leben, dachte sie und sah hinüber zu Frank, der gerade zwei lange, gelbliche Tabletten aus einer Plastikfolie brach. Es geht ihm nicht gut, dachte sie, man sieht es, aber er jammert nicht. Seit drei Monaten wurde Frank gegen seine Hepatitis C therapiert. Er hatte keine andere Wahl gehabt. Nachdem er jahrelang nicht von Beschwerden geplagt worden war und bei ihm auch keine erhöhten Leberwerte festzustellen gewesen waren, hatte das Virus im Februar zugeschlagen. Frank kam plötzlich morgens kaum noch hoch, war den ganzen Tag müde, schlief im Büro über dem Zeichentisch ein, auch wenn er die Nacht davor zehn Stunden im Bett gewesen war. Er hatte zwar Appetit, fühlte sich aber schon nach ein paar Bissen satt und hatte ständig das Gefühl, Luft im Bauch zu haben. Irgendeine Magen-Darm-Grippe dachte er damals, geht schon wieder weg. Es wurde aber nicht besser. Nach ein paar Tagen kamen noch leichtes Kopfweh hinzu und ein seltsamer Heißhunger auf Vanilleeis. Nach zwei Wochen meldete er sich auf Cedis Drängen hin widerwillig in der ambulanten Sprechstunde von Professor Dunnert an. Seit er mit Cedi zusammenlebte, war er dort auch Patient. Dunnert sei immer auf der Höhe der Forschung, einen Besseren gebe es in ganz Deutschland nicht, hatte Cedi gesagt und ihn vor gut drei Jahren in die Klinik geschleppt. Seither ging er zweimal im Jahr zur Untersuchung dorthin.

Das Ergebnis im vergangenen Februar war für Frank ein Schock gewesen. Seine Leber war massiv entzündet, seine Werte lagen bis zum Zehnfachen über dem Normalen. Dunnert wunderte sich, dass Frank überhaupt noch arbeiten konnte und ohne sichtbare Zeichen der Krankheit vor ihm saß. Der Professor riet ihm, abzuwarten bis der akute Schub abklingen würde, um dann so schnell wie möglich mit der neuesten Therapie zu beginnen, bei der neben dem Interferon noch zwei andere Substanzen eingesetzt werden sollten, die man allerdings ganz normal schlucken konnte. Anfang Juni hatte sich Frank die erste Interferonspritze unter die Haut seines Oberschenkels gespritzt und danach die ersten vier Kapseln hinuntergespült. Cedi musste ihn fast dazu zwingen, denn der Schub war abgeklungen, seit vier Wochen fühlte er sich stark wie früher. Aber seine Werte waren nicht mehr auf den alten Stand gefallen, ein sicheres Zeichen, dass die Krankheit nur Luft holte, um danach umso heftiger zurückzukehren. Frank blieb keine Wahl.

Drei Tage nach der ersten Spritze rannte er fluchend durchs Haus und wollte alle Injektionen und Pillen ins Klo spülen. Ihm war dauernd übel, jeder Muskel schmerzte und alles schmeckte gleich. In seinem Mund machte sich ein süßlicher Geschmack breit, den er auch mit den schärfsten Mundwässern nicht loswurde. Cedi kannte das alles. Sie konnte ihn überreden weiterzumachen, weil sie wusste, dass man sich an die Gliederschmerzen langsam gewöhnte. Die Übelkeit und der eklige Geschmack verschwanden bei den meisten nach ein paar Wochen. »Und du hast jemanden, der das mit dir zusammen durchzieht«, sagte sie zu ihm, »und den hatte ich damals nicht.« Wernher Römer, den Mann, dessen Namen sie noch immer trug, hatte sie völlig vergessen. Er hatte ihr damals geholfen, wo er konnte, auch dann, als sie todgeweiht auf eine neue Leber wartete. Ein bisschen mehr Respekt hätte Cedis Ex schon verdient, meinte selbst Frank. Aber er schwieg, weil er andere Sorgen hatte.

Mittlerweile ging es Frank ein wenig besser, aber die Nacht nach der Spritze war immer noch die Hölle. Fieber und Schüttelfrost plagten ihn, er unterdrückte beides mit Paracetamol. Heute und morgen war zum Glück Pause, dachte Cedi, die stolz auf Franks neue Disziplin war. Er würde die Kur bis Ende des Jahres durchziehen, obwohl seine Chancen auf Heilung gering waren, sehr gering. Höchstens fünfzehn Prozent, weil er mit einer ungünstigen Untergruppe des Virus infiziert war. Cedi hatte damals den Typ eins getragen, ihre Heilungschancen standen bei fünfundsiebzig Prozent – aber auch das hatte nicht gereicht.

Bei Franks letzter Untersuchung war das Virus immer noch in seinem Blut nachzuweisen gewesen, die Belastung war zwar geringer geworden und die Leber hatte sich auch erholt, aber wahrscheinlich würde die Therapie den Erreger nur unterdrücken, ihn jedoch nicht ganz vernichten können. Bei Cedi war das Virus schon nach drei Wochen komplett verschwunden gewesen. Sie hatte sich das Gift damals mit dem festen Glauben gespritzt, geheilt zu werden, aber schon kurz nach Ende der Therapie war sie wieder positiv gewesen, das Virus zurück – und stärker, als jemals zuvor. Frank hatte es schwerer, er setzte sich die Spritzen ohne große Hoffnung auf Erfolg ins Fleisch. Mein Gott, fünfzehn Prozent, was ist das schon. Am Ende, dachte Cedi, würde es ihm wohl wie ihr damals gehen – über kurz oder lang würde er eine Spenderleber brauchen, den gleichen harten Weg gehen müssen. Er musste durch die Hölle des langsamen Siechtums, kraftlose Hilflosigkeit erleben, Schmerzen und Verzweiflung. Und am Ende stand dann die Chance auf Rettung – wenn er rechtzeitig eine Leber bekam. Auch ihr drohte das vielleicht noch einmal. Das neue Organ funktionierte zwar auch nach fast sechs Jahren immer noch einwandfrei, sie trug aber weiter das C-Virus in sich, und wie lange das Spenderorgan den viralen Attacken trotzen konnte, vermochte kein Mensch zu sagen – nicht einmal Dunnert.

Mit einem Schluck Rosé verscheuchte sie die dunklen Gedanken. Das war kein Abend für Trübsal. In zwei Tagen würde sie vierzig Jahre alt werden, deshalb hatte Frank heimlich die Woche in St. Tropez organisiert. Sie wohnten in einem winzigen Hotel auf dem Weg zur Zitadelle mit Blick auf den alten Hafen und Frank hatte für übermorgen für einen Tag eine dieser riesigen Traumjachten gemietet, die wie fette, weiße Schwäne im Kreis des kleinen, ehemaligen Fischerhafens lagen und träge auf ihre superreiche Kundschaft warteten. Cedi hatte davon aber noch keine Ahnung, es sollte eine Überraschung werden, zu der auch ihre Freundin Sylvia mit ihrem Freund anreisen würde.

Vor ein paar Stunden hatten sie im alten Hafen in einem Café gesessen, Espresso und Mineralwasser getrunken, ein wenig in der »F.A.Z.« geblättert und das Leben auf den Superjachten beobachtet. Auf den Decks war ständig Bewegung. Junge, gut gebaute und gebräunte Männer in weißen Uniformen und blauen Segeltuchschuhen fanden immer eine Reling zum Polieren oder schraubten an einem der Beiboote herum. Die Pötte lagen mit dem Heck zur Hafenmauer, sodass das gemeine Volk von der Promenade und den Cafés aus den Granden beim Frühstück zuschauen konnte.

Einer der Superliner hieß »Bagatelle«, was Frank dann doch ein bisschen affig fand. Die meisten Schiffe liefen unter der Fahne der Kanalinsel Guernsey, die zwar zur britischen Krone, aber nicht zur Europäischen Union gehörte. Die Einnahmen aus dem Charter waren also steuerfrei. Auch die »Blue Velvet«, auf der sie übermorgen Cedis Vierzigsten feiern würden, war auf der Kanalinsel registriert. Frank beobachtete eine Familie, die sich auf dem Paradedeck der »Blue Velvet« gerade das Frühstück servieren ließ. Der Mann war so um die sechzig, dünnes graubraunes Haar, ein blasser Teint, wahrscheinlich Engländer. Der Typ hatte nur ein T-Shirt und eine halblange Hose an, seine dünnen Beine sahen aus, als hätten sie in diesem Sommer noch keine Sonne gesehen und würden auch sonst nur sehr wenig gebraucht, seine Füße steckten in ordinären Badelatschen. Die beiden Mädchen schätzte Frank zwischen zwölf und fünfzehn Jahren ein und dann war da noch eine

Frau, die zwar nicht die Mutter sein konnte, aber wohl deren Platz einnahm. Sehr jung, sehr teuer und dezent gekleidet, sehr blond und sehr drall an den Stellen, an denen es alternde Tycoons offenbar gern hatten. Frank fühlte sich an das texanische Modell Anna Nicole Smith erinnert, das in den Neunzigern den texanischen Öl-Milliardär J. Howard Marshall geheiratet hatte, der vierzehn Monate später starb und sie als blutjunge und superreiche Witwe zurückließ.

Die da oben muss es wahrscheinlich noch ein bisschen länger aushalten, dachte Frank und bestellte sich noch ein Wasser. Übermorgen würde er mit Cedi und ihren Freunden da oben frühstücken, sich danach vor den Plage de Pampelonne schippern lassen, dort ein bisschen auf dem Sonnendeck liegen, mit Jetskis durch die weite Bucht fetzen oder Wasserski laufen. Vielleicht würde er mit einem Steward des Schiffs einen Tauchgang zur »Rubis« machen. Das französische U-Boot lag seit dem Jahr 1957 gut eine Seemeile vor Cap Camarat in vierzig Metern Tiefe im Sand. Die französische Marine hatte das Sechzig-Meter-U-Boot dort sozusagen bestattet. Die »Rubis« war eine Art eiserner Held, weil das Boot im Zweiten Weltkrieg einige große Versorgungsschiffe der Nazis versenkt hatte. Und Kriegshelden wurden nicht schnöde verschrottet, sondern in Ehren versenkt. Der Tauchgang zu dem alten U-Boot galt als einer der spektakulärsten im gesamten Mittelmeer. Frank würde eine Stunde lang auf seine Leber und seine Medikamente pfeifen. Er war zwar seit vier Jahren nicht mehr mit Pressluft getaucht, hatte aber genug Erfahrung, auch für einen Tauchgang auf vierzig Meter Tiefe. Als Student hatte er monatelang als Tauchlehrer im Club Med auf Sardinien gearbeitet.

Am Nachmittag würden sie dann gemächlich in den Hafen zurückfahren und dort abends auf dem Paradedeck ein fünfgängiges Menü serviert bekommen. Um Mitternacht war die Show vorbei und Frank um dreißigtausend Euro leichter. Aber die waren genau genommen schon weg, die Reederei hatte Vorkasse verlangt. Normalerweise hätte der Tag vierzigtausend Euro kosten sollen, dann wäre aber auch noch die Nacht an Bord dabei gewesen. Frank hatte das Arrangement verändern können, offenbar hatte die Reederei im Spätsommer 2002 keinen anderen Kunden. Seit dem 11. September vor einem Jahr kamen nur noch wenige reiche Amerikaner an die Côte. Und wenn, präsentierten sie sich nicht einer unkontrollierbaren Menschenmenge auf dem Deck einer Luxusjacht.

Frank war sich plötzlich nicht mehr sicher, ob es Cedi gefallen würde, einen Tag in die Welt der Superreichen abzutauchen. Aber er wollte jetzt nicht zweifeln, dazu war der Spaß viel zu teuer gewesen. Frank Nowak hatte zwar drei sehr erfolgreiche Jahre hinter sich, sein Büro hatte für ein großes deutsches Bankhaus an der Planung eines vierundsechzigstöckigen Verwaltungsturms in Frankfurt mitgearbeitet, aber trotzdem waren dreißigtausend Euro für ihn eine Stange Geld. Dafür könnten sie etwa sechsmal für zwei Wochen in die Karibik fliegen, rechnete er.

Cedi zündete sich eine Zigarette an und genoss den Rauch in ihrer Lunge. Die Crème Brouiller war grandios gewesen, lustvoll hatte sie sich mit dem kleinen Löffel durch den genau richtig gebrannten Zucker gegraben und die sahnige Creme auf der Zunge zergehen lassen. Auch der Espresso war ein Gedicht. Aus einer kleinen Kupferkanne goss ihn der Kellner elegant in vorgewärmte Tassen. Perfekt. Frank war die ganze Zeit einsilbig gewesen, er wirkte nachdenklich. Cedi kannte das, wenn die Leber rumorte, schlug einem das oft aufs Gemüt. Sie wollte sich diesen Abend aber nicht verderben lassen. Er war einfach zu perfekt, zu schön, auch wenn Frank merkwürdig still war. Sie schloss die Augen, genoss den Rauch und den Duft des Gartens, den Frieden.

Sie hatte lange gebraucht, bis sie ihre Ruhe wiedergefunden hatte. Die Drohung von Thesen hatte sie fast aus der Bahn geworfen. Sie wollte doch nur Claude bei sich haben, sie war schließlich die Mutter. Cedi war damals klar geworden, dass sie nur noch ein paar Jahre die Chance haben würde, ihrem Kind etwas mitzugeben. Wenn Claude erst einmal ins Teeniealter kam, war es zu spät. Und sie spürte, dass auch Frank Spaß am Leben zu dritt hatte. Er kam prima aus mit Claude, der oft auch bei ihnen im Bett schlief und sich dabei ganz ohne Scheu an Frank kuschelte. Bei Wernher Römer hatte er das nie getan. Cedi spürte, dass Frank gerne ein eigenes Kind hätte, aber den Wunsch konnte sie ihm nicht erfüllen. Cedi hatte sich kurz nach Claudes Geburt sterilisieren lassen, sie war sich damals sicher gewesen, dass ein Kind genug sei. Thesen hatte sie davon abbringen wollen, aber das war ihr egal gewesen.

Doch auch ohne den Eingriff wäre es jetzt schwierig. Sie trugen beide ein heimtückisches Virus in sich, das Risiko, dass das Kind sich schon im Mutterleib infizierte, wäre unverantwortlich hoch gewesen. Vor drei Jahren hatten sie sich um eine Adoption bemüht, waren aber an den strengen Voraussetzungen gescheitert. Sie seien beide zu krank, um ein Kind in dessen Sinne ganzheitlich betreuen zu können. Besonders Frank, dessen Infektion »keine Prognose über seine in einem alltagstauglichen Sinne verbleibende Restlebenszeit zulasse«, wie es ein krummes Bürokratenhirn getextet hatte.

Danach hatte sie sich nur noch Claude gewünscht, und nachdem sie vor Gericht verloren hatte, Thesen bedroht. Eine Freundin hatte ihr zu dem Trick mit dem Missbrauch geraten, bei ihr hatte das sofort gewirkt, der Vater war eingeknickt wie eine welke Blume.

Frank wusste bis heute nichts von Cedis Attacke und Thesens brutalem Konter. Er war damals mehr in Frankfurt als zu Hause gewesen. Monatelang hatte Cedi sich gefragt, ob Thesen wirklich in der Lage dazu wäre, seine Drohung wahr zu machen, sie fand aber keine Antwort. Es blieb ihr nichts anderes übrig, als alles so zu lassen, wie es war. Die Drohung verlor mit der Zeit ihre Wucht, nach ein paar Wochen hatte sie keine Angst mehr um ihr Leben. Aber noch heute kränkte es sie, dass ihr ehemaliger Mann keinen Millimeter mehr von ihr zu beeinflussen war. Bei Wernher war das ganz anders gewesen. Der hatte ihr brav Unterhalt gezahlt, vor zwei Jahren dann noch einmal als Schlusszahlung ihrer kurzen Ehe hunderttausend Mark überwiesen. Wahrscheinlich hätte er das gar nicht tun müssen, aber es war ihr Vorschlag und Wernher hatte sofort eingewilligt. Wenn er es gewagt hätte abzulehnen, hätte ihn Cedi weiter auf Unterhalt verklagt. Normalerweise ohne Chance, sie war schließlich Teilhaberin eines gut gehenden Reisebüros, das Gewinn bilanzierte. Aber sie hätte sicher eine Lösung gefunden, aus ihrer Krankheit einen Anspruch auf Unterhalt abzuleiten, irgendwie hätte das funktioniert. Zur Not gab es immer noch die Option, ihren Anteil am Reisebüro an Frank zu übertragen, dann wäre sie zumindest de jure ohne Einkommen und wegen ihrer Leber auch nicht tauglich für eine andere Arbeit.

Aber so weit kam es gar nicht, Wernher zahlte brav. Dafür hatte sie ihm aber am Ende ein Papier unterschrieben, dass sie nie mehr Unterhalt von ihm fordern würde, allerdings in dem sicheren Bewusstsein, dass der Wisch im Ernstfall für Wernher völlig wertlos wäre. Falls sie, aus welchem Grund auch immer, in Not geraten würde, müsste ihr Ex wieder ran. Und der würde auch zahlen. Wernher schrieb ihr heute noch Karten zum Geburtstag und zu Weihnachten. Cedi wusste, dass sie jederzeit zu ihm zurückkönnte, auch jetzt noch. Bei Johannes war das etwas anderes, der war weit weg. Wahrscheinlich hat er sogar vergessen, dass du übermorgen vierzig wirst, dachte sie. Seit ihrem Krieg sprachen sie nur noch das Notwendigste miteinander und mittlerweile fast gar nichts mehr, weil Claude alt genug war, um auszurichten, was der eine dem anderen zu sagen hatte. Und mehr als ein »Vergiss nicht, dass Claude am Dienstag um vierzehn Uhr einen Termin beim Kinderarzt hat« war das eh nicht mehr.

Weil kein Aschenbecher auf dem Tisch stand, ließ Cedi ihre Zigarette auf den Boden fallen. Sie ärgerte sich, dass ihre Gedanken schon wieder abgeschweift waren, aber Frank war heute Abend ebenfalls sehr still. Das ist oft so, wenn der Stress abfällt und er über seine beschissene Gesundheit nachdenken kann, dachte Cedi. Ihr Blick streifte über den Garten des Restaurants.

Gut gekleidete Menschen, die sich einen feinen Abend gönnten und sich nur so laut unterhielten, dass auch das Zirpen der Grillen noch zu hören war. Das gefiel ihr – keine lärmenden Proleten, hier saß die Oberschicht. Sie war sich vorher ein wenig komisch vorgekommen, als Frank seinen uralten, grünen Porsche zwischen all den chicen schwarzen Limousinen und Cabrios auf dem Parkplatz des »La Ferme« einparkte. Frank hätte sich schon lange einen nagelneuen Carrera leisten können, aber in diesem Punkt war er komisch. Er liebte diesen kreischenden Schrotthaufen. Cedi hatte seit einem Jahr ein schwarzes Mercedes-Cabrio, aber Frank hatte darauf bestanden, mit dem alten Porsche an die Côte d'Azur zu fahren. Sie hatten einen umständlichen Weg genommen, Frank musste in den Seealpen unbedingt noch über den La Bonnette fahren, die höchste Passstraße Europas auf zweitausendacht- hundert Meter. Der Porsche hatte gehustet wie ein Rennpferd mit Asthma, aber es war alles gut gegangen. Cedi hatte sich dort oben überlegt, ob sie Frank nicht einfach ein neues Auto schenken sollte. Geld genug hatte sie. Das »Horizont« lief immer besser und sie hatte ein goldenes Händchen mit Wernhers Geld gehabt. Den gesamten Unterhalt und die hunderttausend Mark hatte sie in Internetfonds und Aktien von Microsoft und SAP angelegt. Vor zwei Jahren, als der Aktienmarkt wie ein Vulkan noch einmal in die Höhe geschossen war, stieg sie aus, als sich ihr Einsatz fast verachtfacht hatte. Der deutsche Aktienindex stand damals bei siebentausendachthundertzwanzig Punkten, kurz vor seinem historischen Hoch. Und immer noch stiegen die Deutschen ein, als wäre die Richtung an der Börse für alle Zeiten klar. Cedi entschloss sich alles zu verkaufen, als die Menschen wie verrückt Aktien von Börsenneulingen zeichneten, deren einzige Aussage war, dass sie etwas im Internet machen wollten, und als die Regierung von der Volksaktie zu sprechen begann. Das war ihr suspekt und gegen den Rat ihres Bankberaters verkaufte sie ihr gesamtes Depot an einem Tag. Heute hatte sie dreihundert- tausend Euro fest angelegt, fünfundzwanzigtausend Euro kurzfristig verfüg- bar in einer Reservekasse und ein neues, bar bezahltes Auto. Sie war unabhängig und genoss es.

Frank bestellte die Rechnung. Sie waren beide überrascht: sechsundacht- zig Euro – vierzig für ein komplettes Menu mit Wein und Käse, sechs für die zwei Espressi. Frank hatte mit dem Doppelten gerechnet. Aber das »La Ferme« war ein Restaurant ohne Speisekarte. Der Koch überlegte sich am Vormittag auf dem Markt, was er abends kochen wollte, und so kannte seine Küche keine teure Vorratshaltung und einen Weinkeller gab es auch nicht. Die Gäste konnte nur die Farbe wählen, dann kam der Hauswein in einer Karaffe auf den Tisch. So viel man wollte. »Sei bitte so nett und lass den

Motor nicht so heulen«, sagte Cedi, als sie im Auto saßen. Frank lächelte und fuhr so sanft wie möglich auf dem Kiesplatz an. Das war gar nicht so einfach, die Kupplung war so alt wie das Auto und entsprechend bockig. Auf der Straße hinunter nach St. Tropez schaltete Frank in den vierten Gang und ließ das Auto mit sechzig einfach nur rollen. Das Verdeck war offen, die Luft angenehm warm. Zehn Minuten später stand die Kiste in einer abgeschlossenen Box in der Tiefgarage unter dem Kirchplatz von St. Tropez. In der engen Straße zum Hotel gab es keine Parkplätze, aber die Lage der kleinen Herberge und der Blick über den Hafen waren die zweihundert Meter zu Fuß wert. In den Gassen war noch viel los, die kleinen Tischchen, die jedes Restaurant auf den Gehweg quetschte, waren kurz vor Mitternacht noch fast alle belegt. Frank schlug vor, noch etwas zu trinken, aber Cedi wollte ins Bett. Der Alkohol und die warme Luft hatten sie erregt. Die Härchen an ihren Armen standen ab, als stünde sie unter Strom. In einem dunklen Winkel, kurz vor dem Hoteleingang, zog sie Frank zu sich heran, nahm seine Hand und führte sie unter ihren Rock. Cedi trug keinen Slip. Frank streichelte sie und zog seine Hand langsam wieder zurück. Er leckte genüsslich seine Fingerspitzen ab, wobei er Cedi fest in die Augen sah. »Lass uns nach oben gehen, wir können ja später noch was trinken«, sagte er. Cedi nickte stumm und lächelte selig.

Am nächsten Morgen drängte Cedi auf einen Ausflug nach La Garde-Freinet. In dem Bergdorf war heute Markt und Cedi wollte schauen, ob sie dort die Keramikschale kaufen konnte, auf der gestern Abend im »La Ferme« der Käse serviert worden war. Der Wirt hatte ihr versichert, dass er die Schalen bei einem Kunsthandwerker in der Nähe von Aix-en-Provence gekauft habe, der aber auch immer den Markt in La Garde-Freinet besuche, zumindest in der Hochsaison. Nach Aix waren es gut zwei Stunden Fahrt, in dem Bergdorf oberhalb von Grimaud würden sie in zwanzig Minuten sein. Und dort war heute Markt.

Kurz nach zehn war es schon drückend heiß, kein Wind bewegte sich, die Luft über der breiten Straße flirrte. Frank fuhr ein bisschen schneller, damit wenigstens der Fahrtwind ein wenig kühlte. Er trug eine Kappe gegen die Hitze, Cedi dagegen ließ ihre Haare fliegen. Am Ende einer langen Geraden sah sie einen Radfahrer, dessen Konturen in der flirrenden Hitze unscharf waren. Sie kamen rasch näher, Cedi überlegte, ob sie dem Verrückten da vorne ein »Courage, bravo« zurufen sollte, als sie an dessen linker Wade einen roten Fleck leuchten sah. Kein Zweifel, da vorne fuhr Thesen, sie kannte das Mal, einen Blutschwamm, den er seit seiner Geburt hatte und der im Laufe der Jahre nur ein bisschen blasser geworden war.

»Frank, fahr' mal langsam, da vorne fährt Johannes.« Cedi legte Frank die Hand auf den Oberschenkel und deutete mit der anderen auf den Radfahrer. Frank stutzte, aber dann erkannte er ihn auch. Was um Himmels willen macht der denn hier?, dachte er. Sie bremsten neben Thesen ab, der sie kurz verwundert ansah, dann wieder auf die Straße blickte und stumm weiterfuhr.

»He, was ist, kennst du mich nicht?«, rief Cedi.

Thesen blickte wieder nach links, sein Gesicht verriet, dass er sich erschrocken hatte. »Mensch, Cedi.«

»Ja doch, ich bin es. Jetzt halt doch mal an.«

»Geht nicht«, keuchte Thesen, »der Rhythmus, verstehst du. Wir treffen uns oben im Ort, ich bin in zwanzig Minuten da.«

Cedi hatte keine Ahnung vom Rhythmus, der für Rennradler so wichtig war, aber sie kapierte, dass er jetzt auf keinen Fall anhalten würde. Spinner, dachte sie und rief: »Okay – bis gleich.« Frank nickte stumm und gab Gas.

Die beiden warteten am Ortseingang von La Garde-Freinet auf Thesen, der für die letzten viereinhalb Kilometer tatsächlich nur zwanzig Minuten gebraucht hatte. Er hielt an, zerrte seine Trinkflasche aus der Halterung, trank gierig und mit langen Schlucken. Die Flüssigkeit drückte ihm sofort den Schweiß aus den Poren. Auf seinen gebräunten Armen glänzten kleine Perlen, manche verbanden sich zu einem Rinnsal, das seinen Weg nach unten suchte. Er sieht gut aus, dachte Cedi, hat sich kaum verändert in den vergangenen Jahren. Thesen war jetzt einundvierzig, ein Jahr älter als sie, aber er hatte immer noch etwas Jugendliches und Gesundes.

»Sag mal, was machst du denn hier? Und wo ist Claude?«

»Kurzurlaub und zwar mit Claude, er wartet am Strand auf mich.«

»Der Junge muss doch in die Schule.«

»Muss er nicht, diese Woche sind noch Ferien. Und da sind wir kurzerhand los. Ein Kollege von mir hat einen stationären Wohnwagen auf einem Platz am Plage de Pampelonne und da ich eh noch so viel Urlaub habe, sind wir kurz noch mal für fünf Tage in die Sonne.«

»Und deine Holde hütet jetzt am Strand die Kinder und kocht das Mittagessen?« Cedis Ton wurde immer ein bisschen spitz, wenn sie über Theresa sprach.

»Die sind gar nicht da, Theresa ist mit ihren beiden zwei Wochen Radwandern an der Nordsee.«

»Und da bist du nicht dabei?«

Thesen hatte keine Lust zu antworten. Typisch Cedi, dachte er, sie will alles wissen, ist offen neugierig, aber sie fragt nicht einmal, wo ihr zehnjähriger Sohn gerade ist.

»Hallo, hast du meine Frage nicht gehört oder schläfst du?«

Thesen gab auf, sie war einfach stärker als er, wie früher auch. »Nein, wir sind nicht dabei, ich konnte nicht so lange und Claude wollte ohne mich nicht mit.«

»Sag mal, wo ist Claude eigentlich?«

»Er hat gestern Freunde gefunden, die im Wohnwagen neben uns campen. Die Eltern haben mir versprochen aufzupassen, bis ich wieder da bin.« Thesen sah auf die Uhr. »Ich muss jetzt langsam wieder, ich sollte in spätestens zwei Stunden wieder zurück sein.« Thesen fühlte sich nicht wohl, er hatte Cedi zwei Jahre lang nur im Auto vorbeifahren sehen. Und das hatte ihm gutgetan. Wie sie jetzt so vor ihm stand, kam das ganze Theater wieder in ihm hoch. Er fröstelte bei über 30 °C, sein Puls wurde nicht langsamer, immer noch hundertzehn Schläge, obwohl er schon über zwei Minuten nicht mehr in die Pedale trat. Frank stand die ganze Zeit nur da und knetete seine Finger.

»Ich habe eine Idee«, flötete Cedi, »lasst uns doch alle zusammen ein Eis essen gehen. Wie wäre es mit morgen Nachmittag?«

Frank war plötzlich hellwach. »Cedi, ich glaube, das geht nicht, du weißt doch …«

»Ach ja«, Cedi fiel Frank ins Wort, natürlich wusste sie, morgen war ihr Geburtstag und Frank hatte eine Überraschung vor. Thesen sagte nichts. Also hat er deinen Vierziger tatsächlich vergessen und Claude wahrscheinlich auch, dachte sie.

»Okay«, sagte sie, »dann vielleicht gleich heute?«

Die Vorstellung, dass er und Claude sich mit Cedi und Frank treffen sollten, gefiel Thesen überhaupt nicht. Aber er hatte keine Chance, Claude würde spätestens zu Hause erfahren, dass seine Mami auch in Frankreich gewesen war und dann hätte er ein großes Problem mit dem Kleinen. Außerdem wird es Claude sicher lustig finden, mit Mami und Papi ein Eis zu essen. Dass dieser Frank und ich offenbar keine Lust auf ein Altfamilientreffen haben, stört Cedi nicht im Geringsten. Sie will, das reicht.

»Gut«, sagte Thesen, »heute um fünf. Schlag' du was vor, ich kenne mich hier kaum aus.«

Sie einigten sich auf die kleine Eisdiele am rechten Hafeneck von St. Tropez, die beide kannten. Thesen nickte den beiden nur zu kurz zu und klickte seinen linken Schuh wieder in das Pedal. Er hatte noch gut vierzig Kilometer vor sich und er wollte Claude nicht zu lange warten lassen. »Bis später«, sagte er und rollte los. Cedi bemerkte, dass sich ihr Ex offenbar immer noch die Beine enthaarte. Sieht aber auch gut aus, dachte sie, das ist mir früher gar nicht so aufgefallen.

Thesen war froh, wieder alleine zu sein. Er nahm die Höhenstraße nach Plan de la Tour, ein besserer Feldweg, mit Schlaglöchern übersät, kein Vergleich zu dem perfekten Asphalt von Grimaud hinauf nach La Garde-Freinet. Dafür fuhren hier auch so gut wie keine Autos, seit gut zehn Minuten war ihm keines mehr begegnet. Es war schon fast beängstigend ruhig hier, so nahe an der Küste. Wahrscheinlich machen alle Siesta im Schatten, dachte er, bei der Hitze gehen auch wirklich nur Idioten und Touristen freiwillig raus. Offenbar gibt es hier wenig Idioten und die Touris liegen am Strand.

Thesen war es aber egal. Hitze hatte ihm noch nie etwas ausgemacht, außerdem schlängelte sich die Straße durch einen schattigen Wald, mal hoch, mal runter. Thesen hasste dieses unrhythmische Holpern. Lange Anstiege, denen man sein Tempo finden konnte, das war seine Welt, dieses ständige Auf und Ab nervte, und dass plötzlich Cedi aufgetaucht war, hatte sich wie ein Schatten auf seine Laune gelegt. Er spürte ein leichtes Zittern in der Brust, in seinem Bauch kribbelte es. Thesen beachtete es nicht, er wusste, woher es kam. Mit einem feierlichen Beschluss hatte er seine Pillen zu Hause gelassen, seit drei Tagen lebte er ohne sein Diazepam, das erste Mal seit fast drei Jahren. Es ging ganz gut, außer dass er nachts nur minutenweise schlief, schlagartig aufwachte und sich dann wieder mindestens eine halbe Stunde lang ruhelos im Bett wälzte. Aber er wusste, dass das nur noch zwei, drei Tage so gehen würde. Und das Meer würde ihm helfen, das gleichmäßige Rollen der Wellen in der Nacht beruhigte ihn.

Heute Nacht wird es keine Wellen geben, dachte er, der Wind ist völlig eingeschlafen. Auf der rechten Seite wich der Wald, der Blick wurde frei auf den Golf von St. Tropez. Ein Heer aus weißen Segeln, wie verirrte Papiertaschentücher planlos verteilt im azurblauen Wasser. Die Boote schienen sich kaum zu bewegen, das Meer war offenbar ruhig. Thesen sog den Anblick in sich auf, als seine linke Brust plötzlich von etwas Hartem getroffen wurde. Erschrocken fuhr er mit dem Kopf herum. Ein Vogel, dachte er, oder ein Stein. Es war nichts zu sehen, plötzlich wurde ihm flau im Magen, von einer Sekunde auf die andere, er fühlte sich wie in Watte verpackt, die Landschaft vor ihm begann zu tanzen. Mit zittrigen Händen brachte er sein Rad zum Stehen, stellte beide Beine auf den Boden. Die Straße wackelte, aber Thesen spürte, dass dies kein Erdbeben war. Er wackelte, seine Beine und seine Hände. Sein Magen rumorte, er kotzte würgend eine eklige Mischung aus Isostar, Müsliriegel, Banane, Kaffee und Croissants über den Lenker mitten auf die Straße. Danach ging es ihm ein bisschen besser.

Du musst viel mehr trinken bei der Hitze und außerdem bis du auf Entzug, sagte er zu sich selbst, stieg langsam ab und setzte sich auf einen Steinpoller, der auf beiden Seiten die Leitplanke aufnahm. Hier würde er nicht abstürzen können. Zwischen ihm und dem Abhang lag noch ein drei Meter breiter Streifen Feld. Thesen stützte die Hände auf seine Oberschenkel, zog die Luft ein, versuchte mit dem Bauch zu atmen und sich zu entspannen, wie er es vor Jahren einmal gelernt hatte. Mittlerweile zahlte er nur noch seine Beiträge, in der Volkshochschule war er schon monatelang nicht mehr gewesen.

Es war wirklich höchste Zeit gewesen, mit dem Gift aufzuhören, dachte er. Das Zittern ließ nach, langsam floss die Kraft in Beine und Arme zurück, brachte allerdings pochenden Kopfschmerz mit. Er würde es überstehen, wie alles andere auch. Damals, vor fast drei Jahren, hatte es ganz anders ausgesehen. Job weg und eine Ex, die ihn vernichten wollte – böse Aussichten. In den Wochen, nachdem er Cedi bedroht hatte, las er alles, was er zum Thema Sorgerechtsstreit in die Finger bekam. Irgendwann wurde ihm schmerzhaft klar, dass in Deutschland jede nur denkbare Schweinerei zwischen ehemaligen Ehepartnern passieren konnte. Fast alle schworen sich zwar zunächst hoch und heilig, die Kinder aus ihrem Streit rauszuhalten, aber das ging selten gut. Am Ende wurden die Kinder instrumentalisiert und oftmals seelisch bitter verletzt.

Je höher die Bildung und das Einkommen waren, desto brutaler der Kampf. Väter entzogen ihren ehemaligen Frauen den Unterhalt für die Kinder, um sie abzustrafen. Umgekehrt erpressten viele Frauen ihre abgelegten Gatten mit dem Umgangsrecht. Thesen tauchte ein in eine Welt des Wahnsinns, am Ende war er der Meinung, dass die Menschen heutzutage ihre Ehen beim leisesten Unlustgefühl einfach in den Wind schossen und Legionen von seelisch angeknacksten Trennungskindern produzierten. Männer verließen mit fünfzig ihre Frauen und wandten sich fünfzehn Jahre jüngeren zu; Frauen hatten nach einigen Jahren Erziehung genug von Haus und Herd, drängten zurück in den Beruf und legten ihre langweilig gewordenen Männer gleich mit ab. Aus Verantwortung gegenüber den Kindern auf etwas zu verzichten, war offenbar völlig aus der Mode gekommen. Zumindest in den Städten. Männer und Frauen nahmen sich da nichts, fünfzig Prozent aller Ehen scheiterten. Für Thesen gab es nur einen Unterschied – vor Gericht war er als Mann klar benachteiligt. Väter sind Täter, hatte ihm damals sein Anwalt Burger erklärt, wenn irgend etwas strittig ist, haben Frauen erst mal die viel besseren Karten.

Thesen atmete tief durch, vom Tal herauf wehte plötzlich ein leichter Wind, der den Druck in seinem Kopf mitzunehmen schien. Er war fest entschlossen, jetzt nicht schwach zu werden, er würde sich keine Pillen mehr in der Apotheke besorgen, obwohl er mit seinem Ausweis auch in Frankreich damit keine Probleme hätte. Nein – die letzten acht Stück lagen in seinem Werkzeugkoffer und da sollten sie auch bleiben. Es gab auch keinen Grund mehr, sie zu nehmen und irgendwann hätte ihn Theresa erwischt, ganz sicher. Es grenzte eh an ein Wunder, dass er fast drei Jahre auf der Pille war, ohne entdeckt zu werden.

Damals hatte er sich vorgenommen, das Diazepam wegzuwerfen, wenn er einen Job gefunden hätte, aber das war nicht so einfach. Thesen bewarb sich auf vier Partnerstellen in Gemeinschaftspraxen, bekam aber nur Absagen. Einmal suchten sie einen Spezialisten für Handchirurgie, eine Praxis schrieb ihm, er sei zu alt und zu teuer, die beiden anderen begründeten ihr Nein erst gar nicht. Per Zufall kam er Ende Mai 1999 doch noch unter. Die Uniklinik suchte einen Orthopäden, der befristet auf sechs Monate als Stationsarzt arbeiten würde. Der Inhaber der Stelle hatte ein Forschungsstipendium ergattert und würde ein halbes Jahr in England über neue Werkstoffe in der Endoprothetik arbeiten. Der Job war hart, er verdiente nicht einmal die Hälfte seines Gehaltes, das er zuletzt bei Nidernbühl bekommen hatte, die Arbeitszeiten waren eine Katastrophe, aber das zählte alles nicht. Thesen war zurück in einem Leben, in dem er sich auskannte. Die latente Drohung durch Cedi verblasste zusehends, trotzdem kam er nicht weg von der Pille.

Thesen musste sich eingestehen, dass die Droge ihn einfach vergessen ließ, dass das Patchwork-Experiment in einer Sackgasse steckte. Sie würden es nicht hinbekommen, dieses Wir, das ihm so wichtig war. Seit dem finalen Zoff mit Cedi war ihm das klar. Claude würde immer hin- und hergerissen werden, Paul lehnte ihn ab und das war auch nicht zu kitten. Das war zwar nicht das Bild, das er von der neuen Familie hatte, aber er konnte es nicht ändern. Theresa war pragmatischer, positiver, aber Thesen brauchte noch die Pille, um seine Rolle in Ruhe finden zu können. Sein Draht zu Theresa war immer noch stark, aber das Einzigartige des Anfangs war verflogen, zerrieben im Versuch, aus zwei eins zu machen.

Jetzt hatte er gelernt, normalen Frieden als eine große Segnung in einem Land lauter Wahnsinniger zu begreifen. Sie gingen heute öfter wieder eigene Wege, so wie jetzt gerade auch, aber das Dach, unter dem sie sich immer wieder trafen, trotzte jedem Sturm. Er war angekommen, er brauchte keine Pillen mehr, zumal er auch beruflich wieder fest im Sattel saß. Im Oktober 1999 hatte ihn Sarita Nidernbühl angerufen. Der Alte wollte sich mit ihm treffen. Sie verabredeten sich zu einem Essen im »Nero«, dem Nobelitaliener. Nach drei Gängen und zwei Flaschen Barolo hatte Thesen seinen alten Job wieder. Nidernbühl hatte ihm erklärt, dass er fachlich nach wie vor sehr viel von ihm halte, dass Thesen aber damals seine Autorität angegriffen habe, was er sich nicht habe gefallen lassen können. Am Ende des Abends zeigten beide Größe. Thesen war betrunken genug, um sich für sein selbstherrliches Auftreten zu entschuldigen, Nidernbühl räumte ein, dass Thesen wohl richtig gehandelt und er damals eher wie ein Manager, nicht wie ein Arzt reagiert hatte. Heute war Johannes Thesen Juniorpartner in der Klinik und der zweite Mann hinter dem Chef, der in drei Jahren aufhören wollte.

Ich muss langsam los, sonst wird es zu spät. Thesen erhob sich mühsam. Es ging wieder, auch wenn er sich noch schwach fühlte. Drecksattacken, sagte er zu sich selbst und stieg umständlich auf sein Rad. Es kribbelte immer noch ein wenig in seiner Brust, er spürte ein Ziehen in den Oberschenkeln, obwohl er nur mit wenig Kraft in die Pedale trat. Er suchte einen inneren Rhythmus aus Atmung und Bewegung, doch er fand nur nach und nach zu seiner Balance zurück. Die Pillen fehlen doch sehr, dachte er. Aber er würde hart bleiben, auch das Treffen mit Cedi und ihrem seltsam blassen Lover würde er ohne chemische Hilfe hinter sich bringen.

Eine Stunde später bog er links von der Uferstraße in einen kleinen Weg. Es ging noch knapp hundert Meter leicht bergab, dann fiel die Straße nach einer kurzen Kuppe steil ab zum Meer, das heute so ruhig dalag wie ein blaues Tuch. Thesen genoss den Blick auf das breite Sandband und auf die kleinen Plastikhütten, die fast schon preußisch aufgereiht unter Schatten spendenden Bäumen herausspähten. Zufrieden ließ er sein Rad mit Tempo fünfzig den steilen Stich hinuntergleiten. Er fühlte sich besser, viel besser. Claude fand er vorne am Strand. Mit drei anderen Jungen und einem Mädchen, das sich schon beim ersten Blick als Chefin herausstellte, grub Claude ein riesiges Loch in den Sand. Die Jungs waren schon komplett darin verschwunden, man sah nur in kurzen Abständen Schippenladungen von Sand über den Rand fliegen. Das Mädchen gab von oben klare Anweisungen, an welcher Stelle das Loch tiefer zu graben oder die Wand steiler anzulegen sei. Die Kleine stand entspannt in der Sonne, leckte ein Eis und schien zufrieden zu sein mit ihren Männern. Thesen fragte nicht nach dem Sinn, auch er hatte als Knirps beim alljährlichen Ostseeurlaub Löcher gegraben. Heute wusste er auch nicht mehr, warum, und wählte deshalb die einfachste Erklärung für das seltsame Verhalten. Buddeln muss in uns männlichen Menschen verankert sein, auf irgendeinem Gen abgelegt, warum auch immer. Sicher war er sich nur, dass in Deutschland schon längst ein Strandaufseher die sofortige Zuschüttung wegen Sturzgefahr für allfällige Strandpassanten oder Ähnliches angeordnet hätte. En France störte sich keiner. Thesen nahm sich aber vor, heute Abend einen Liegestuhl quer über das Loch zu stellen, damit sich nachts keiner den Hals brechen konnte.

Claude war zunächst überhaupt nicht begeistert, mit dem Buddeln aufhören zu sollen. Das Treffen mit seiner Mutter machte es ihm aber doch ein wenig leichter, in der Gunst der resoluten Blonden ein wenig nach hinten zu rutschen. Für einen Zehnjährigen war die Mami eben doch noch die wichtigste Frau. Und Claude hatte Cedi schon fast zwei Wochen nicht mehr gesehen. Thesen wunderte sich, dass sein Sohn nicht fragte, warum sie sich zum ersten Mal seit Jahren zu dritt treffen wollten, es interessierte ihn auch nicht, warum ausgerechnet in St. Tropez, er wollte nur wissen, ob Frank auch dabei sei. »Ich weiß es nicht«, antwortete Thesen, »ich denke aber mal nicht – und wenn, wäre es ein Problem für dich?« Claude schüttelte nur den Kopf und strich sich dann den Sand von Armen und Beinen.

Thesen fragte sich manchmal, was wohl in solchen Momenten im Kopf seines Sohnes vor sich ging. Cedi und er hatten ihn gezwungen, in festgelegten Zyklen Wohnung, Umfeld und Bezugsperson zu wechseln. Mal war er Einzelkind, dann hatte er wieder Geschwister, auf die er Rücksicht nehmen musste. War das wirklich gut so, nur weil Claude dann mit beiden Elternteilen aufwachsen konnte? Wenn Thesen ehrlich zu sich war, wusste er, dass er es nicht wissen konnte. Natürlich gab es sogenannte wissenschaftliche Belege für ihr Modell, aber es gab auch andere, die genau das Gegenteil beweisen wollten, und Thesen war längst klar, dass Patchwork etwas höchst Kompliziertes war. Hier ging es um Seelen, nicht um eingerissene Menisken. Die waren für ihn kein Geheimnis, die Psyche eines Kindes schon, und er zweifelte schon seit Langem, ob sie sich in all ihren Facetten nicht einfach jeder wissenschaftlichen Betrachtung verschloss.

Weil Claude darauf bestand, nahmen die beiden ihre Fahrräder für den Weg zum alten Hafen von St. Tropez. Gemeinsam schoben sie die steile Stichstraße hinauf, die Thesen vor einer halben Stunde heruntergedüst war, rollten dann über den schmalen Radstreifen neben der Uferstraße Richtung Hafen. Thesen fuhr schräg hinter Claude. Er schätzte zwar die französische Lockerheit, misstraute aber den heimischen Autofahrern, die immer volle Pulle und mit so gut wie keinem Seitenabstand an ihnen vorbeirasten. In puncto Sicherheit war er dann doch wieder Deutscher. Als sie an dem Eiskaffee ankamen, war Cedi schon da, Frank fehlte. Claude brüllte »Mami!« und Cedi ließ einen Schrei los, den Thesen wie immer ein bisschen zu laut und ein bisschen zu aufgesetzt fand. Er wollte Cedi die Hand geben, zog sie aber dann doch zu sich heran, um sie auf die Wangen zu küssen, das machte schließlich jeder in Frankreich. Irgendwie waren sie sich nicht einig, ob zuerst rechts oder links und so trafen sich unversehens ihre Lippen. Cedi und Thesen zuckten zurück, als hätte sie der Blitz getroffen. Sie wurden beide rot und setzten sich. Claude hatte nichts bemerkt, er studierte bereits die Eiskarte. Cedi fand als Erste die Sprache wieder.

»Na, Kinder, was wollt ihr für ein Eis?« – Cedi wedelte mit einer anderen Karte.

Claude wollte einen gewaltigen Becher, mit viel Eis, vielen bunten Soßen und auch noch Sahne, Thesen bestellte sich einen kleinen Coppa Amarena, weil er sowieso die Hälfte von Claude noch würde essen müssen, wie immer eben. Cedi orderte ein winziges Zitronensorbet und ein Glas Wasser. Eine Zeit lang aßen sie schweigend, Thesen war schon bei den Resten von Claudes Eisbecher, als Cedi plötzlich sagte:

»Fast wie früher was, die Familie beim Eis essen?«

»Ja, fast«, antwortete Thesen. Claude sagte nichts.

»Könnten wir eigentlich öfter machen, auch zu Hause.«

»Au ja«, sagte Claude ohne besondere Euphorie, Thesen würgte ein »Gerne« heraus.

Cedi spürte, dass ihr Ex offenbar wenig Interesse an Smalltalk hatte und vor allem offenbar auch gar keines an ihrer Gesellschaft. Ärger stieg in ihr auf, zumal sie schon heute Mittag gespürt hatte, dass sie sich über das Wiedersehen deutlich mehr gefreut hatte als er. Und Thesen, wie er da so saß in seiner alten Jeans, den Segeltuchschuhen, dem engen weißen T-Shirt über seiner immer noch guten Figur, sah einfach gut aus. Nicht einmal die uralten abgestoßenen Lederarmbänder um sein Handgelenk störten sie mehr. Thesen gefiel ihr einfach, Cedi hatte schlicht vergessen, wie jämmerlich derselbe Mann auf sie gewirkt hatte, als er vor acht Jahren mit einer Plastiktüte zwischen den Beinen und bekleistert mit Enthaarungscreme in seinen Adidas-Badelatschen vor ihr stand und sie heilfroh war, mit ihm endlich brechen zu können. Jetzt war er für sie nicht mehr lächerlich, sein Körper war männlich, stark und selbst die brutale Drohung vor ein paar Jahren, als er sie »plattmachen« wollte, sah sie jetzt als das Handeln eines Mannes, der sich bei einer ihm wichtigen Sache unbedingt durchsetzen wollte, der kämpfen konnte und das auch mit brutaler Konsequenz tat.

Frank dagegen gab sich immer stärker seiner Krankheit hin, vor einer halben Stunde hatte er sich mit Kopfweh ins Bett gelegt und als Begründung nur stumm auf die Schachtel mit den Ribavirin-Pillen gedeutet. Am Anfang der Therapie war Frank auch noch stark gewesen, belastbar und optimistisch, aber jetzt schwand sein Mut langsam, er tat Cedi mehr und mehr leid. Kein gutes Zeichen bei Mercedes Römer, das wusste sie. Schon gestern Abend, als sich Frank dreißig Sekunden nach seinem Höhepunkt ächzend neben sie auf die Matratze fallen ließ und praktisch schlagartig einschlief, obwohl er sie noch nicht befriedigt hatte, spürte sie dieses gefährliche Bedauern – und die Lust nach Anderem, nach Neuem, nach unverbrauchter Energie. Sie wusste, dass es einen guten Grund für seine Müdigkeit gab, aber sie akzeptierte es trotzdem nicht.

»Wie geht es denn im Job?«, fragte sie Thesen nach einer Pause. Der erklärte ihr, dass er jetzt Partner von Professor Nidernbühl sei, seine Arbeitslosigkeit und die Zeit als Stationsarzt ließ er weg, weil er sich nicht mehr erinnern konnte, ob er ihr davon erzählt hatte oder nicht. Eher nicht, dachte er, bei dem wenigen Kontakt seit damals.

»Und was führt dich an die Côte?«, fragte Thesen, ohne dass es ihn wirklich interessiert hätte.

»Wir haben was zu feiern«, antwortete Cedi und wartete darauf, dass jetzt endlich bei Thesen der Groschen fiel. Aber der sagte nur: »Na, dann wünsche ich euch viel Spaß dabei.«

Cedi wollte gerade antworten, ihm vorwurfsvoll ihren vierzigsten Geburtstag um die Ohren hauen, als Claude quengelte. »Mama, mir ist so langweilig. Ich will mit Papa zurück zu unserem Platz, die anderen brauchen mich für das Loch.«

Ein paar Monate später würde sich Thesen genau an diese kurze Szene erinnern. Als Claude plötzlich unruhig zappelte, genau in diesem Moment wurde seinem Vater bewusst, dass die Familie Thesen tot war, begraben unter den Mühlen der Zeit, unfähig, jetzt auch nur noch eine halbe Stunde entspannt miteinander zu verbringen, ein klein wenig Spaß gemeinsam zu haben, ohne sich zu langweilen. Thesen hatte gedacht, sein Sohn würde fast kringelig werden vor Freude, dass sich die alte Familie wieder traf, zusammensaß wie früher, aber Claude hatte das Früher ganz offenbar vergessen. Die alte Zeit existierte für Thesen junior nur noch auf Fotos und schlecht gedrehten Videos, alles andere war tot. Claude war damals einfach noch zu klein gewesen, er hatte die Mami-Papi-Kind-Zeit, die er ja nur zwei Jahre erlebt hatte, vergessen.

Das Loch im Sand war für den Zehnjährigen wichtiger geworden als eine Rückkehr in die Vergangenheit. Thesen rutschte nachdenklich auf dem unbequemen Drahtstuhl hin und her. Eigentlich war es jetzt so, wie er immer gehofft hatte, dass es einmal werden würde. Sie konnten sich treffen, ohne jede emotionale Regung. Da war nichts mehr, nicht mal bei Claude. Eigentlich müsste er sich jetzt freuen, auch weil ihm die Frau, die ihm gegenübersaß, völlig egal geworden war. Aber für Thesen war die Erkenntnis auch eine bittere Niederlage, das finale Aus seiner Vorstellung einer lebenslang funktionierenden Kleinfamilie. Der Fakt stand zwar schon lange fest, aber jetzt war er zum Fels geworden, so fest, wie die riesigen Poller ein paar Meter weiter, an denen die Luxusjachten vertäut waren. Thesen hörte Cedi sagen: »Kein Problem, Sohnemann, wir zahlen noch und dann können wir gehen.« Thesen nestelte nach seiner Trikottasche mit dem Geld und spürte wieder dieses seltsame Rumpeln in seiner Brust, allerdings lange nicht so stark wie vorhin. Eigentlich war er nur noch müde.

»Wie lange seid ihr noch da?«, fragte Cedi, die die beiden noch zu ihren Fahrrädern begleitete.

»Bis übermorgen«, antwortete Thesen und öffnete die dicke Kette, mit der er die beiden Räder an einem Verkehrsschild gesichert hatte.

»Dann wünsche ich euch noch einen schönen Urlaub. Morgen habe ich leider keine Zeit.« Cedi wartete ein bisschen, aber als keiner der beiden eine Reaktion zeigte, beugte sie sich zu Claude hinunter und umarmte ihn. Danach ging sie auf Thesen zu, der aber schon seine rechte Hand nach vorne gestreckt hatte und einen Schritt zurückging. »Also tschüss«, sagte er, »noch ein paar schöne Tage für dich und deinen Freund. Und ein schönes Fest morgen.«

Cedi drehte sich um, ging ein paar Schritte, drehte sich dann wieder zurück und wollte den beiden noch nachwinken, aber die waren schon in der Masse der Leute am alten Hafen verschwunden. Mistkerle, dachte sie, vergessen einfach deinen Geburtstag, selbst dein eigener Sohn. So etwas konnte ihr nicht passieren. Diese Termine hatte sie präsent, Claudes Geburtstag sowieso, aber auch Johannes rief sie jedes Jahr an, und, wenn sie sich recht erinnerte, er sie auch. Meistens wenigstens.

Ein paar Stunden später saß Thesen zufrieden auf der winzigen Terrasse seines Campers, vor sich einen gut gekühlten Rosé vom Château Minuty, in der Hand eine Zigarette. Er genoss den spätsommerlich warmen Abend, das Duftgemisch aus Tabak und Meer, blickte hinaus auf das blauschwarze, glatte Wasser und wünschte sich diese Ruhe für eine lange Zeit. Claude schlief schon seit einer Stunde, die Attacke vom Nachmittag erschien Thesen Lichtjahre entfernt, nur ab und zu spürte er noch leichte Stiche in den Schläfen, die aber mit jedem Schluck Wein ein wenig mehr abklangen und schließlich ganz verschwanden.

Thesen träumte von einem kleinen Häuschen, hier direkt am Strand oder ein paar Kilometer entfernt in Ramatuelle. Er wusste, dass er sich das bei den Immobilienpreisen an der Côte d'Azur in diesem Leben nicht würde leisten können, aber heute Abend war das egal. Er hatte noch nie in seinem Leben Lotto gespielt, er nahm sich jedoch vor, zu Hause gleich einen Schein auszufüllen, obwohl er wusste, dass die Chance auf einen Hauptgewinn kleiner war als die Chance, jetzt und sofort von einem Blitz erschlagen zu werden – und zwar aus heiterem Himmel. In seinen Gedanken malte er sich trotzdem schon mal aus, was er mit dem Geld machen würde. Du kleiner beschissener Spießer, dachte er plötzlich, aber es war ihm egal. Er hatte schon lange nicht mehr einfach so dagesessen und geträumt und es gefiel ihm, eins zu sein mit sich, dem Meer und der Welt – und das nur ein paar Stunden, nachdem er gedacht hatte, sein letztes Stündchen habe geschlagen. Seine Pillen fehlten ihm nicht, Thesen ritt auf dem Kamm einer Stimmungswelle, so hatte er sich chemiefrei schon lange nicht mehr gefühlt.

Es war schon kurz nach Mitternacht, er goss sich gerade zum dritten Mal aus der großen Karaffe Wein nach, als sein Handy piepste. »ERINNERUNG«, stand auf dem Display, »9. September – 40. Geburtstag Cedi«.

Thesen war sofort klar, dass er seine Ex heute Nachmittag schwer gekränkt hatte. Natürlich ist das Fest morgen ihr Geburtstag, was sollte es auch sonst sein. Er suchte in der Adressliste seines Handys Cedis Nummer und drückte auf den blauen Hörer. Ein paar Sekunden später hörte er aber nur die automatische Ansage, dass sie nicht zu erreichen sei. Auch recht, dachte er, rufe ich sie morgen an, dann kann auch gleich Claude gratulieren. Noch vor ein, zwei Jahren hätte ihn sein Lapsus nervös gemacht, hätte er tagelang darüber nachgedacht, mit welcher Gemeinheit Cedi ihm seine Ignoranz zurückzahlen würde. Heute Abend dachte er keine Sekunde an so etwas. Gut, er hatte vergessen, dass sie heute vierzig wurde – Pech. Langsam, aber ohne abzusetzen, leerte er das Glas Rosé. Er wollte sich noch einmal nachschenken, doch der Wein war zu warm geworden. Er räumte die Karaffe und das Glas nach innen, holte sich eine Flasche Bier aus dem Kühlschrank und ging die paar Meter hinunter ans Meer. Er setzte sich ans Ufer, beobachtete das Licht des Mondes, das eine helle Straße auf das dunkle Wasser malte. Weit draußen kreuzte ein Fischerboot mit zwei Laternen an der Takelage. Fast schon kitschig schön, dachte er, trank einen großen Schluck aus der Flasche und legte sich auf den Rücken, um die Sterne zu beobachten. Sofort schlief er ein.

Es war noch dunkel, als er wieder erwachte. Sand knirschte zwischen seinen Zähnen, sein Rücken schmerzte wegen der unbequemen Lage. Im Schlaf hatte er sich gedreht, lag jetzt mit dem Kopf zum Wasser gewandt, die Beine auf der leicht abschüssigen Uferböschung über ihm. Thesen setzte sich mühsam auf, die Bierflasche neben ihm war umgefallen, der Rest der braunen Brühe über seine Hose gelaufen. Du liegst hier wie ein Penner, dachte er, auf geht's ins Bett. Er saß aber noch einige Minuten einfach so da, bis er sich aufraffen konnte. Ihm schwindelte etwas beim Aufstehen, aber nur kurz. Er überlegte, ob er noch duschen sollte, ging jedoch gleich zurück zum

Camper. Claude legte noch keinen großen Wert auf körperliche Frische und sonst war niemand da, den er nerven konnte. Thesen zog sich die Klamotten aus und warf sich nackt auf sein Bett.

Das Nächste, was er mitbekam, war Claude, der plötzlich in seiner winzigen Schlafkammer stand. »Papa, steh' endlich auf, es ist schon zehn Uhr, ich habe Hunger. Und mach' dein Fenster auf, hier drin stinkt es.« Thesen schreckte hoch, spürte die Hitze, die sich unter dem dünnen Plastikdach in der winzigen Schlafkammer schon wieder gesammelt hatte. Er war schweiß-gebadet, das Bett voller Sand, in seinem Mund schien eine Ratte zu verwesen. »Komme schon«, murmelte er. Er quälte sich mühsam aus dem Bett, schlüpfte in die nach Bier stinkende Strandbermuda und schickte Claude zum Supermarkt der Campinganlage. Er sollte Croissants kaufen und Cornichons, die extrem sauren, die in Deutschland nirgends zu finden waren. »Gurken zum Frühstück?«, fragte Claude. »Ja – und jetzt mach' schon, das Geld liegt auf der Ablage neben der Tür. Thesen putzte sich fünf Minuten lang die Zähne, sprang unter die Dusche, weil seine Haare in alle Richtungen abstanden, und so konnte er sich unmöglich auf der kleinen Terrasse seiner Plastikhütte mit dem schönen Namen »Romantic Chalet« zeigen. Der Strand war schon voll von Spätsommerurlaubern, sie saßen beim Frühstück also gleich auf dem Präsentierteller.

Thesen überlegte, ob Tee nicht besser für seinen Magen wäre, entschied sich aber für starken, französischen Kaffee. Nach der ersten Tasse ging es ihm besser, danach gab es Milchkaffee mit zwei Croissants und ein halbes Glas Gurken. Claude trank Früchtetee und mixte sich ein Müsli mit frischem Obst. Sehr vernünftig, dachte Thesen, von wem er das wohl hat. Von dir sicher nicht, von Cedi auch nicht, wahrscheinlich von Theresa. Er bemerkte, dass er gerade das erste Mal seit, vier Tagen an seine Freundin dachte. Sie hatten noch nicht einmal telefoniert, nur ab und zu eine SMS aus-getauscht.

Cedis Geburtstag fiel ihm wieder ein. Er holte sein Handy und drückte es Claude in die Hand. »Deine Mama hat heute Geburtstag, ruf' sie mal an.« Claude wählte die Nummer, aber es war wieder nur die automatische Ansage zu hören. »Was machen wir jetzt?«, fragte Thesen. »Wir versuchen es später noch einmal und ich male ein Bild, das ich ihr zu Hause gebe.« Claude schien nicht besonders beunruhigt zu sein, dass seine Mami an ihrem Geburtstag nicht zu erreichen war. Er sprang auf und rannte an den Strand. Das Loch wartete, sein Geschirr ließ er achtlos stehen. Hotel Daheim, dachte Thesen, aber das musste er akzeptieren. Von wem sein Sohn die Bequemlichkeit hatte, wusste er genau. Er war als Kind auch nicht anders gewesen.

Er räumte den Tisch ab, spülte von Hand, weil in der Hütte leider keine Spülmaschine stand. Danach suchte er seine Badehose und ein T-Shirt, zog die Sachen an, hängte sich einen wasserdichten Schraubzylinder um den Hals, der als Geldbeutel diente, wenn es feucht werden sollte. Und das war kaum zu vermeiden. Claude und er wollten heute noch mit einem Jetski durch die Bucht brettern. Das war versprochen und Thesen musste sich beeilen. Es war Wind aufgekommen, noch kräuselte sich das Wasser nur leicht, aber in einer, höchstens in zwei Stunden würden Wellen durch die Bucht tanzen, und den Ritt mit Tempo sechzig über Berg und Tal traute er sich dann nicht mehr zu, schon gar nicht mit Claude hintendrauf.

Thesen brauchte zwei Minuten und die Drohung, sonst gar nicht zu fahren, um Claude von seinem Projekt einer Erddurchbohrung mit Kinderschaufeln wegzulotsen. Das Loch war mittlerweile gut zwei Meter tief, andere Kinder wollten mitspielen, wurden aber von der kleinen Blonden energisch verscheucht. Die Aussicht auf eine halbe Stunde Jetski überzeugte Claude dann aber doch. Zusammen schlenderten sie am Strand entlang. Thesen ließ sich das flinke Wassermotorrad erklären, die beiden mussten spezielle Schwimmwesten anziehen, Thesen schluckte beim Lesen der Preistafel zweimal heftig, zahlte trotzdem brav hundertzwanzig Euro für dreißig Minuten, hatte das Geld aber schon nach dreißig Sekunden vergessen. Das Gerät war einfach großartig. Mit ungeheurer Geschwindigkeit schoss der Jetski über das noch fast unbewegte Wasser, Thesen legte das Maschinchen derart scharf in die erste Kurve, dass Claude beinahe abgeworfen worden wäre. Danach achtete er ein wenig aufs Tempo und darauf, dass sie immer außerhalb der gelben Bojenkette rasten, die die Schwimmzone markierte. Thesen nahm Kurs auf die großen Luxusjachten, die wie jeden Morgen etwa vierhundert Meter vor dem Ufer vor Anker gegangen waren. Er brauste auf einen blauen Pott zu, auf dem gerade ein Hubschrauber gelandet war. Sie umrundeten die »Big Blue« in einem weitem Kreis. Am Heck des etwa fünfzig Meter langen Schiffes hingen an Kränen aufgehängt ein Speedboot und daneben auch noch ein kleiner Segler. Thesen überlegte, dass er sich wohl nur das Schlauchboot würde leisten können, das mit einem Tau an dem Pott festgebunden war und hinterhergezogen wurde. Aber auch das Teil hatte einen 200-PS-Außenbordmotor, für den er vier Monate würde arbeiten müssen.

Thesen tauschte mit Claude die Plätze, der Kleine durfte fahren. Claude gab ganz sachte Gas, gemütlich tuckerten sie weg von der »Big Blue«. Ein paar Hundert Meter weiter lag die nächste Superjacht vor Anker, »Fahr' da mal drauf zu«, sagte Thesen. Claude gab ein kleines bisschen mehr Gas und nach ein paar Sekunden ließ er den Motor brüllen. »Hej, Großer, ein bisschen sachter«, brüllte Thesen in den Lärm, aber Claude raste jauchzend weiter, die weiße Jacht kam immer näher. »Fahr' eine Kurve«, schrie Thesen, aber Claude schien ihn nicht zu hören. Wie ein Torpedo schossen sie auf die Breitseite des Schiffs zu. »Kurve«, bellte Thesen und griff Claude über die Schulter, um an den Lenker zu kommen. In der gleichen Sekunde zog Claude, ohne die Hand von Gashebel zu nehmen, das rechte Lenkerende ruckartig zu sich. Der Jetski jaulte auf, legte sich fast quer ins Wasser und bremste dadurch scharf ab. Thesen und Claude wurden kopfüber aus dem Sattel geschleudert und klatschten hart aufs Wasser. Als sie prustend wieder auftauchten, dümpelte ihr Gefährt friedlich zwanzig Meter vor ihnen auf dem Wasser, die Zündung war beim Sturz automatisch unterbrochen worden. Die beiden trieben nur noch ein paar Meter vor dem gewaltigen Rumpf der »Blue Velvet«.

»Alles okay Rennfahrer?«, fragte Thesen. Claude nickte tapfer, Thesen sah aber, dass er sich gewaltig erschrocken hatte. »Zurück fährst du aber, ja?«, greinte Claude. Thesen schwamm zu dem Jetski, zog sich mühsam in den Sattel, steckte den Zündgeber wieder in die Dose und startete den Motor. Langsam tuckerte er zu Claude, der sich hinter ihm in den Sattel schwang.

»Claude, Johannes – was macht ihr denn hier?« Keine Frage, das war Cedis Stimme. Claude erkannte als Erster, woher die Stimme kam. »Schau, Papa, da oben auf dem Superteil da, da steht Mama.«

Thesen blicke nach oben und erkannte Cedi, die sich über die Reling beugte und hektisch winkte. »Herzlichen Glückwunsch zum Geburtstag«, brüllte Thesen und gleich danach auch Claude. »Wartet, ich bin gleich bei euch«, antwortete Cedi. Ihr Kopf verschwand. Eine Minute später öffnete sich langsam eine Falltür an der Seite der »Blue Velvet«. Als sie ausgefahren war, klappten drei Stufen bis zur Wasseroberfläche heraus. Thesen steuerte den Jetski langsam auf die Luke zu. Cedi war bis auf einen winzigen schwarzen Tanga und ein Ensemble goldener Reifen um das linke Handgelenk nackt. Thesen betrachtete ihre Narbe am Bauch, den Rest kannte er. Frank stand neben ihr und sah in seinen weißen Bermudas und dem blau-weiß gestreiften Poloshirt wie ein Matrose aus. Allerdings wie einer, der die meiste Zeit unter Deck Dienst schieben muss. Ganz schön blass, der Kerl, dachte Thesen, wahrscheinlich hat er gerade die Rechnung bekommen.

»Stell' dir vor, das hat mir Frank zum Geburtstag geschenkt«, jubelte Cedi und beschrieb mit ihrer Hand einen großen Kreis. »Ein ganzer Tag auf dem Pott hier, mit allem Pipapo. Kommt an Bord, ich lade euch ein.«

Thesen spürte sofort, dass Claude Feuer und Flamme war. So ein Kahn war auch was anderes als ein Loch am Strand oder ein bisschen Jetski fahren.

Von einem Tag an Bord einer Superjacht konnte Claude noch in zwanzig Jahren erzählen.

»Pass auf«, antwortete Thesen, »Claude kommt auf ein Stück Geburtstagskuchen zu euch an Bord und ihr könnt ihn dann ja nachher mit dem Beiboot wieder an den Strand bringen. Wir wohnen gleich dort, Claude weiß genau, wo. Ich muss den Jetski zurückbringen, aber danke für die Einladung.«

Thesen meinte Erleichterung in Franks Gesicht zu erkennen, Cedi nickte nur. Thesen drehte dicht bei, Claude sprang auf die Leiter und kletterte die drei Stufen hoch, Thesen zog den Gashebel ganz zu sich heran und schoss zurück. »Kleines, stolzes Arschloch«, dachte Cedi, war aber nicht wütend auf ihren Ex. Dass es Frank vielleicht nicht recht gewesen wäre, Thesen auch noch an Bord zu haben – daran dachte sie keine Sekunde.

Fünf Minuten später und zwei Minuten über der bezahlten Zeit sprang Thesen am Ufer aus dem Sattel. Aber das war nicht das Problem, es dauerte lange, bis er dem Verleiher in holprigem Französisch erklärt hatte, dass der kleine Junge von vorhin nicht ertrunken, entführt oder an Sklavenhändler verkauft worden war, sondern an Bord der »Blue Velvet« mit seiner Mutter Geburtstag feierte. Erst Thesens Vorschlag, das Boot anzufunken und nachzufragen, ob vor einer halben Stunde ein kleiner Junge von einem Jetski auf das Boot umgestiegen sei, besänftigte den aufgebrachten Mann. Thesen war genervt, fand das Verhalten des Burschen mit der speckigen Mütze aber korrekt. Besser so einen, als die Leute, die immer bei allem nur wegsehen, dachte er.

Thesen ging zurück zum Camper, klappte den Liegestuhl auf und legte sich auf den Bauch. Endlich Zeit, sich mal wieder in sein Buch zu vertiefen. Er las seit fast vier Monaten »Ein ganzer Kerl« von Tom Wolfe. Neunhunderteinundzwanzig Seiten, aber da er abends maximal fünf Seiten schaffte, dauerte es eben. Vielleicht habe ich jetzt mal Ruhe, dachte er. Er schlief tatsächlich nicht ein. Aber nach nicht einmal zwei Stunden stand Claude plötzlich neben ihm. Das Loch hatte gesiegt, Claude und sein Vater winkten dem Matrosen zu, der auf einem kleinen Schlauchboot zehn Meter vor dem Ufer auf ein Signal wartete. Als der das Winken sah, drehte das Boot ab.

»Was ist los, schon wieder zurück, war es nicht toll?«, fragte Thesen. »Doch«, antwortete Claude, aber das Essen war doof, nur so kleine Sachen und auch noch Fisch. Das Eis schmeckte nach Alkohol und zum Tauchen durfte ich nicht mit. Außerdem ist unser Loch am Strand noch nicht fertig.« Claude schnappte sich die Schaufel und rannte zu seinen Freunden.

Der nächste Morgen machte den beiden den Abschied von der Côte d'Azur leicht. Ein heftiger Südwestwind war in der Nacht aufgekommen, das

Wasser in der friedlichen Bucht von Pampelonne brodelte. Wellen bis zu einem Meter Höhe rollten donnernd auf den Strand, brachen sich zu einer knisternden weißbraunen Gischt, die wie eine Zunge den Sand wegzuschlecken schien. Dort, wo das Wasser schließlich vollends im Sand versickerte, hatte sich ein stinkender Streifen aus Seegras, toten Quallen und allerlei Müll aufgehäuft, in dem Möwen nach Futter wühlten. Kein Mensch lag mehr am Strand, obwohl es immer noch warm war. Die Sonne erschien aber nur als milchige, unscharfe Scheibe hinter einer dünnen, grauen Wolkenschicht. Die Strandwächter hatten schon am frühen Morgen die roten Fahnen gehisst und patrouillierten mit ihren vierrädrigen Quads die Bucht auf und ab – Badeverbot. Nur ein paar kühne Surfer flitzen weit vom Ufer entfernt durch die tobende See. Dort draußen waren die Wellen so hoch, dass oft nur noch die Spitze des Segels zu sehen war, wenn das Brett in einem Wellental verschwand. Thesen bewunderte den Mut der Segler, obwohl er wusste, dass ihr Risiko nicht so besonders groß war – zumindest dann nicht, wenn sie ihr Brett beherrschten. Der Wind blies gerade von der See Richtung Land, wenn einen der Kerle in dem aufgewühlten Meer die Kraft verließ, musste er sich nur auf sein Brett setzen und warten, bis ihn Wind und Strömung irgendwo an Land spuckten. Der Wind frischte noch stärker auf, fetzte das Wasser von den Wellenkämmen zu langen, silbrigen Fahnen. Mindestens Stärke sieben, schätzte Thesen. Er fragte sich, ob Cedi immer noch an Bord der »Blue Velvet« war und irgendwo auf hoher See kotzend über der Reling hing. Aber das war unwahrscheinlich, die großen Boote waren gestern Abend alle wieder aus der Badebucht verschwunden und würden sicher im alten Hafen von St. Tropez liegen. Und dort gab es keine Wellen, nicht einmal beim größten Sturm.

Das Auto war gepackt, der Schlüssel der Hütte abgegeben, Thesen drängte auf Aufbruch, er wollte nicht zu spät zurück in Deutschland sein. Morgen früh musste er wieder fit in der Klinik stehen – und zwar schon um kurz vor sieben Uhr zur Besprechung. Claude bestand aber noch darauf, seinen Vater in seinem Grubenprojekt zu fotografieren. Thesen wurde nervös, er konnte es auf den Tod nicht leiden, wenn er gebremst wurde, wenn er sich einmal zu etwas entschlossen hatte. Aber Claude zuliebe kletterte er in das mittlerweile zweieinhalb Meter tiefe Loch. Claude fotografierte ihn mindestens achtmal, dann erst durfte sein Vater mühsam wieder rausklettern. Der Wind blies ihm Sand in die Augen, zwischen seinen Zähnen knirschte es. »Jetzt aber fix«, sagte er, als plötzlich eines der Quads der Strandwächter neben ihm stoppte. Der Rettungsschwimmer deutete auf das Loch und redete unaufhörlich auf Thesen ein. Der Sturm heulte laut und Thesen sprach auch nicht besonders gut Französisch, ihm war aber sofort klar, dass dieser Graben selbst für liberale Franzosen zu tief und zu gefährlich war und dass er ihn zuschütten sollte. Und zwar sofort. Die Miene des Strandwächters lies keinen Zweifel – er war dran.

Ärger stieg in ihm auf, vor ihm lagen fast vierzehnhundert Kilometer und er hatte keine Lust, jetzt noch zwei Stunden Sand zu schippen. Aber es half nichts. Thesen befahl Claude, seine Freunde zusammenzutrommeln, fünf Minuten später schippte er mit vier Jungen Sand in die Grube. Die kleine Blonde war schon gestern Abend mit ihren Eltern abgereist. Der Strandwächter lümmelte sich auf den Sattel seines Quads, man konnte nur ahnen, wo er hinter seiner dicken, schwarzen Sonnenbrille seine Augen hatte. Vielleicht schlief er auch.

Als das Loch fast verschwunden war, der Strand nur noch eine leichte Delle zeigte, in der sich kein Mensch mehr verletzten konnte, steckte Thesen die Schippe in den Sand, rief Claude und ging mit ihm zum Auto. Plötzlich spürte er eine Hand auf seiner Schulter. Er fuhr herum, vor ihm stand der Strandwächter, deutete auf den Strand und malte mit seiner flachen Hand eine gerade Linie in die Luft. Das sollte wohl heißen, dass Thesen den Strand auch noch einebnen sollte. Wahnsinn, dachte er, jeden Morgen fährt hier ein Traktor mit einer Sandegge über den Strand, um genau diese Unebenheiten wegzubügeln. Er sah in das gebräunte Gesicht des Strandjünglings und auf einmal stieg ein heißer Zorn in ihm auf, ohne jede Vorwarnung. »Hör zu, du Arschloch«, zischte er, »jetzt ist gut. Ich setz' mich jetzt in mein Auto und fahre nach Hause. Und wenn du mich noch einmal anfasst, haue ich dir so eine rein, dass du gewaltige Beulen in deinem hübschen Gesicht hast.«

Der Rettungsmann hatte zwar kein einziges Wort verstanden, aber dass er bedroht wurde, war ihm sofort klar. Einige Sekunden standen die beiden Männer angespannt voreinander, Thesen fixierte sein Gegenüber und ballte die Fäuste, er war so zornig, dass er sich schlagen würde, dass war sicher. Das Adrenalin rauschte in seinen Ohren. Offenbar erkannte das auch der Wachmann, der plötzlich drei sicher sehr unfreundliche Wort zischte, sich umdrehte und zurück zu seinem Quad ging. Bevor er davonbrauste, fuchtelte er noch mit seinem gereckten Mittelfinger in Thesens Richtung. »Komm jetzt, wir fahren«, sagte Thesen schwer atmend zu Claude. Jetzt erst bemerkte er, dass sein Sohn weinte. Was bist du nur für ein Idiot, dachte er, führst dich vor Claude auf wie ein Kneipenschläger übelster Sorte.

Die nächsten zwei Stunden fuhren sie schweigend Richtung Heimat. Claude fragte nicht: »Wie lange noch?«, was er sonst schon nach einer Viertelstunde tat, er schlief aber auch nicht. Sie rollten mittlerweile auf der Autostrada zwischen San Remo und Genua, das Wetter hatte sich in Ligurien beruhigt, das Auto wurde auf den vielen Galerien nicht mehr von einem böigen Wind gebeutelt, in neun Stunden würden sie zu Hause sein. Kurz vor Savona musste Thesen in einem Tunnel hart bremsen, weil ein Lastwagen, ohne zu blinken, plötzlich auf die linke Spur zog. Nur mit Mühe hielt er das Auto in der Spur, die Situation war gerade wieder klar und sicher, als ihm flau wurde im Magen. Sein Herz schlug wie wild im Hals, sein ganzer Körper kribbelte. Er beugte sich leicht nach vorn, zwang sich, ruhig zu atmen, aber das Kribbeln ließ nicht nach. Er fürchtete, jeden Moment ohnmächtig zu werden. Panik stieg in ihm auf. Er wechselte auf die rechte Spur, hoffte, dass bald ein Parkplatz kommen würde. Ein paar Minuten später spürte er, wie das Kribbeln langsam nach unten abfloss, nur seine Fußsohlen schienen noch zu glühen, außerdem hatte er das Gefühl, dass sein Kopf in einem Schraubstock steckte, aber die Angst, ohnmächtig zu werden, war weg. Sobald ich zu Hause bin, lasse ich mir einen Termin bei Seiffert geben, dachte er, dieses Mal ganz sicher. Irgendwas stimmt nicht mit mir. Vier Stunden später, beim Anstieg zum San-Bernadino-Pass in der Schweiz, hatte er alles wieder vergessen. Wahrscheinlich ist es der Entzug, dachte er. Thesen sehnte sich nach einer Tablette, nur einer.

Ritchie

Theresa war froh, kurz der Hektik entfliehen zu können. Im Wohnzimmer tobte wieder einmal der ganz normale Wahnsinn, wie fast immer, wenn die WG Küpper/Thesen einen Kurzausflug plante. Vor zwei Tagen war es warm geworden, der Mai 2003 auf dem Weg zu einem meteorologischen Rekordmonat, das hatte zumindest Lokalchef Weber gestern in der Redaktionskonferenz behauptet und Theresa beauftragt, am Wochenende ein großes, buntes Stück über den Frühsommer in der Stadt für die Montagsausgabe zu schreiben. Theresa mochte diese Jobs nicht besonders, sie schrieb lieber über lokale Politik oder gesellschaftliche Themen, aber die Aussicht auf hundertvierzig Zeilen und drei Bilder, die sie auch selbst machen sollte, also auf gut zweihundertfünfzig Euro Honorar, waren Motivation genug. Außerdem konnte sie es sich als freie Mitarbeiterin nicht oft leisten, Nein zu sagen. Freie Journalisten gab es immer mehr, und nachdem jetzt schon renommierte Blätter wie die »F.A.Z.« Stellen abbauten, würde der Markt eher noch enger werden. Sie hatte also zugesagt.

Heute Vormittag wollten sie zum Baggersee radeln und abends, wenn die Kinder im Bett waren, hatte sie geplant, mit Thesen einen Zug durch die neuesten Gartenkneipen zu starten. Das müsste reichen für eine runde Geschichte. Am Baggersee waren sie schon lange nicht mehr gewesen, vor drei Jahren vielleicht. Johannes würde heute nach fast acht Jahren zum ersten Mal wieder an den Badesee radeln. Seit ihrem ersten Treffen im Sommer 1995 war er nicht ein einziges Mal mehr da gewesen. Er mag die Pfütze nicht, dachte Theresa, er ist damals nur wegen dir gekommen und heute fährt er auch nur mit, weil du ihn darum gebeten hast. Er war ein schlechter Schauspieler, sein Gesichtsausdruck vorhin beim Frühstück, als sie ihm das Programm für heute vorschlug, war eindeutig gewesen, obwohl er pflichtschuldigst »Ja gerne, ich freue mich« gesagt hatte. Paul dagegen war sofort in trotzige Opposition gegangen. Er würde auf keinen Fall mitfahren, was Theresa ihrem Sohn aber nicht übel nahm. In knapp zwei Wochen würde Paul vierzehn Jahre alt werden, in dem Alter hatten pubertierende Kerle anderes vor, als mit den Alten eine Radtour zu machen und vielleicht noch Würstchen zu grillen. Paul hatte sich aber bereit erklärt, sich bis zum Abend um Hrubesch zu kümmern. Der Hund war einfach zu alt und zu schwach auf seinen Beinchen, um acht Kilometer neben den Rädern herzulaufen. Noch im vergangenen Sommer war Hrubesch jeder läufigen Hündin nachgerannt, jetzt lag er fast den ganzen Tag auf seiner Decke, manchmal so ruhig, dass Theresa dachte, er sei tot.

Claude würde bei dem Ausflug auch nicht dabei sein, er war dieses Wochenende mit seiner Mutter im Disneyland Paris. Frank war nicht mitgefahren, Cedi hatte Thesen neulich erzählt, dass er seine Therapie vor einigen Monaten, kurz vor Weihnachten, abgebrochen hatte. Es hatte nicht funktioniert, das Virus war immer noch nachweisbar. Frank sollte es zwar körperlich nicht schlecht gehen, aber er kam doch öfter ins Grübeln. Theresa konnte das verstehen, es war etwas anderes, sich mit einer Krankheit, die man im Alltag nicht einmal spürte, zu arrangieren, wenn man in dem Bewusstsein lebte, im Notfall eine Therapie machen zu können. War dieser Anker weg, wurde die Bedrohung größer, mächtiger, dunkler. Die ständige Möglichkeit eines grässlichen Siechtums drückte aufs Gemüt – und schadete einer Beziehung. Cedi kann grämliche Typen nicht lange aushalten, hatte Thesen ihr neulich erklärt. Theresa hatte sich gefragt, ob er ihr damit irgendetwas andeuten wollte, aber nichts gesagt. Nein, das konnte sie sich nun wirklich nicht vorstellen, dass Cedi sich noch einmal ernsthaft für Thesen interessieren könnte. Sie rief in letzter Zeit zwar öfter an, was aber eher daran lag, dass Claude in der Schule ein paar kleine Probleme hatte. Im Moment war Mercedes Römer noch mit Frank zusammen, zumindest wusste Theresa nichts anderes. Frank war nur nicht dabei in Disneyland, was Theresa gut verstehen konnte. Sie hasste Rummelplätze und in Karussells wurde ihr regelmäßig schlecht.

Es würde also nur Tine mitfahren an den See. Aber auch die hatte beim Frühstück gemeutert. Nur sie, als einziges Kind mit den beiden Alten, das war ihr zu langweilig, zu uncool, wie sie mäkelte. Nach acht Telefonaten hatte Tine schließlich ihre Freundin Samira überreden können, mitzukommen. Samira hatte zwar einen außergewöhnlichen, und dafür, dass sie mit Nachnamen Schröcklein hieß, einen ganz grauenhaften Namen, aber leider kein Fahrrad. Ein hübscher Grund für Theresa, sich kurz aus dem Chaos zu stehlen und im Keller nachzusehen, ob bei Pauls altem Rad noch genug Luft in den Reifen war, um Samira Schröcklein auszuhalten. Die Reifen an Pauls 24-Zoll-Kinderrad waren tatsächlich auch nach zwei Jahren noch prall gefüllt, aber vorne am Lenker hatte sich der Bremsgriff gelockert. Theresa suchte nach einem passenden Schraubenschlüssel an ihrem Radkombiwerkzeug, fand auch einen, brauchte aber noch eine Zange zum kontern auf der anderen Seite der Befestigungsschelle. Ihr Blick fiel auf Thesens Werkzeugkoffer, der im hintersten Eck neben dem Schuhregal auf dem Boden stand. Johannes hat bestimmt eine Zange, dachte sie und kämpfte sich um den eingelagerten Grill und zwei ausrangierte Dreiräder herum zu dem blauen Metallkasten.

»Was willst du da, lass das!«

Theresa zuckte zusammen, kreischte vor Schreck schrill auf.

»Mein Gott, Johannes, hast du mich erschreckt. Was ist denn los, ich suche doch nur eine Zange.«

Theresa drehte sich um, Thesen stand keine zwei Meter hinter ihr und fuchtelte mit der rechten Hand in ihre Richtung. »Ich hole dir eine, du weißt, dass ich es nicht mag, wenn man an mein Werkzeug geht.«

Ich bin nicht »man«, dachte Theresa, sagte aber nichts, auch weil sie immer noch zitterte vor Schreck. Thesen bahnte sich einen Weg an ihr vorbei, öffnete eine Klappe der Werkzeugkiste und holte eine silberne Flaschnerzange heraus. Gemeinsam zogen sie die Bremsschelle fest, wobei Thesen die Zange nicht aus der Hand legte. Danach brachte er das Werkzeug zu der blauen Kiste zurück, verschloss sie sorgfältig, drehte sich zu Theresa um und wartete. Wahrscheinlich hat er hier irgendwo etwas versteckt, was ich nicht sehen soll, dachte Theresa und ging Richtung Treppe, vielleicht ein Geschenk für dich, oder ein paar alte Pornokassetten aus seiner Jugendzeit, am ehesten aber die Fotoalben seiner alten Familie. Dass in der Kiste Thesens Vorrat an Diazepam gelagert war, daran dachte sie keine einzige Sekunde. Für sie war ihr Partner schon seit Jahren sauber.

Theresa wurde ärgerlich. Es war wieder so ein Moment, in dem sie sich in diesem Haus am Mühlenweg plötzlich wieder fremd fühlte, obwohl sie nun schon acht Jahre hier wohnte. Aber es gab immer noch unerlaubte Ecken, alte Geschichten, Erinnerungen, von denen sie sich ausgeschlossen fühlte. Gerade dieses Getue um die alten Fotoalben ging ihr doch auf die Nerven. Noch nie hatte sie ein Bild der alten Familie gesehen, Thesen hatte alle Alben, die Schuhkartons mit unsortierten Fotos und die Videokassetten in einen Umzugskarton gesteckt und irgendwo im Keller deponiert. Sie hatte den Karton einmal gesehen, er war mit einem uralten, vergilbten Isolierband zugeklebt. Thesen hätte es bemerkt, wenn sie heimlich die Bilder angeschaut hätte. Diese Verschlossenheit, diese seltsamen kleinen Geheimnisse taten ihr weh. Sie waren ein Team, das Patchwork stabil, aber sie lebte mit einem gebrauchten Mann, der wie sie Wunden in der Seele hatte. In Situationen wie dieser, ging ihr das wieder durch den Kopf. Wahrscheinlich hatte sie auch deshalb nie über eine Ehe gesprochen. Sie nicht, und er auch nicht.

Manchmal, vor ein paar Jahren noch, hatte sie fast darauf gewartet, dass er ihr einen Antrag machen würde. Eine Zeit lang empfand sie seine völlige Unverbindlichkeit, was die Zukunft anging, fast schon wie eine Beleidigung. Mittlerweile war es okay für sie. Theresa ahnte, dass sie nicht alles über Thesen wusste, aber auch sie hatte ihre geheime Welt. Der hemmungslose Fick mit Atze Müller bei der Pressereise vor zwei Jahren war nicht ihr einziges erotisches Abenteuer geblieben. Und sie würde es wieder tun, wenn sich die Chance dazu ergab. Aber immer nur heimlich. Für einen Flirt würde sie ihre chaotische Patchworkfamilie nicht aufgeben, niemals. Zumal es mit Johannes im Bett auch wieder besser lief. Sie schafften es auch nach so langer Zeit noch, Neues auszuprobieren, was ziemlich selten war, wenn man den gängigen Zeitgeist-Zeitschriften glauben durfte, die Theresa in der Redaktion las. Aber sie nahm sich trotzdem gelegentlich einen fremden Kerl, als besonderen Kick, als kleine Flucht aus dem Alltag und manchmal auch als Entschädigung dafür, dass im Mühlenweg auch längst nicht alles so lief, wie sie es sich vorstellte – so wie gerade im Keller.

Thesen wartete, bis er hörte, wie Theresa oben die Kellertür zuzog, dann hastete er zurück zum Werkzeugkoffer, holte die Pillenschachteln – es waren mittlerweile drei, sortiert nach Stärke – aus der Ablage, die eigentlich für Schrauben und Muttern vorgesehen war, stopfte die Pappkartons in eine Plastiktüte und verstaute das Ganze im Karton mit dem Christbaumschmuck. Dort würde eine weitere Tüte nicht auffallen und vor Ende November käme sowieso niemand auf die Idee, an den Karton zu gehen. Bis dahin wäre er eh schon lange wieder sauber.

Ich war im vergangenen Sommer schließlich auf einem guten Weg, dachte er, aber die seltsamen Anfälle, das Rumpeln und Stolpern in seiner Brust, wurden nach seiner Rückkehr aus St. Tropez nicht besser. Internist Seiffert hatte ihn noch einmal von oben bis unten durchgecheckt und stand am Ende mit einer Überweisung zum Psychologen in der Hand vor ihm. Seiffert konnte beim besten Willen nichts Auffälliges finden. Damals entschloss sich Thesen, sich wieder selbst psychologisch-chemisch zu behandeln. Zunächst mit Erfolg, Ende Oktober erlebte er aber die heftigste Attacke seines Lebens und kam erst im Krankenhaus wieder richtig zu sich, als sich sein alter Handballkumpel Fabio Signori über ihn beugte. Auch in der Klinik durchlief Thesen alle Segnungen der modernen Diagnostik. Am Ende stand der Befund, dass man wohl die Hälfte aller Arztpraxen im Land schließen müsste, wären alle Menschen so fit wie er. Selbst sein Blutdruck stabilisierte sich schnell wieder. Fast jedenfalls. Professor Rösselt riet ihm zum Abschied zu Yoga, zu Tiefenentspannung nach Jacobsen und zu einem dreiwöchigen

Wellnessurlaub. Am besten alles zusammen, und wenn das alles auch nichts hülfe, bliebe immer noch die Psychoanalyse. Rösselt schrieb eine Rechnung, für die er sich ebenfalls drei Wochen in einem Fünfsternehotel würde gönnen können, und Thesen war so schlau wie vorher.

Nach der Entlassung aus der Klinik hatte Thesen noch eine Woche Urlaub gemacht. Er vertrieb sich die Zeit mit langen, gemütlichen Radausfahrten durch den herbstlichen Wald, saß nachmittags dick eingemummelt auf der Terrasse und las. Abends ging er früh ins Bett oder besuchte eine nagelneue Saunalandschaft, die Attraktion des einzigen Fünfsternehotels in der Stadt. Einmal lief ihm dabei Anja über den Weg, es war ein bisschen peinlich, weil sie beide nackt waren, und nach fünfzehn Sekunden Smalltalk ging jeder schnell in eine andere Richtung. Thesen war sich sicher, dass sie ihre Brust noch einmal vergrößern lassen hatte. Er konnte sich jedenfalls nicht daran erinnern, dass sie so gewaltig gebaut war.

Seit seiner Entlassung aus der Klinik fühlte er sich stabil, ruhig und gefasst. Er wusste, dass es für seine Attacken keine organischen Ursachen gab. Das machte sie zwar nicht angenehmer, aber er lernte langsam, mit ihnen umzugehen, die »Missempfindungen«, wie Rössler sagte, einfach hinzunehmen. Und damit das ein wenig einfacher war, nahm er abends zum Schlafen fünf Milligramm Diazepam und morgens die Hälfte. Wenn er am OP-Tisch stand, konnte es auch noch einmal die Abendration extra obendrauf sein. Tranquilizer machten ihn nicht müde, nur ruhig. Spätestens in zwei Monaten wollte er ganz damit aufhören. Thesen wusste aber auch, dass er sich der üblichen Ausflüchte von Süchtigen bediente, ihm war bewusst, dass er den Abschied von den Pillen nur deswegen vor sich herschob, weil er Angst davor hatte. Angst davor, den Alltag nicht zu schaffen, aber noch viel mehr davor, dass die unheimlichen Attacken in alter Heftigkeit zurückkehren könnten. Er hatte jetzt schon lange Ruhe, nur ab und zu meinte er, ein Zucken in seiner Brust zu spüren, aber nur ganz leicht und ohne dass sein Puls zu rasen begann wie früher und er dieses Gefühl hatte, nach vorne zu fallen und nie wieder aufzustehen.

Thesen ging nach oben. Im Wohnzimmer spielte Tine mit Samira, Paul fläzte auf der Couch und blätterte in einer Musikzeitschrift für Jugendliche, die nur aus Minitexten und unendlich vielen Bildern bestand. Theresa kam von oben die Treppe herunter, sie hatte bereits die Radklamotten an, ihre Haare zu einem Pferdeschwanz gebunden und die Handschuhe übergezogen. Seit sie nicht mehr so viel trainierte wie früher, war sie für Thesen noch attraktiver geworden. Theresa wog vielleicht zwei Kilo mehr als damals, als sie sich bei der Fahrt Trondheim–Oslo zum ersten Mal begegnet waren.

Sie war nie der Typ der ausgezehrten, dünnhäutigen Ausdauersportlerin gewesen, aber jetzt, mit siebenunddreißig, sah sie besser aus denn je. Thesen beobachtete, wie unter dem engen Radtrikot ihre Brustwarzen gegen den engen Stoff drückten. Plötzlich wollte er gar nicht mehr Rad fahren – nicht gleich wenigstens.

»Hallo, Doktorchen, was guckst du so? Wann können wir endlich los?«, fragte sie und lachte. Theresa kannte seinen Blick – aber nicht jetzt. Sie fühlte sich immer ein wenig gehemmt, wenn fremde Kinder im Haus waren und sie sich im Schlafzimmer vergnügten. Sie behielt dabei immer die Tür im Auge und konnte sich nicht so entspannen, wie sie wollte.

Thesen seufzte. »Fünf Minuten, ich muss mich nur noch umziehen.« Er stürmte die Treppe nach oben, zwei Stufen auf einmal. Sie hatte schon recht, auch er hatte es eilig, es war schließlich sein erstes freies Wochenende seit sechs Wochen. Ende März war Nidernbühl zwei Wochen in Skiurlaub gewesen und seither war in der Klinik die Hölle los. Sie operierten die letzten Wintersportopfer aus den Alpen, die sich meist ihre Knie oder Daumen verletzt hatten, und die ersten Inline-Unfälle der jungen Frühjahrssaison im Akkord.

Es waren nur gut acht Kilometer zum See. Thesen fuhr langsam voraus. Er kam sich ein bisschen albern vor, mit einer renntauglichen Straßenmaschine mit Klickpedalen und speziellen Radschuhen mit Tempo fünfzehn über einen Radweg zu zuckeln, im Schlepptau zwei zehnjährige Mädchen, die keine Ahnung vom sportiven Radfahren hatten und denen das auch egal war. Theresa saß auf einem ganz normalen Tourenrad. Thesen hatte so etwas nicht, dafür trugen seine drei Frauen vernünftigerweise Helme. Er trug immer noch keinen, auch mit zweiundvierzig Jahren hatte bei ihm immer noch nicht die Einsicht gegriffen, dass es besser war, mit einem Schutz zu fahren. Ihn grauste immer noch vor seinem eigenen Anblick mit dem umgedrehten Suppentopf auf dem Schädel. Thesen war extrem eitel, das wusste er, und das wurde auch mit zweiundvierzig Jahren nicht besser. Und in manchen Dingen konnte der Mediziner borniert sein wie ein Affe und stur wie ein Esel. Der gleiche Mann, der sich so oft über Patienten ärgerte, die sich durch zu viel Risikobereitschaft verletzt hatten, riskierte aus optischen Gründen sein Leben. Ein typischer Mann eben, wie Theresa sagte. Aber heute hatte es keine Diskussion gegeben, der Helm, den er seit Trondheim–Oslo besaß, blieb unwidersprochen im Keller. Auch Theresa wusste, dass bei der Schleichfahrt zum Baggersee kaum ein Risiko lauerte. Sie trug trotzdem ihren Helm, als Vorbild für Tine.

Die Fahrt über den Radweg war eine Art Prozession. Die ganze Stadt schien unterwegs zu sein. Schon jetzt, am Vormittag, zeigte das Thermometer fast 24 °C. Am See fanden sie gerade noch einen freien Baum, an dem sie ihre Fahrräder anketten konnten. Auf der Wiese wuselte es, überall lagen Handtücher, nur im See war keiner. Er war noch zu viel zu kalt, trotz der Hitze seit drei Tagen. Dafür ist aber das Wasser viel klarer als damals, dachte Thesen.

Sie fanden einen Platz im Schatten einer alten Eiche, die solo am Rand der großen Wiese stand. Thesen bemerkte erfreut, dass die Strandbude schon geöffnet hatte. Er würde also kein nasses Holz suchen müssen, um ein schlecht brennendes Feuer zu machen, an dem dann geschmacklose Dosenwürstchen zu schwarzen Stangen verbrannten. Er würde nachher den Kindern Pommes spendieren und sich ein Weizenbier gönnen und dazu ein, zwei Zigarettchen. Tine und Samira hatten Freundinnen getroffen, verschwanden mit Federballschlägern bewaffnet Richtung Spielwiese. Theresa hatte sich schon auf das Strandtuch gestreckt, Thesen legte seinen Kopf auf ihre Brust. Er spürte ihren gleichmäßigen, kräftigen Herzschlag und sah sich aus der Bodenperspektive das Treiben auf der Wiese an. Es würde ihm ewig ein Rätsel bleiben, was so viele Menschen bewog, an einen Ort wie diesen zu kommen, nur weil die Sonne schien. Er würde jetzt lieber im Sattel seines Rades zwei, drei Stunden fahren und sich dann in einer Gartenwirtschaft zwei Bierchen gönnen. Thesen schob seine Hand zwischen Handtuch und Theresas Rücken, kämpfte sich unter den Stoff ihres Badeanzugs und griff ihr an den Hintern. Niemand konnte es sehen. Er spürte, wie sich Theresas Puls beschleunigte. »Hör auf«, flüsterte sie, »ich bin beruflich hier.« Gleichzeitig drehte sie sich geschickt ein bisschen zur Seite, sodass seine Hand ungestört weiterwandern konnte.

Thesen beobachtete eine Familie, die sich gerade ihren Platz auf der Wiese erkämpft hatte. Die Kinder sahen sich ähnlich, wahrscheinlich leibliche Geschwister, wahrscheinlich eine Familie, die er immer mit dem Wort »normal« bezeichnete, was Theresa reflexartig auf die Palme brachte. In letzter Zeit war das aber weniger geworden, die Zeit flog einfach zu schnell, um Idealbildern lange nachzutrauern, die von der Wand gefallen sind und in Scherben daliegen. Thesen erinnerte sich an St. Tropez, an das fast schon quälende Treffen mit Cedi. Seine Einstellung zu Patchwork würde sich zwar nie ändern, er würde wohl bis an sein Ende diese Form des Lebens nur als Kompromiss anerkennen können, entstanden auf den Ruinen einer Idealvorstellung. Aber es ging ihm wieder gut, vielleicht sogar besser als jemals zuvor. Er hatte gelernt, dass es vor allem darauf ankam, was man aus seiner Elternrolle machte und dass man sich nicht allzu lange Zeit damit lassen durfte. Ein paar Jahre nur, dann würden die Freunde wichtiger als die Alten. Thesen war sich sicher, dass Claude in zwanzig Jahren nicht von einer verpfuschten Kindheit reden würde, und auch Tine und Paul genossen das Leben im neuen Verbund mehr als das Leben zuvor – daran glaubte er, trotz aller Probleme, trotz aller Kriege um Nichtigkeiten, trotz aller Benachteiligungsfantasien, die das Leben im Mühlenweg stundenweise zur Hölle werden ließen. Nein, es funktionierte leidlich, so wie es eben funktionieren konnte, wenn fünf Leute unter einem Dach leben. Thesen spürte, wie Theresa leicht zuckte. Sie war eingeschlafen. Er sog den Duft ihrer Haut ein, gleich würde auch er wegdämmern.

Er war schon lange nicht mehr so entspannt gewesen, schon gar nicht an einem Ort, den er eigentlich gar nicht mochte. Sein Handy riss ihn unsanft aus der Träumerei. Thesen stand vorsichtig auf, Theresa schien nichts zu merken. Er nestelte den kleinen Quälgeist aus der Gürteltasche. Seit er Juniorpartner der Klinik war, musste er ständig erreichbar sein, das stand in seinem Vertrag. Wie er vermutet hatte, versuchte Nidernbühl ihn zu erreichen.

»Hallo, Partner, entschuldige, dass ich dich an deinem freien Tag stören muss, aber du solltest kurz in die Klinik kommen. Ein Freund von mir hat sich böse beim Tennis das Knie verdreht, das sollte sich wirklich mein bester Mann ansehen.«

Thesen seufzte, »sollte« hieß bei Nidernbühl »muss«. Thesen sagte, dass er in einer halben Stunde da sein werde. Er weckte Theresa sanft. Sie war nicht begeistert, mit den Kindern alleine zu bleiben, aber auch sie wusste, dass der Wunsch des Chefs Befehl war.

»Ich melde mich, wenn ich weiß, wie lange es dauert«, sagte Thesen und schwang sich in den Sattel. Der Radweg war nicht mehr so überfüllt wie vor einer Stunde. Die Prozession aus der Stadt hinaus an den See war abgeschlossen und der Rückverkehr hatte noch nicht eingesetzt. Thesen schaltete auf das große Blatt und trat kräftig in die Pedale. Er spürte, dass er gut in Form war, der große Gang ließ sich leicht bewegen, mit Tempo dreißig ging es Richtung Klinik. Trotz der vielen Arbeit hatte er dieses Jahr darauf geachtet, regelmäßig zu trainieren. Die Saison war noch jung und er hatte schon knapp zweitausend Kilometer auf seinem Tacho. Er brauchte ein bisschen mehr als eine halbe Stunde für die siebzehn Kilometer bis zur Klinik. Er nahm sein Rad mit in die Vorhalle, die am Samstag verwaist war, und lehnte es an den Empfangstresen. Er würde sich jetzt nicht lange umziehen, nur kurz die Radschuhe gegen seine Kliniklatschen tauschen. Wenn es schon so wichtig war, musste Nidernbühls Kumpel ihn so empfangen.

Die beiden erwarteten ihn schon im großen Untersuchungszimmer. Nidernbühls Bekannter entpuppte sich als Mann Ende fünfzig in verschwitzten Tennisklamotten. Thesen nickte Nidernbühl zu, stellte sich dem Patienten kurz vor, ohne seine Kleidung zu erklären, und warf einen Blick auf das linke Knie. Sofort stieg Ärger in ihm auf. Das Gelenk war dick angeschwollen, der Tennisspieler hatte offenbar starke Schmerzen, er lag auf einer Pritsche, eine Rolle unter dem Kniegelenk, dass er weder ganz durchstrecken noch abbiegen konnte. Himmelnochmal, dachte Thesen, ein paar Vorarbeiten hätte der Herr Professor doch machen können. »Gibt es ein Röntgenbild?«, fragte er Nidernbühl. »Nein«, antwortete der. Nidernbühl war ein guter Operateur, aber er konnte das Röntgengerät nicht bedienen und die Klinik war an diesem Wochenende ausnahmsweise leer, bis auf die Maler, die die Tageszimmer neu strichen. Deshalb hatte Thesen auch frei – eigentlich.

Nachdem er sich von dem Patienten hatte erklären lassen, wie der sich das Bein verdreht hatte, tippte er auf einen Kreuzbandriss, zumal der Unterschenkel sich leicht gegen das Gelenk bewegen ließ, trotz der Schwellung. Und der Meniskus hatte wahrscheinlich auch was abgekriegt. Mein Gott, dachte Thesen, darauf hätte Nidernbühl auch selber kommen können. Und was sollte er jetzt tun? Operieren war unmöglich, das Knie zu stark gereizt und es war auch kein Team in der Klinik. Thesen schlug vor, zu punktieren, danach zu kühlen und Schmerzmittel einzunehmen. Vor Montag könne man sowieso nicht operieren und so lange hieß die Devise: Schwellung raus und Schmerzen weg. Patient und Professor nickten unisono. Eine Stunde später schob Thesen sein Rad wieder auf die Straße. Er rief Theresa an. »Ich bin jetzt fertig, soll ich noch einmal rauskommen?« Theresa war aber schon am Aufbrechen. Die Kinder hatten genug, die Pommes waren gegessen und es war auch nicht mehr so warm, weil sich hohe, dünne Wolken vor die Sonne geschoben hatten. »Ich habe auch noch mit ein paar Leuten geredet, ich habe genug für meine Geschichte«, sagte Theresa, »und den Rest hole ich mir heute Abend in der Gartenwirtschaft.« Sie verabredeten sich in einer Stunde zu Hause. Kaffee auf der Terrasse. Auch recht, dachte Thesen, dann drehe ich noch eine kleine Runde. Er schaltete sein Handy aus, Verpflichtung hin oder her. Heute hatte er keine Lust mehr auf verletzte Hobbysportler. Und zu was gab es schließlich Sonntagsdienste?

Den Ärger am Nachmittag hatte Thesen schon lange vergessen. Zufrieden lümmelte er sich auf dem alten Korbstuhl auf der Terrasse. Theresa brachte gerade Tine ins Bett, Paul durfte heute so lange aufbleiben, bis sie wieder von ihrer Tour durch die Gartenwirtschaften zurückkamen. Allzu lange würde es nicht dauern, nach elf Uhr gab es nichts mehr zu trinken im Freien. Sie hatten vor, zuerst ins »Traffic« zu gehen – anscheinend musste man da jetzt hin. Es klingelte an der Tür. »Ich geh' schon«, rief Thesen und schlurfte durch den Flur zur Haustür. Er blickte auf einen sehr schlanken Mann mit wilden, langen schwarzen Haaren, die mühsam zu einem Pferdeschwanz gebändigt waren.

»Ja bitte?«

»Hallo, ich bin Richard Gruber, hier wohnt doch Theresa Küpper?«

»Ja, und?«

»Könnte ich sie bitte kurz sprechen?«

»Moment bitte.«

Thesen drehte sich um, ohne den Fremden hereinzubitten. Er hatte keine Lust, sich den Abend verderben zu lassen. Wahrscheinlich einer von der Zeitung, dachte er. Theresa kam gerade die Treppe herunter. »Du, an der Tür ist einer, der dich sprechen will, ich habe seinen Namen aber schon wieder vergessen.« Theresa zuckte mit den Schultern und ging an ihm vorbei in Richtung Tür.

»Mein Gott, Ritchie, wo kommst du denn her? Ritchie, verdammt noch mal.« Theresas Stimme war ungewöhnlich schrill.

Thesen blieb abrupt stehen. Ritchie? Das war doch Pauls Vater, der Typ, der seit Jahren nur ab und zu Karten schrieb? Bitte nicht jetzt, dachte Thesen, nicht gerade jetzt. Er spürte einen dicken Kloß im Hals, hinter seiner Brust begann ein tiefes Rumpeln, seine Hand zitterte. Er öffnete die Kellertür, knipste das Licht an und stieg langsam die Stufen hinab. Sein Blick fiel auf die Weihnachtskiste mit seinen Pillen, dann auf sein Rad, das wie immer akkurat am Haken von der Decke hing. Auf dich ist wenigstens Verlass, dachte er, ich werde wohl noch eine Runde fahren. Thesen nahm das Velo vom Haken, strich gedankenverloren über den Lenker, hängte es aber dann doch wieder zurück. Nein, er würde jetzt wieder nach oben gehen, ohne Rad und auch ohne Griff in die Kiste. Wer ist schon Ritchie, dachte er, wir haben schon so viel geschafft, das kriegen wir jetzt auch noch hin. Sein Puls war wieder normal.

Thesen hätte sich darüber wundern können, aber er wunderte sich schon lange nicht mehr. Das einzig Stetige ist der Wandel – plötzlich fiel ihm dieser Spruch ein. Schon möglich, dachte er, aber so ein wenig Stetigkeit wäre doch auch schön. Manchmal wenigstens. Thesen löschte das Licht und stieg die Treppe nach oben. Es ging ihm gut.